司马温公《通鉴》，亦天地一大文也。其结构之宏伟，其取
材之丰赡，使后世有欲著通史者，势不能不据以为蓝本，而至今
卒未有能愈之者焉。温公亦伟人哉！

——梁启超

◎彩图全解◎

资治通鉴

思履　主编

红旗出版社

图书在版编目（CIP）数据

彩图全解资治通鉴/思履主编.
— 北京：红旗出版社，2017.1
ISBN 978-7-5051-4027-1

Ⅰ.①彩… Ⅱ.①思… Ⅲ.①中国历史—古代史—编年体—通俗读物 Ⅳ.① K204.3-49

中国版本图书馆 CIP 数据核字（2017）第 025514 号

书　　　名	彩图全解资治通鉴			
主　　　编	思履			
出 品 人	李仁国	责任编辑	于鹏飞	
总 监 制	高海浩	封面设计	子　时	
出版发行	红旗出版社	地　　址	北京市朝阳区化工路 18 号	
邮政编码	100727	编 辑 部	010-51274617	
E – mail	hongqi1608@126.com			
发 行 部	010-57270296			
印　　刷	北京中创彩色印刷有限公司			
成品尺寸	720 毫米 ×1020 毫米　1/16			
字　　数	360 千字	印　　张	20	
版　　次	2017 年 7 月第 1 版	2017 年 7 月第 1 次印刷		
书　　号	ISBN 978-7-5051-4027-1	定　　价	56.00 元	

欢迎品牌畅销图书项目合作　　联系电话：010-57274627
凡购本书，如有缺页、倒页、脱页，本社发行部负责调换

前言

　　《资治通鉴》是中国第一部编年体通史，其内容上起周威烈王二十三年（公元前 403 年），下至后周显德六年（公元 959 年），囊括了十六朝，一千三百多年的史事，并按朝代分为十六纪。即《周纪》（五卷）、《秦纪》（三卷）、《汉纪》（六十卷）、《魏纪》（十卷）、《晋纪》（四十卷）、《宋纪》（十六卷）、《齐纪》（十卷）、《梁纪》（二十二卷）、《陈纪》（十卷）、《隋纪》（八卷）、《唐纪》（八十一卷）、《后梁纪》（六卷）、《后唐纪》（八卷）、《后晋纪》（六卷）、《后汉纪》（四卷）、《后周纪》（五卷）。加在一起，共有 294 卷，其中数隋唐五代的部分所占比重最大。

　　《资治通鉴》全书约 300 万字，以时间为纲，事件为目，内容涵盖了政治、军事、民族、经济、文化、人物评价等多个方面。其所取材料除了正史以外，还有不少稗官野史、百家谱录、正集、别集、墓志、碑碣、行状、别传……周密而完备。和司马光一同编写该书的刘攽、刘恕、范祖禹都是当时著名的历史学家，其中刘攽负责战国、两汉部分；刘恕负责三国、南北朝部分；范祖禹负责隋、唐、五代部分。他们对浩如烟海的资料进行辨析、选择，然后再交由司马光取舍要点、编辑定度，制成初稿。这样，在保证全书内容的丰富性和准确性的同时，又让彼此独立的材料系统化。

　　《资治通鉴》所引之书多达数百种，有极高的史学价值，但因为以"鉴前世之兴衰，考当今之得失"为目的，它又并非一部单纯叙述历史事件的书，而是有很强的政治功用。这还要从《资治通鉴》诞生的背景说起。北宋的建立，结束了中唐以后开始的战乱局面，再一次实现了国家的统一。然而，北宋的君主、大臣都十分清楚，于内，国家政治积弊甚多；于外，边疆地区又极不稳定。对此，司马光、范祖禹等大臣心急如焚，他们试图用回顾历史、总结经验教训的方式，找到解决现实问题的出路。1066 年司马光献给宋英宗一本书——《通志》，即《资治通鉴》的前身。该书记述了从周威烈王二十三年（公元前 403 年）到秦二世三年（公元前 207 年），共 195 年的历史，讲述了秦、楚、齐、燕、韩、赵、魏等

1

七国的兴亡。司马光希望宋英宗能够从这本书中得到治世启发。

宋英宗对《通志》非常满意，遂命司马光写作《历代君臣事迹》。为此，他特地下诏设置书局，拨出专款，要司马光自选助手，专事编写，并允许司马光阅览皇家图书。司马光大为感动，用了19年的时间，于宋神宗元丰七年（1084年）将该书编写完成。不过，宋神宗并没有沿用当年英宗所定的书名，而是取"鉴于往事，有资于治道"之意，为该书定名"资治通鉴"。

无论是在史学史，还是在文学史上，《资治通鉴》都占有举足轻重的地位，其和司马迁的《史记》并称"史学双璧"。宋元之交的史学家胡三省称它："为人君而不知《通鉴》，则欲治而不知自治之源，恶乱而不知防乱之术。为人臣而不知《通鉴》，则上无以事君，下无以治民。为人子而不知《通鉴》，则谋身必至于辱先，作事不足以垂后。"近代思想家梁启超评价它："司马温公《通鉴》，亦天地一大文也，其结构之宏伟，其取材之丰赡，使后世有欲著通史者，势不能据以为蓝本，而至今卒未能愈之者焉。温公亦伟人哉！"

当然，读完300余万字的鸿篇巨著，并不是一件容易事，既需要坚强的毅力，还需要大量的时间。因此本书精选了其中最具代表性的、最精彩的篇章，让人们能够以精达全、深入浅出地体悟整部《资治通鉴》的精神。由于在精选的同时，本书完好地保留了《资治通鉴》的通史体例，就确保了整部作品灵魂的完整性。

此外，阅读古代经典，语言文字是一大难关，古人的行文方式和今人有很大区别，再加上《资治通鉴》的语言虽然简繁得宜，飞扬生动，却并不通俗浅显，很多人对其望而却步。因此，本书在原文后面搭配了注释、译文，帮助读者理解，并对全书进行了精编精校，保证了原文、注释、译文的严谨性、准确性。

阅读既是获取知识、充盈思想、陶冶身心的过程，也是一种美妙的精神享受的过程。本书将原文、注释、译文、插图以及图注，有机地结合起来，层次清晰，赏心悦目，将阅读古代经典由一件枯燥耗神的事变成一种愉悦身心的美好体验。

目录

魏纪

晋纪

宋纪

齐纪

梁纪

陈纪

唐纪

后周纪

周纪

三家分晋

【原文】

周威烈王二十三年（公元前 403 年）

初命晋大夫魏斯、赵籍、韩虔为诸侯。

今晋大夫暴蔑其君，剖分晋国，天子既不能讨，又宠秩之，使列于诸侯，是区区之名分复不能守而并弃之也。先王之礼于斯尽矣！

或者以为当是之时，周室微弱，三晋强盛，虽欲勿许，其可得乎！是大不然。夫三晋虽强，苟不顾天下之诛而犯义侵礼，则不请于天子而自立矣。不请于天子而自立，则为悖逆之臣，天下苟有桓、文之君，必奉礼义而征之。今请于天子而天子许之，是受天子之命而为诸侯也，谁得而讨之！故三晋之列于诸侯，非三晋之坏礼，乃天子自坏之也。

【译文】

周威烈王二十三年（戊寅，公元前 403 年）

周威烈王姬午首次分封晋国大夫魏斯、赵籍、韩虔为诸侯国君。

这时晋国的三家大夫欺凌藐视国君，瓜分了晋国，作为天子的周王不仅不派兵征讨，反而还对他们加封赐爵，使他们列位于诸侯国君之中，这样做的结果，导致周王朝仅有的一点名分也不能再守定，而全部放弃了。周朝先王创下的礼教到此丧失殆尽！

有人认为当时周王室已经衰微了，而晋国三家强盛起来，就算周王不想承认他们，又怎么能做得到呢！这种说法是完全错误的。晋国三家虽然强悍，但如果他们打算不顾天下的指责公然侵犯礼义的话，就不会来请求周天子的批准，而是去自立为君了。

周威烈王姬午分封晋国大夫魏斯、赵籍、韩虔为诸侯国君。

不向天子请封而自立为国君，那就是叛逆之臣，天下如果有像齐桓公、晋文公那样的贤德诸侯，一定会尊奉周朝的礼义对他们进行征讨。现在晋国三家向天子请封，天子又批准了，他们就是奉天子之命而成为诸侯的，谁又能对他加以讨伐呢！所以，晋国三家大夫僭位成为诸侯，不是晋国三家破坏了礼教，而是周天子自己毁坏了周朝的礼教啊！

【原文】

初，智宣子将以瑶为后。智果曰："不如宵也。瑶之贤于人者五，其不逮者一也。美鬓长大则贤，射御足力则贤，伎艺毕给则贤，巧文辩慧则贤，强毅果敢则贤；如是而甚不仁。夫以其五贤陵人而以不仁行之，其谁能待之？若果立瑶也，智宗必灭。"弗听，智果别族于太史，为辅氏。

赵简子之子，长曰伯鲁，幼曰无恤。将置后，不知所立，乃书训戒之辞于二简，以授二子曰："谨识之！"三年而问之，伯鲁不能举其辞；求其简，已失之矣。问无恤，诵其辞甚习；求其简，出诸袖中而奏之。于是简子以无恤为贤，立以为后。

【译文】

当初，智宣子准备立智伯为继承人，族人智果说："立智伯不如立智宵好。因为智伯比别人贤能的地方有五点，不如别人的地方有一点。他留有美鬓，身材高大，是一贤；擅长射箭，驾车有力，是二贤；技能出众，才艺超群，是三贤；巧言善辩，文辞优美，是四贤；坚强刚毅，果断勇敢，是五贤。虽然他有如此的贤能，但唯独没有仁德之心。如果他运用这五种贤能去驾驭别人，而用不仁之心去做恶事，谁能拥戴他呢？如果立智伯为继承人，智氏宗族必定要遭灭门之灾。"智宣子不听智果的劝告。智果为了避灾，便向太史请求脱离智族姓氏，另立为辅氏。

赵国大夫赵简子的大儿子叫伯鲁，小儿子叫无恤。赵简子将要确立继承人，却不知道立哪一个更好，于是他把日常训诫之言刻写在两块竹简上，分别交给两个儿子，并嘱咐道："用心记住上面的这些话！"过了三年，赵简子叫来两个儿子，问他们竹简上的内容，大儿子伯鲁说不出来；让他拿出竹简，却早已丢失了。赵简子又问小儿子无恤，无恤熟练地将竹简上的话背出来；问他竹简在哪儿，他立即从袖中取出来奉上。通过这件事，赵简子认为无恤贤能，便立他为继承人。

【原文】

智伯请地于韩康子，康子欲弗与。段规曰："智伯好利而愎，不与，将伐我；

不如与之。彼狃于得地，必请于他人；他人不与，必向之以兵，然后我得免于患而待事之变矣。"康子曰："善。"使使者致万家之邑于智伯。智伯悦。又求地于魏桓子，桓子欲弗与。任章曰："何故弗与？"桓子曰："无故索地，故弗与。"任章曰："无故索地，诸大夫必惧；吾与之地，智伯必骄。彼骄而轻敌，此惧而相亲；以相亲之兵待轻敌之人，智氏之命必不长矣。《周书》曰：'将欲败之，必姑辅之。将欲取之，必姑与之。'主不如与之，以骄智伯，然后可以择交而图智氏矣，奈何独以吾为智氏质乎！"桓子曰："善。"复与之万家之邑一。

【译文】

智伯逼韩康子割地，韩康子想不给他。段规说："智伯好利又任性，如果不给，他就会讨伐我们；不如答应他。他得到了土地会更加狂妄，一定会再向别人索要；别人不给，他必定会向对方实施武力，这样我们就可以免于祸患而等待事态的变化了。"韩康子说："好。"于是派使者把一处有万户人家的城邑送给智伯。智伯很高兴。他又向魏桓子索取土地，魏桓子想不给。任章说："为什么不给呢？"魏桓子说："无故索取土地，所以不给。"任章说："智伯无故索取土地，各个大夫必然恐惧；我们给了土地，智伯必然更加骄傲。他这样就会轻敌，我们这边因恐惧就会相互团结起来；用团结的军队来攻打轻敌的智伯，智氏的命数长不了了！《周书》上说：'想要打败它，一定要暂且帮助它。想要得到它，一定要暂时给予它。'主公不如先答应智伯的要求，以助长他的骄横，然后我们可以选择盟友共同对付智氏，又何必我们一家现在去激怒他遭受出头鸟的打击呢！"魏桓子说："好。"于是也把一块万户人口的土地割让给智伯。

【原文】

智伯又求蔡、皋狼之地于赵襄子，襄子弗与。智伯怒，帅韩、魏之甲以攻赵氏。襄子将出，曰："吾何走乎？"从者曰："长子近，且城厚完。"襄子曰："民罢力以完之，又毙死以守之，其谁与我！"从者曰："邯郸之仓库实。"襄子曰："浚民之膏泽以实之，又因而杀之，其谁与我！其晋阳乎，先主之所属也，尹铎之所宽也，民必和矣。"乃走晋阳。

【译文】

智伯又向赵襄子要求割让蔡、皋狼两个地方。赵襄子拒绝了他。智伯大怒，遂率韩、魏两家的兵马一起去攻打赵氏。赵襄子准备逃跑，问道："我到哪里去呢？"随从的人说："长子城离这里近，而且城墙坚厚完整。"赵襄子说："百姓用尽了气力才修好城墙，现在又要他们舍生入死地为我坚守，这时候谁能和我同心！"随从的人说："邯郸城里的仓库充实，可以到那里去。"赵襄子说："从老百姓那里搜刮粮食来充实仓库，又要使他们受战争之灾，有谁会来支持我！还是投奔晋阳去吧，那是先主嘱托过的地方，尹铎又待民宽厚，城里的百姓一定会和我们同舟共济的。"于是前往晋阳。

【原文】

三家以国人围而灌之，城不浸者三版；沉灶产蛙，民无叛意。智伯行水，魏桓子御，韩康子骖乘。智伯曰："吾乃今知水可以亡人国也。"桓子肘康子，康子履桓子之跗，以汾水可以灌安邑，绛水可以灌平阳也。絺疵谓智伯曰："韩、魏必反矣。"智伯曰："子何以知之？"疵曰："以人事知

智家的谋士絺疵对智伯说：韩魏两家一定要反叛了。

之。夫从韩、魏之兵以攻赵，赵亡，难必及韩、魏矣。今约胜赵而三分其地，城不没者三版，人马相食，城降有日，而二子无喜志，有忧色，是非反而何？"明日，智伯以絺疵之言告二子，二子曰："此夫谗人欲为赵氏游说，使主疑于二家而懈于攻赵氏也。不然，夫二家岂不利朝夕分赵氏之田，而欲为危难不可成之事乎！"二子出，絺疵入曰："主何以臣之言告二子也？"智伯曰："子何以知之？"对曰："臣见其视臣端而趋疾，知臣得其情故也。"智伯不悛。絺疵请使于齐。

【译文】

智伯、韩康子、魏桓子三家围住晋阳，并引晋水灌城，城墙没有被水浸没的地方只有三版；城中百姓的锅灶泡在水中，青蛙四处乱跳，但百姓都没有叛变的念头。一天，智伯巡视水势，魏桓子为他驾车，韩康子站在右边护卫。智伯说，"我今天才知道水可以让人亡国啊！"听到这话，魏桓子用臂肘碰了一下韩康子，韩康子也会意地踩了一下魏桓子的脚背，因为用汾水可以灌魏国都城安邑，用绛水可以灌韩国都城平阳。事后，智家的谋士絺疵对智伯说："韩魏两家一定要反叛了！"智伯说："你是怎么知道的？"絺疵说："这是以人的常理推断出来的。我们联合韩、魏两家的军队攻打赵氏，一旦赵氏灭亡，随后灾难必然会降临到韩、

魏两家。现在我们约定灭掉赵家后三家分割其地，晋阳城只剩三版没有淹没，城内宰马为食，指日就会降服。然而韩、魏二子并不欣喜，反倒面有忧色，这不是想反叛又是什么？"第二天，智伯把絺疵的话告诉了韩康子、魏桓子二人，二人说："这一定是离间小人要替赵氏游说，使主公您对我们韩、魏二家产生怀疑而放松对赵氏的进攻。不然的话，我们二家难道对眼前就可分得的赵氏土地不感兴趣，反要去干那危险万分必不可成的事情吗？"二人出去了，絺疵进来说："主公为什么把臣下的话告诉他们二人呢？"智伯惊奇地反问道："你怎么知道的？"絺疵回答说："我见他们神色慌张地看了我一眼就匆忙离去，因为他们知道我看穿了他们的心思，所以会有这种表现。"智伯仍不悔悟。于是絺疵请求让他出使齐国，以避大祸。

【原文】

赵襄子使张孟谈潜出见二子，曰："臣闻唇亡则齿寒。今智伯帅韩、魏以攻赵，赵亡则韩、魏为之次矣。"二子曰："我心知其然也；恐事未遂而谋泄，则祸立至矣。"张孟谈曰："谋出二主之口，入臣之耳，何伤也！"二子乃潜与张孟谈约，为之期日而遣之。襄子夜使人杀守堤之

智伯、韩康子、魏桓子三家引水灌晋阳城。

吏，而决水灌智伯军。智伯军救水而乱，韩、魏翼而击之，襄子将卒犯其前，大败智伯之众，遂杀智伯，尽灭智氏之族。唯辅果在。

【译文】

赵襄子派张孟谈秘密出城去见韩、魏二子，对二人说："臣听说唇亡则齿寒。现在智伯率领韩、魏两家来围攻赵家，赵氏灭亡以后，就该轮到你们两家了。"韩康子、魏桓子二人说："我们也知道会这样，只是怕事情还未发动，计谋就泄露出去，那样就要大祸临头了。"张孟谈道："计谋出自二位主公之口，只有我一人听见，有什么可担心的呢？"于是韩、魏二人便秘密地和张孟谈商议，约定好起事的日子便送他回城了。这天夜里，赵襄子派人出城杀了智氏守堤的官吏，使大水决口倒灌智伯军营。智伯的军队为救水淹，顿时乱作一团，韩、魏两军乘机从两侧出击，赵襄子率领士卒从正面杀过去，大败智伯军，趁势杀死智伯，又将智家族人尽行诛灭。只有智果一家因改姓辅氏得以幸免。

围魏救赵

【原文】

周显王十六年（戊辰，公元前 353 年）

初，孙膑与庞涓俱学兵法，庞涓仕魏为将军，自以能不及孙膑，乃召之；至，则以法刑断其两足而黥之，欲使终身废弃。齐使者至魏，孙膑以刑徒阴见，说齐使者；齐使者窃载与之齐。田忌善而客待之，进于威王。威王问兵法，遂以为师。于是威王谋救赵，以孙膑为将；辞以刑馀之人不可，乃以田忌为将而孙子为师，居辎车中，坐为计谋。

【译文】

周显王十六年（戊辰，公元前 353 年）

当初，孙膑与庞涓一起学兵法，庞涓到魏国做将军，他知道自己的才能不如孙膑，便召孙膑来魏国；孙膑刚到魏国，庞涓就设计依法砍断了孙膑的双脚，在脸上刺字，想使他终身成为废人。齐国使者来到魏国，孙膑以受刑待罪人的身份暗中与他相见，说

庞涓设计陷害孙膑。

动了齐国的使者，齐使偷偷地把孙膑藏在车中带回了齐国。齐国大臣田忌把孙膑奉为座上客，又推荐给齐威王。威王向他请教兵法，于是请他当老师。这时齐威王想出兵援救赵国，便任命孙膑为大将，孙膑以自己是个受过刑的人坚决推辞，齐威王便以田忌为大将、孙膑为军师，让他坐在帘车里，为田忌出谋划策。

【原文】

田忌欲引兵之赵。孙子曰："夫解杂乱纷纠者不控拳，救斗者不搏撠，批亢捣虚，形格势禁，则自为解耳。今梁、赵相攻，轻兵锐卒必竭于外，老

弱疲于内；子不若引兵疾走魏都，据其街路，冲其方虚，彼必释赵以自救：是我一举解赵之围而收弊于魏也。"田忌从之。十月，邯郸降魏。魏师还，与齐战于桂陵，魏师大败。

【译文】

田忌将要率兵前往赵国，孙膑说："排解两方的争斗，不能用拳脚将他们打开，更不能上手帮着一方打另一方，只能因势利导，乘虚而入，紧张的形势受到阻禁，自然就解除了。如今梁、赵两国攻战正激烈，精兵锐卒倾巢而出，国中只剩下老弱病残；您不如率军突袭魏国都城，占据交通要道，冲击他们空虚的后方，魏军一定会放弃攻赵而回兵救援；这样我们一举两得，既解了赵国之围，又给魏国以打击。"田忌听从了孙膑的计策。十月，赵国的邯郸城投降了魏国。魏军又急忙还师援救都城，在桂陵与齐国军队发生激战，结果魏军大败。

【原文】

魏庞涓伐韩。韩请救于齐。齐威王召大臣而谋曰："蚤救孰与晚救？"成侯曰："不如勿救。"田忌曰："弗救则韩且折而入于魏，不如蚤救之。"孙膑曰："夫韩、魏之兵未弊而救之，是吾代韩受魏之兵，顾反听命于韩也。且魏有破国之志，韩见亡，必东

齐威王召集大臣商议救援韩国的事。

面而愬于齐矣。吾因深结韩之亲而晚承魏之弊，则可受重利而得尊名也。"王曰："善。"乃阴许韩使而遣之。韩因恃齐，五战不胜，而东委国于齐。

【译文】

魏国庞涓率军攻打韩国。韩国派使者向齐国求救。齐威王召集大臣商议说："是早救好呢，还是晚救好呢？"成侯邹忌建议："不如不救。"田忌不同意，说："我们坐视不管，韩很快就会灭亡，被魏国吞并。还是早些出兵救援为好。"孙膑却说："如今韩国、魏国的军队士气正是旺盛的时候，我们前去救援，其实是我们代替韩国承受魏国的打击，反而听命于韩国了。这次魏国有吞并韩国的野心，等到韩国感到亡国已经迫在眉睫时，一定会向东再来恳求齐国，那时我们再发兵，一来可以加深与韩国的亲密关系，二来则可以趁魏国军队疲弊之时给以痛击，这正是

一举两得，名利双收。"齐威王说："说得好！"于是暗中答应韩国使臣，让他先回去，却迟迟不出兵。韩国自以为有齐国来援救，便奋力抵抗，但经过五次大战都大败而归，只好把国家的命运寄托在东方齐国身上。

【原文】

齐因起兵，使田忌、田婴、田盼将之，孙子为师，以救韩，直走魏都。庞涓闻之，去韩而归。魏人大发兵，以太子申为将，以御齐师。孙子谓田忌曰："彼三晋之兵素悍勇而轻齐，齐号为怯。善战者因其势而利导之。《兵法》：'百里而趣利者蹶上将，五十里而趣利者军半至。'"乃使齐军入魏地为十万灶，明日为五万灶，又明日为二万灶。庞涓行三日，大喜曰："我固知齐军怯，入吾地三日，士卒亡者过半矣！"乃弃其步军，与其轻锐倍日并行逐之。孙子度其行，暮当至马陵，马陵道狭而旁多阻隘，可伏兵，乃斫大树，白而书之曰："庞涓死此树下！"于是令齐师善射者万弩夹道而伏，期日暮见火举而俱发。庞涓果夜到斫木下，见白书，以火烛之，读未毕，万弩俱发，魏师大乱相失。庞涓自知智穷兵败，乃自刭，曰："遂成竖子之名！"齐因乘胜大破魏师，虏太子申。

【译文】

齐国这时才发兵，任命田忌、田婴、田盼为将军，孙膑为军师，前去救援韩国，他们仍旧用老办法，直捣魏国的都城。庞涓听说后，急忙放弃攻打韩国，回兵救援国都。魏国集中了全部兵力，任命太子申为将军，抵抗齐国军队。孙膑对田忌说："魏、赵、韩一带的兵士向来剽悍勇猛，看不起齐国士兵，不过齐国士兵的名声也确实不佳。善于指挥作战的将军必须做到因势利导，扬长避短。《孙子兵法》上说：'从一百里外去奔袭会损失上将军，从五十里外去奔袭则只有一半军队能到达。'"于是就下令齐国军队进入魏国地界后，第一天做饭修造十万个灶，第二天减为五万个灶，第三天再减为两万个灶。庞涓率兵追击齐军三天，见到如此情形，大笑着说道："我早就知道齐兵生性胆怯，进入我国三天的时间，士兵就已逃散一多半了。"于是丢掉步兵，亲自率领轻兵锐卒日夜兼程追击齐军。孙膑估计魏军当晚将到达马陵。马陵这个地方道路狭窄而多险隘，可以埋伏重兵，孙膑便派人刮去一棵大树的树皮，在白树干上写上大字："庞涓死于此树下！"又从齐国军队中挑选万名优秀射箭手沿路埋伏，约定天黑后看见有火把亮光就万箭齐发。果然，庞涓在夜里赶到那棵树下，看见白树干上隐隐约约有字，便令人举火把照看，还未读完，便见两边箭如雨下，魏军顿时大乱，溃不成军。庞涓自知大势已去，便拔剑自刎了，临死前叹息道："到底让孙膑这小子成名了！"齐军乘势大破魏军，停虏了魏国大将太子申。

胡服骑射

【原文】

周赧王八年（甲寅，公元前 307 年）

赵武灵王北略中山之地，至房子，遂至代，北至无穷，西至河，登黄华之上。与肥义谋胡服骑射以教百姓，曰："愚者所笑，贤者察焉。虽驱世以笑我，胡地、中山，吾必有之！"遂胡服。

【译文】

周赧王八年（公元前 307 年）

赵武灵王向北征伐中山国，大军进攻到了房子城，又来到代地，再向北进攻到了大漠之中，向西进攻到了黄河，登临黄华顶峰。他与大臣肥义商量让百姓穿胡人的短衣，学习骑马射箭，他说："愚蠢的人会嘲笑我的举措，但聪明的人是可以理解的。即使天下的人都嘲笑我，我也要这样做，我一定能把北方胡人的领地和中山国都据为己有！"于是他带头改穿胡服。

【原文】

国人皆不欲，公子成称疾不朝。王使人请之曰："家听于亲，国听于君。今寡人作教易服而公叔不服，吾恐天下议己也。制国有常，利民为本；从政有经，令行为上。明德先论于贱，而从政先信于贵，故愿慕公叔之义以成胡服之功也。"公子成再拜稽首曰："臣闻中国者，圣贤之所教也，礼乐之所用也，远方之所观赴也，蛮夷之所则效也。今王舍此而袭远方之服，变古之道，逆人之心，臣愿王孰图之也！"使者以报。

【译文】

国中的士人都不想这样做，公子成称有病不来上朝。赵武灵王便派人前往说服他说："家事听命于父母，国事听命于国君。现在我向世人倡导改变服装，而叔父您不穿，我担心天下人会议论我徇私。治理国家要有一定的章法，以对百姓有利为根本；从事政务有一定的原则，政令得以执行是最重要的。修明德行必须先让百姓论议明白，而贯彻政令首先要使贵族信服奉行，所以我希望能树立叔父您为榜样，来实现改穿胡服的功业。"公子成拜谢道："我听说，中国是在古代先贤的教化下，用礼乐仪制，使远方国家前来朝拜，是让四方蛮夷学习效法的地方。现在君王您舍弃这些不顾，反而去仿效远方蛮夷的服饰，这是擅改传统习俗、违背人心的举动，我希望您能慎重考虑。"使者把他的这番话报告给赵武灵王。

【原文】

王自往请之，曰："吾国东有齐、中山，北有燕、东胡，西有楼烦、秦、韩之边。今无骑射之备，则何以守之哉？先时中山负齐之强兵，侵暴吾地，系累吾民，引水围鄗；微社稷之神灵，则鄗几于不守也。先君丑之。故寡人变服骑射，欲以备四境之难，

赵武灵王亲自前往公子成府中进行劝说。

报中山之怨。而叔顺中国之俗，恶变服之名，以忘鄗事之丑，非寡人之所望也！"公子成听命，乃赐胡服；明日服而朝。于是始出胡服令，而招骑射焉。

【译文】

赵武灵王于是亲自前往，当面解释道："我国东面是齐国、中山国，北面是燕国、东胡，西面是楼烦，与秦、韩两国接壤。现在如果没有骑马射箭的训练，用什么来坚守呢？早先中山国仰仗齐国的强兵，侵犯我们的领地，掠夺我们的子民，又引水围灌鄗城；如果不是靠着祖先神灵保佑，恐怕鄗城已经失守了。对此先王深以为耻。因此我决心改变服饰，学习骑射，想以此抵御四边的威胁侵略，一雪中山国之耻。而叔父您一味因循守旧，憎恶改变服装，这是忘记了鄗城的奇耻大辱，不是我所希望的呀！"公子成听从了赵武灵王的命令，赵王亲自赐给他胡服，第二天他便穿着胡服上朝。于是，赵武灵王正式颁布改穿胡服的政令，并且提倡学习骑马射箭。

长平之战

【原文】

周赧王五十三年（己亥，公元前 262 年）

楚人纳州于秦以平。

武安君伐韩，拔野王。上党路绝，上党守冯亭与其民谋曰："郑道已绝，秦兵日进，韩不能应，不如以上党归赵。赵受我，秦必攻之；赵被秦兵，必亲韩；韩、赵为一，则可以当秦矣。"乃遣使者告于赵曰："韩不能守上党，入之秦，其吏民皆安于赵，不乐为秦。有城市邑十七，愿再拜献之大王！"赵王以告平阳君豹，对曰："圣人甚祸无故之利。"王曰："人乐吾德，何谓无故？"对曰："秦蚕食韩地，中绝，不令相通，固自以为坐而受上党也。韩氏所以不入于秦者，欲嫁其祸于赵也。秦服其劳而赵受其利，虽强大不能得之于弱小，弱小固能得之于强大乎！岂得谓之非无故哉？不如勿受。"王以告平原君，平原君请受之。王乃使平原君往受地，以万户都三封其太守为华阳君，以千户都三封其县令为侯，吏民皆益爵三级。冯亭垂涕不见使者，曰："吾不忍卖主地而食之也！"

【译文】

周赧王五十三年（己亥，公元前 262 年）

楚国把州陵献给秦国，以求和平。

秦国武安君白起进攻韩国，攻克野王。上党与外界的通道被切断。上党郡守冯亭与民众商议说："现在去都城新郑的道路已经断绝，秦国军队每日都在不断向这里推进，韩国又无法接应，不如把上党献给赵国。赵国如果接受我们，秦国必定进攻他们；赵国面对秦国军队的进攻，一定会与韩国联合；韩、赵联合起来，就可以抵挡秦国了。"于是派使者去告诉赵国说："我们韩国无法守住上党，如今想把上党献给秦国，但郡中的官员和百姓都心向赵国，不愿做秦国的属下。我们现有大邑共十七个，愿意恭敬地把这些献给赵王！"赵王把这件事告诉平阳君赵豹，赵豹说："圣人认为接受无缘无故的利益是不好的兆头。"

赵王说："别人仰慕我的恩德，怎么说是无缘无故呢？"赵豹回答说："秦国蚕食吞并韩国的土地，从中切断上党与都城新郑的道路，不使它们相通，本来以为可坐待上党归降。韩国人之所以不把它献给秦国而献给赵国，就是想把患祸转嫁给赵国。秦国付出千辛万苦而赵国却坐收其利，即使我们强大也不能这样从弱小手中夺取土地，何况我们本来就弱小，怎么能与强大的秦国相争呢！这难道还不是无缘无故吗？不如不接受上党。"赵王又把此事告诉平原君赵胜，赵胜却劝赵王接受。赵王于是派赵胜前去接收，封冯亭为华阳君，赐给他三个拥有万户百姓的城做封地；又封其县令为侯，赐给三个拥有千户百姓的城做封地，官吏都加爵三级。冯亭不愿见赵国使者，垂着泪说："我不忍心出卖国家的土地而作为自己的俸禄啊！"

【原文】

五十五年（辛丑，公元前 260 年）

秦左庶长王龁攻上党，拔之。上党民走赵。赵廉颇军于长平，以按据上党民。王龁因伐赵。赵军数战不胜，止一裨将、四尉。赵王与楼昌、虞卿谋，楼昌请发重使为媾。虞卿曰："今制媾者在秦；秦必欲破王之军矣，虽往请媾，秦将不听。不如发使以重宝附楚、魏，楚、魏受之，则秦疑天下之合从，媾乃可成也。"王不听，使郑朱媾于秦，秦受之。王谓虞卿曰："秦内郑朱矣。"对曰："王必不得媾而军破矣。何则？天下之贺战胜者皆在秦矣。夫郑朱，贵人也，秦王、应侯必显重之以示天下。天下见王之媾于秦，必不救王；秦知天下之不救王，则媾不可得成矣。"既而秦果显郑朱而不与赵媾。

秦左庶长王龁攻上党。

【译文】

五十五年（辛丑，公元前 260 年）

秦国派左庶长王龁率兵进攻上党，不久就攻破了。上党百姓被迫逃往赵国。

赵国派廉颇率军驻守在长平，以接应上党逃来的百姓。王龁于是挥师攻打赵国。赵军迎战，几战都没取胜，一员副将和四名都尉先后阵亡。赵王与楼昌、虞卿商议，楼昌建议派地位高的使节与秦国交好。虞卿反对说："和与不和，控制权都在秦国；秦国现在已下决心要打败赵军，我们即使去求和，秦国的将领也不会同意。我们不如派使者用贵重的珍宝拉拢楚国、魏国。一旦楚国、魏国接受，那么秦国就会疑心各国重新结成了抗秦阵线，那时与秦国交好才可成功。"赵王不听虞卿的意见，仍派郑朱赴秦国求和。秦国接待了郑朱。赵王便对虞卿说："秦国接纳郑朱了。"虞卿回答说："大王肯定见不到和谈成功而赵军就被击破了。为什么这样说呢？各国都派使者赴秦国庆贺胜利。郑朱是赵国地位很高的人，秦王、应侯肯定会把郑朱来求和的事向各国宣扬。各国看到赵王派人去向秦国求和，一定不会再出兵援救赵国；秦国知道赵国孤立无援，就愈发不肯与赵国讲和了。"不久，秦国果然大肆宣扬郑朱来使，而不与赵国进行和谈。

【原文】

秦数败赵兵，廉颇坚壁不出。赵王以颇失亡多而更怯不战，怒，数让之。应侯又使人行千金于赵为反间，曰："秦之所畏，独畏马服君之子赵括为将耳！廉颇易与，且降矣！"赵王遂以赵括代颇将。蔺相如曰："王以名使括，若胶柱鼓瑟耳。括徒能读其父书传，不知合变也。"王不听。初，赵括自少时学兵法，以天下莫能当；尝与其父奢言兵事，奢不能难，然不谓善。括母问其故，奢曰："兵，死地也，而括易言之。使赵不将括则已；若必将之，破赵军者必括也。"及括将行，其母上书，言括不可使。王曰："何以？"对曰："始妾事其父，时为将，身所奉饭而进食者以十数，所友者以百数，王及宗室所赏赐者，尽以与军吏士大夫；受命之日，不问家事。今括一旦为将，东乡而朝，军吏无敢仰视之者；王所赐金帛，归藏于家，而日视便利田宅可买者买之。王以为如其父，父子异心，愿王勿遣！"王曰："母置之，吾已决矣！"母因曰："即如有不称，妾请无随坐！"赵王许之。

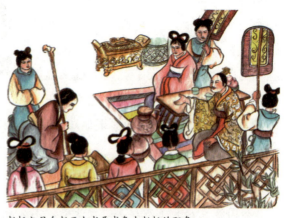
赵括之母向赵王上书要求免去赵括的职务。

【译文】

赵军与秦军交战屡屡失败，廉颇便下令赵兵坚城固守，拒不出战。赵王以为廉颇损失惨重后更加胆怯，不敢迎战，气愤得多次斥责他。这时应侯范雎又派人带上千金去赵国施行反间计，到处散布谣言说："秦国所畏惧的，只是马服君赵奢的儿子赵括做大将。廉颇极易对付，不久他就快投降了！"赵王听说后就任用赵括代替廉颇去率领军队。蔺相如劝阻道："大王因为赵括有名望就重用他，这就像是粘住调弦的琴柱再弹琴呀！赵括只知道死读他父亲留下的兵书，不知道在战场上随机应变。"赵王不听。起初，赵括从小学习兵法时，就自以为天下无人可与之相比。他曾与父亲赵奢讨论兵法，赵奢也难不倒他，但赵奢始终不说他有才干。赵括的母亲询问原因，赵奢说："带兵打仗，就是出生入死，而赵括谈起来却很随便。赵国不用他为大将则已，如果一定用他，灭亡赵军的一定是赵括。"待到赵括将要出发时，他的母亲急忙上书给赵王，指出赵括不能担当重任。赵王问："为什么？"赵括的母亲回答说："当年我侍奉赵括的父亲，他做大将时，亲自去捧着饭碗招待的有几十位，他的朋友有几百人，大王及宗室王族给他的赏赐，他全部分发给将士和周围的人。他自接受命令之日起，就不再过问家事。而赵括刚刚做了大将，就向东高坐，接受拜见，大小军官没人敢抬头正脸看他。大王赏给他的金银绸缎，全部拿回家藏起来，每天忙于察看有什么良田美宅可买的就买下。大王您以为他像他的父亲，其实他们父子用心完全不一样。请大王千万不要派他去。"赵王说："老太太你不要再说了，我已经决定了。"赵括母亲便说："万一赵括出了什么差错，我请求不要连累我。"赵王同意了赵母的请求。

【原文】

秦王闻括已为赵将，乃阴使武安君为上将军而王龁为裨将，令军中："有敢泄武安君将者斩！"赵括至军，悉更约束，易置军吏，出兵击秦师。武安君佯败而走，张二奇兵以劫之。赵括乘胜追造秦壁，壁坚拒不得入；奇兵二万五千人绝赵军之后，又五千骑绝赵壁间。赵军分而为二，粮道绝。武安君出轻兵击之，赵战不利，因筑壁坚守以待救至。秦王闻赵食道绝，自如河内发民年十五以上悉诣长平，遮绝赵救兵及粮食。齐人、楚人救赵。赵人乏食，请粟于齐，齐王弗许。周子曰："夫赵之于齐、楚，扞蔽也，犹齿之有唇也，唇亡则齿寒；今日亡赵，明日患及齐、楚矣。救赵之务，宜若奉漏瓮沃焦釜然。且救赵，高义也；却秦师，显名也；义救亡国，威却强秦。不务为此而爱粟，为国计者过矣！"齐王弗听。

【译文】

　　秦王听说赵王任用赵括为大将，便暗地里派武安君白起为上将军，改王龁为副将，下令军中："有谁胆敢泄露白起为上将军的消息，格杀勿论！"赵括来到军中，将原来的规定全部废除，更换军官，下令出兵攻打秦军。白起佯装战败逃走，预先布置下两支奇兵准备截击。赵括不知其计，乘胜追击，直捣秦军营垒，秦军坚守不出，赵军无法攻克。这时，秦军一支二万五千人的奇兵已经切断了赵军的后路，另外一支五千人的骑兵也堵截住赵军返回营垒的通道。赵军被一分为二，粮道也被断绝。白起下令精锐轻军前去袭击赵军，赵军接连失利，只好坚筑营垒等待援兵。秦王听说赵军的粮草通道已经被切断，便亲自到河内征发十五岁以上的男子全部调往长平，阻断赵国的救兵及粮草救济。有些齐国人、楚国人增援赵国。赵军缺乏粮草，向齐国请求救济，齐王不同意。周子说："赵国对于齐国、楚国来说，是一道屏障，就像牙齿外面的嘴唇一样，唇亡则齿寒；今天赵国一旦灭亡，明天灾祸就会降临到齐国和楚国的头上。因此救援赵国这件事，应该像捧着漏瓦罐去浇烧焦了的铁锅那样，刻不容缓。何况救援赵国表现出的是高尚的道义；抵抗秦军，更是显示威名的好事；必须主持正义救援亡国，击退秦国以显示兵威。眼下不倾尽全力救赵国反而爱惜粮食，这样为国家谋划真是大错啊！"齐王不听。

【原文】

　　九月，赵军食绝四十六日，皆内阴相杀食。急来攻垒，欲出为四队，四五复之，不能出。赵括自出锐卒搏战，秦人射杀之。赵师大败，卒四十万人皆降。武安君曰："秦已拔上党，上党民不乐为秦而归赵。赵卒反覆，非尽杀之，恐为乱。"乃挟诈而尽坑杀之，遗其小者二百四十人归赵，前后斩首虏四十五万俘虏；赵人大震。

【译文】

　　到了九月，赵军已经断粮四十六天，赵军开始暗中残杀，互相吞食。赵括心急，便下令赵军进攻秦军营垒，打算派出四队人马，连续四五次反复冲杀，仍无法突围出去。赵括亲自率领精兵上阵肉搏，被秦兵射死。赵军于是大败，四十万士兵全部投降秦国。白起说："当初秦军已攻克上党，上党百姓却不愿归秦而去投奔赵国。赵国士兵反复无常，不全部杀掉，恐怕会有后乱。"于是使用奸计把赵国降兵全部活埋，只放出二百四十个年岁较小的回到赵国，长平之战前后共杀死四十五万俘虏，赵国大为震惊。

秦纪

李园乱楚

【原文】

昭襄王九年（癸亥，公元前 238 年）

楚考烈王无子，春申君患之，求妇人宜子者甚众，进之，卒无子。赵人李园持其妹欲进诸楚王，闻其不宜子，恐久无宠，乃求为春申君舍人。已而谒归，故失期而还。春申君问之，李园曰："齐王使人求臣之妹，与其使者饮，故失期。"春申君曰："娉入乎？"曰："未也。"春申君遂纳之。既而有娠，李园使其妹说春申君曰："楚王贵幸君，虽兄弟不如也。今君相楚二十馀年而王无子，即百岁后将更立兄弟，彼亦各贵其故所亲，君又安得常保此宠乎！非徒然也，君贵，用事久，多失礼于王之兄弟，兄弟立，祸且及身矣。今妾有娠而人莫知，妾幸君未久，诚以君之重，进妾于王，王必幸之。妾赖天而有子男，则是君之子为王也。楚国尽可得，孰与身临不测之祸哉！"春申君大然之。乃出李园妹，谨舍而言诸楚王。王召入，幸之，遂生男，立为太子。

【译文】

昭襄王九年（癸亥，公元前 238 年）

楚考烈王没有儿子，春申君为此十分忧虑，他遍寻很多能生育的妇女进献给楚王，虽然进献了不少，但是她们最终还是没能为楚王生下儿子。有个叫李园的赵国人，带着他的妹妹来，想进献给楚王，可听说楚王不能生儿子，

春申君遍寻能生育的妇女进献给楚王。

便担心时间一长，自己的妹妹会失去楚王的宠幸。于是他请求服侍春申君，做春申君的舍人。没过多久，李园告假回赵国探亲，故意超过了请假的期限才返回来。春申君询问他晚回来的原因，李园说："齐国国君派使者来求娶我的妹妹，我陪使者饮酒，所以延误了归期。"春申君说："已经下过聘礼订婚了吗？"李园回答道："还没有。"于是春申君便纳李园的妹妹为妾。没过多久，李园的妹妹怀了身孕，李园便让她去劝说春申君道："楚王非常宠信您，即使是他的亲兄弟也比不上。如今您担任楚国的相国已经二十多年了，而楚王依旧还没有儿子。照此情景下去，他去世以后必将立他的兄弟为国君，而新国君也必定要使他的旧亲信分别得到显贵，这样的话，您又如何能永久地保持住您的荣宠地位呀！不仅如此，由于您受到楚王的宠幸，长期执掌国事，肯定对楚王的兄弟有过许多失礼的地方，一旦他们登上王位，您就要大祸临头了。现在我怀有身孕的事还没有人知道，况且我受您宠爱的时间还不长，倘若以您的尊贵身份，将我进献给楚王，一定会得到他的恩宠。如果我靠着上天的恩赐生下一个男孩，那么将来继位为王的就是您的儿子了。这样一来，楚国便全是您的了，这与在新君主统治下身临难以预料的灾祸相比，哪一个结果更好呢？"于是春申君就同意了，将李园的妹妹送出府，安置在一个馆舍中住下，然后向楚王推荐她。楚王很快就召李园的妹妹入宫，并且很宠爱她。没过多久，李园的妹妹果然生了个儿子，被立为太子。

【原文】

李园妹为王后，李园亦贵用事，而恐春申君泄其语，阴养死士，欲杀春申君以灭口；国人颇有知之者。楚王病，朱英谓春申君曰："世有无望之福，亦有无望之祸。今君处无望之世，事无望之主，安可以无无望之人乎！"春申君曰："何谓无望之福？"曰："君相楚二十馀年矣，虽名相国，其实王也。王今病，且暮薨，薨而君相幼主，因而当国，王长而反政，不即遂南面称孤，此所谓无望之福也。""何谓无望之祸？"曰："李园不治国而君之仇也，不为兵而养死士之日久矣。王薨，李园必先入，据权而杀君以灭口，此所谓无望之祸也。""何谓无望之人？"曰："君置臣郎中，王薨，李园先入，臣为君杀之，此所谓无望之人也。"春申君曰："足下置之。李园，弱人也，仆又善之。且何至此！"朱英知言不用，惧而亡去。后十七日，楚王薨，李园果先入，伏死士于棘门之内。春申君入，死士侠刺之，投其首于棘门之外；于是使吏尽捕诛春申君之家。太子立，是为幽王。

【译文】

李园的妹妹成为王后以后，李园的地位也随着显赫起来，在朝廷当权主事。但是他又深怕春申君将他曾指使妹妹说过的那些话泄露出去，便暗中收养武士，想让他们杀春申君灭口；楚国人中有不少知道这件事情的。没过多

春申君一进宫，立即遭到武士的两面夹击。

久，楚王卧病不起。朱英便对春申君说："世上有未预料到而来的福气，也有不期而至的祸患。如今您处在生死变化不定的乱世之中，为喜怒无常的君王卖命，身边怎么能没有不期而至的人呢？"春申君问道："什么叫'未预料到而来的福气'呢？"朱英答道："您担任楚国的相国二十多年了，虽然名义上是相国，可实际上已经相当于国君了。现在楚王病危，随时都有可能死去，一旦楚君病故，您就可以辅佐幼主，从而执掌国家大权，等到幼主成年后再还政给他，或者干脆就南面而坐，自称为王。这就是所谓的'未预料到而来的福气'了。"春申君又问："那什么是'不期而至的祸患'呢？"朱英说："李园虽然不治理国事，但他却是您的仇敌，他不管理军务统领军队，却长期以来豢养一些勇士。这样一来，一旦楚王去世，李园必定会抢先进入宫廷篡权，并且杀您灭口。这即是所谓的'未预料到而来的灾祸'。"春申君又问道："这样说来，'不期而至的人'又是怎么回事呢？"朱英回答说："您将我安置在郎中的职位上，一旦楚王去世，李园抢先入宫时，我就替您先杀了他，以此除掉后患。这就是所谓的'不期而至的人'。"春申君说："您要放弃这种打算。李园是个软弱的人，况且我对他又很好，哪至于发展到如此地步呀！"朱英知道自己的建议不会被春申君采纳，他担心发生变故累及自己，便先逃亡了。十七天后，楚王去世，李园果然抢先进宫，将他豢养的勇士埋伏在宫门里面。等到春申君一进来，勇士们立即上前两面夹击，将他刺杀，并割下他的头颅扔到宫门外面。接着，李园又派出官吏把春申君的家人全部捕杀。随后，太子半悍继位，是为幽王。

王翦伐楚

【原文】

二十一年（乙亥，公元前226年）

冬，十月，王翦拔蓟，燕王及太子率其精兵东保辽东，李信急追之。代王嘉遗燕王书，令杀太子丹以献。丹匿衍水中，燕王使使斩丹，欲以献王，王复进兵攻之。

王贲伐楚，取十馀城。

秦将李信领兵急追燕军。

王问于将军李信曰："吾欲取荆，于将军度用几何人而足？"李信曰："不过用二十万。"王以问王翦，王翦曰："非六十万人不可。"王曰："王将军老矣，何怯也！"遂使李信、蒙恬将二十万人伐楚；王翦因谢病归频阳。

二十二年（丙子，公元前225年）

王贲伐魏，引河沟以灌大梁。三月，城坏。魏王假降，杀之，遂灭魏。

王使人谓安陵君曰："寡人欲以五百里地易安陵。"安陵君曰："大王加惠，以大易小，甚幸。虽然，臣受地于魏之先王，愿终守之，弗敢易！"王义而许之。

李信攻平舆，蒙恬攻寝，大破楚军。信又攻鄢郢，破之。于是引兵而西，与蒙恬会城父。楚人因随之，三日三夜不顿舍，大败李信，入两壁，杀七都尉；李信奔还。

【译文】

二十一年（乙亥，公元前226年）

冬季，十月，秦将王翦攻克燕都蓟城，燕国国君和太子丹率精兵向东退却图保辽东，秦将李信领兵急追。代王赵嘉送信给燕王，要他杀太子丹献给秦王。太子丹这时躲藏在衍水一带，燕王即派使节往衍水杀了太子丹，准备把他的头颅献给秦王，但秦王再次发兵攻燕。

秦将王贲进攻楚国，攻陷十多座城。秦王向将军李信询问说："我准备占领楚国，根据你的推测，要用多少兵力才够？"李信回答说："不超过二十万。"秦王又询问王翦，王翦说："非得六十万人不可。"秦王说："王将军老了，怎么如此胆怯啊！"于是派李信、蒙恬率领二十万人进攻楚国；王翦以有病为由辞职，返回家乡频阳。

二十二年（丙子，公元前225年）

秦将王贲率军征伐魏国，引汴河的水灌淹魏国都城大梁。三月，大梁城垣塌毁，魏王魏假投降，为秦军杀死。魏国灭亡。

秦王嬴政遣人通知安陵君说："我想要用五百里的土地换你的安陵国。"安陵君说："大王您施加恩惠给我，用大换小，真是太幸运了。但虽然如此，我这小国的土地是受封于魏国前代国君的，我愿意终生守护它，不敢交换！"秦王赞许他奉守道义，便应允了他的请求。

李信攻打平舆，蒙恬进攻寝城，大败楚军。李信又进攻鄢郢，攻克了该城。于是带领军队向西推进，同蒙恬在城父会师。楚军便紧紧跟在秦军的后边，三天三夜不停留，李信的军队被拖得疲惫不堪，遭到惨败，秦军的两座军营被攻下，七名都尉被杀死；李信逃回秦国。

【原文】

王闻之，大怒，自至频阳谢王翦曰："寡人不用将军谋，李信果辱秦军。将军虽病，独忍弃寡人乎！"王翦谢："病不能将。"王曰："已矣，勿复言！"王翦曰："必不得已用臣，非六十万人不可！"王曰："为听将军计耳。"于是王翦将六十万人伐楚。王送至霸上，王翦请美田宅甚众。王曰："将军行矣，何忧贫乎！"王翦曰："为大王将，有功，终不得封侯，故及大王之向臣，以请田宅为子孙业耳。"王大笑。王翦既行，至关，使使还请善田者五辈。或曰："将军之乞贷亦已甚矣！"王翦曰："不然，王怛中而不信人，今空国中之甲士而专委于我，我不多请田宅为子孙业以自坚，顾令王坐而疑我矣。"

【译文】

秦王听到这个消息，大怒，亲自去到频阳向王翦道歉说："我没有采用将军的计谋，使得李信玷辱了秦军的声威。将军虽然有病，但难道忍心丢下寡人不管吗！"王翦推托说："我有病，不能带兵。"秦王说："从前的事已经过去了，不要再说了！"王翦说："如果迫不得已，一定要用我，非得六十万的军队不行！"秦王说："但凭将军安排吧。"于是王翦率领六十万大军进攻楚国。秦王亲自将王翦送到霸上，王翦要求秦王赏赐给他很多良田大宅。秦王说："将军出发了，为什么担心日后贫穷呀！"王翦说："担任大王的将领，即使立了功，终究也不会得到封侯之赏，所以趁着大王看重我的时候，只好讨些田宅来作为留给子孙的产业。"秦王大笑。王翦出发后，到了武关，先后派五批使者回去向秦王请求赏赐良田。有人说："将军讨封赏也太过分了！"王翦说："不是这样。大王心性粗暴多猜忌，现在倾尽国内兵力委托我独自指挥，我如果不多讨封良田大宅为子孙谋立产业，来表示自己坚决为大王效力，大王反而会无缘无故地猜疑我了。"

秦王亲自到频阳向王翦道歉。

【原文】

二十三年（丁丑，公元前 224 年）

王翦取陈以南至平舆。楚人闻王翦益军而来，乃悉国中兵以御之；五翦坚壁不与战。楚人数挑战，终不出。王翦日休士洗沐，而善饮食，抚循之；亲与士卒同食。久之，王翦使人问："军中戏乎？"对曰："方投石、超距。"王翦曰："可用矣！"楚既不得战，乃引而东。王翦追之，令壮士击，大破楚师，至蕲南，杀其将军项燕，楚师遂败走。王翦因乘胜略定城邑。

二十四年（戊寅，公元前 223 年）

王翦、蒙武虏楚王负刍，以其地置楚郡。

【译文】

二十三年（丁丑，公元前 224 年）

王翦占领了陈以南直到平舆一带。楚人听说王翦增兵攻打过来，于是调动了全国兵力来抵抗；王翦坚守营垒不与楚人交战。楚人多次挑战，王翦始终不肯出兵。王翦每天只让士卒休息洗浴，吃好喝好，安抚他们；并同士卒一起用饭。过了很长一段日子，王翦派人打听："军中在玩什么？"回答说："正在玩投石、跳远的游戏。"王翦说："可以出兵了！"这时楚军见找不到战机，便向东转移。王翦趁机出兵追赶，命令壮士攻击，将楚军打得大败，一直追到蕲南地区，杀死了楚国将军项燕，楚军于是全线溃败。王翦便乘胜占领并平定了楚国的一些城邑。

二十四年（戊寅，公元前 223 年）

秦将王翦、蒙武俘获了楚国国君芈负刍，在楚地设置楚郡。

荆轲刺秦

【原文】

太子闻卫人荆轲之贤，卑辞厚礼而请见之。谓轲曰："今秦已虏韩王，又举兵南伐楚，北临赵。赵不能支秦，则祸必至于燕。燕小弱，数困于兵，何足以当秦！诸侯服秦，莫敢合从。丹之私计愚，以为诚得天下之勇士使于秦，劫秦王，使悉反诸侯侵地，若曹沫之与

荆轲私下里会见樊於期。

齐桓公，则大善矣；则不可，因而刺杀之，彼大将擅兵于外而内有乱，则君臣相疑，以其间，诸侯得合从，其破秦必矣。唯荆卿留意焉！"荆轲许之。于是舍荆卿于上舍，太子日造门下，所以奉养荆轲，无所不至。及王翦灭赵，太子闻之惧，欲遣荆轲行。荆轲曰："今行而无信，则秦未可亲也。诚得樊将军首与燕督亢之地图，奉献秦王，秦王必说见臣，臣乃有以报。"太子曰："樊将军穷困来归丹，丹不忍也！"荆轲乃私见樊於期曰："秦之遇将军，可谓深矣，父母宗族皆为戮没！今闻购将军首，金千斤，邑万家，将奈何？"於期太息流涕曰："计将安出？"荆卿曰："愿得将军之首以献秦王，秦王必喜而见臣，臣左手把其袖，右手揕其胸，则将军之仇报而燕见陵之愧除矣！"樊於期曰："此臣之日夜切齿腐心也！"遂自刎。太子闻之，奔往伏哭，然已无奈何，遂以函盛其首。太子豫求天下之利匕首，使工以药焠之，以试人，血濡缕，人无不立死者。乃装为遣荆轲，以燕勇士秦舞阳为之副，使入秦。

【译文】

太子丹听说卫国人荆轲贤能，便携带厚礼，以谦卑的言词请求见他。太子丹对荆轲说："现在秦国已经俘虏了韩王，又乘势举兵向南进攻楚国，向北逼近赵国；赵国无力对付秦国，那么灾难就要降临到燕国头上了。燕国又小又弱，多次被战争拖累，哪里还能抵挡得住秦国啊！各诸侯国都屈服秦国，没有哪个国家再敢合纵抗秦了。我个人的计策很愚鲁，认为如果能获得一位天下勇猛的勇士，让他前往秦国，劫持秦王，迫使秦王将兼并来的土地还给各国，就像曹沫当年逼迫齐桓公归还鲁国丧失的领土一样，如此当然是最好的了；假如不行的话，便乘机杀了秦王。到那时，秦国的大将拥兵在外，而国内发生动乱，那么君臣之间一定会相互猜疑，趁此时机，各国如果能够合纵抗秦，就一定可以打败秦国。希望你留心这件事情啊！"荆轲答应了太子丹。于是，太子丹安排荆轲住进上等客舍，他天天亲往舍中探望，凡是能够供给荆轲的东西，没有不送到的。等到秦将王翦灭了赵国，太子丹听说后非常害怕，便想送荆轲出行。荆轲说："我现在前往秦国，但是没有令秦人信任我的理由，不一定能接近秦王。倘若能得到樊将军的头颅和燕国督亢的地图，把它们献给秦王，秦王必定很高兴召见我，那时我才能刺杀他来回报您。"太子丹说："樊将军在穷途末路时投奔我，我不忍心杀他啊！"于是，荆轲私下里去见樊於期说："秦国对待你，可以说是残酷至极了，你的父母、宗族都被诛杀或没收为官奴！现在听说秦国悬赏黄金千斤、万户封地来买你的头颅，你打算怎么办呢？"於期流泪叹息道："能想出什么办法呢？"荆轲说："希望能得到你的头颅献给秦王，秦王见此一定高兴而召见我，那时我左手拉住他的袖子，右手持匕首刺他的胸膛，那么你的大仇就可以得报，而且燕国遭受的耻辱也可以消除了！"樊於期说："这正是我日夜渴望实现的事情！"于是，樊於期拔剑自刎。

太子丹听说后，急奔而来，伏在尸体上痛哭，但已经无可奈何了，于是就用匣子装起樊於期的头颅。太子丹已预先找到了天下最锋利的匕首，命令工匠把匕首烧红浸入毒药中，又用这染毒的匕首试刺人，只渗出一丝血，没有不立即死去的。于是准备行装送荆轲出发，又派燕

太子丹在易水为荆轲送行。

国的勇士秦舞阳做他的助手，让二人作为使者前往秦国。

【原文】

始皇帝下二十年（甲戌，公元前 227 年）

荆轲至咸阳，因王宠臣蒙嘉卑辞以求见，王大喜，朝服，设九宾而见之。荆轲奉图以进于王，图穷而匕首见，因把王袖而揕之；未至身，王惊起，袖绝。荆轲逐王，王环柱而走。群臣皆愕，卒起不意，尽失其度。而秦法，群臣侍殿上者不得操尺寸之兵，左右以手共搏之，且曰："王负剑！"负剑，王遂拔以击荆轲，断其左股。荆轲废，乃引匕首擿王，中铜柱。自知事不就，骂曰："事所以不成者，以欲生劫之，必得约契以报太子也！"遂体解荆轲以徇。王于是大怒，益发兵诣赵，就王翦以伐燕，与燕师、代师战于易水之西，大破之。

【译文】

始皇帝下二十年（甲戌，公元前 227 年）

荆轲到达秦国都城咸阳，通过秦王的宠臣蒙嘉，用谦卑的言词求见秦王；秦王非常高兴，穿上朝会时穿的礼服，安排朝会大典接见荆轲。荆轲捧着地图进献给秦王，图卷全部展开后，匕首现了出来，荆轲乘机抓住秦王的袍袖，举起匕首刺向秦王；没等荆轲近身，

荆轲追逐刺杀秦王，秦王绕着柱子奔跑。

秦王已惊恐地跃起，挣断袍袖。荆轲随即追逐秦王，秦王绕着柱子奔跑。这时，殿上的群臣都大吃一惊，事发突然，群臣全都失去了常态。秦国法律规定，在殿上侍从的群臣不得携带任何武器，众人只好徒手上前搏击荆轲，并喊道："大王把剑推到背上去！"于是秦王将剑推到背上，随即拔出剑来回击荆轲，砍断了他的左大腿。荆轲肢体受伤，就把匕首向秦王投了过去，却击中了铜柱。荆轲知道行刺之事已经无法完成，就大骂道："此事所以不能成功，只是想活捉你，迫使你订立契约，归还所兼并的土地，以此来报答燕太子！"于是，荆轲被分尸示众。秦王为此勃然大怒，增派军队到赵国，同王翦的大军攻打燕国，秦军在易水以西与燕军和代王的军队会战，大败燕、代军。

汉纪

韩信破赵

【原文】

太祖高皇帝上之下三年（丁酉，公元前204年）

冬，十月，韩信、张耳以兵数万东击赵。赵王及成安君陈馀闻之，聚兵井陉口，号二十万。

【译文】

汉高帝三年（丁酉，公元前204年）

冬季，十月，韩信和张耳率领数万名士兵向东攻打赵国。赵王赵歇和成安君陈馀听到这个消息，在井陉口集结部队，号称二十万大军。

【原文】

广武君李左车说成安君曰："韩信、张耳乘胜而去国远斗，其锋不可当。臣闻'千里馈粮，士有饥色；樵苏后爨，师不宿饱。'今井陉之道，车不得方轨，骑不得成列；行数百里，其势粮食必在其后。愿足下假臣奇兵三万人，从间路绝其辎重；足下深沟高垒勿与战。彼前

广武君李左车向成安君献计。

不得斗，退不得还，野无所掠，不至十日，而两将之头可致于麾下；否则必为二子所禽矣。"成安君尝自称义兵，不用诈谋奇计，曰："韩信兵少而疲，如此避而不击，则诸侯谓吾怯而轻来伐我矣。"

【译文】

　　广武君李左车劝成安君道："韩信、张耳乘胜势离开本国远征，其锋芒锐不可当。我听说：'从千里之外供给军粮，士兵会面有饥色；临时拾柴割草来做饭，军队会常常食不果腹。'而今井陉这条路，车辆不能并行，骑兵不能成列；行军队伍前后拉开几百里，依此形势，随军的粮草必定在大部队的后面。望您拨给我三万人作为奇兵，抄小路截断对方的辎重粮草，而您则深挖壕沟、高筑营垒，坚守不出战。这样一来，他们向前无仗可打，退后无路可回，野外又无什么东西可抢，用不了十天，韩信、张耳这两个将领的头颅就可以献到您的帐前了；不这样做肯定要被他们二人所俘获。"陈馀曾经自称是义兵，不屑于使用诈谋奇计，故说："韩信兵力单薄且又疲惫不堪，对这样的军队还避而不击，诸侯会认为我胆怯而随便来攻打我了。"

【原文】

　　韩信使人间视，知其不用广武君策，则大喜，乃敢引兵遂下。未至井陉口三十里，止舍。夜半，传发，选轻骑二千人，人持一赤帜，从间道萆山而望赵军。诫曰："赵见我走，必空壁逐我；若疾入赵壁，拔赵帜，立汉赤帜。"令其裨将传餐，曰："今日

韩信对将士们说：待今天打败赵军后再会餐。

破赵会食！"诸将皆莫信，佯应曰"诺"。信曰："赵已先据便地为壁；且彼未见吾大将旗鼓，未肯击前行，恐吾至阻险而还也。"乃使万人先行，出，背水陈；赵军望见而大笑。

【译文】

　　韩信派人暗中打探消息，得知陈馀不采纳广武君的计策，异常高兴，于是大胆率军径直前进。在距离井陉口三十里的地方停下来安营扎寨。到半夜时分，韩信传令部队出发，挑选两千名轻骑兵，每人手拿一面红旗，从小道上山隐蔽起来，观察赵军的动向；并告诫他们说："交战时赵军看到我军退却，必会倾巢出动来

追赶我们；你们就趁机快速冲入赵军营垒，拔掉赵军的旗帜，遍插汉军的红旗。"
又命他的副将送一些食物给将士们，对他们说："待今天打败赵军后再会餐！"众
将领们都不相信，只是假意应承道："好吧。"韩信说："赵军已经抢先占据了有
利地形安营扎寨，而且他们没有看见我军大将的旗鼓，是不肯出兵攻打我们先头
部队的，这是因为他们怕我军到了险要的地方，遇阻后就会撤回去。"韩信随即
命一万人打先锋，出井陉口，背靠河水摆开阵列；赵军望见后都哗然大笑。

【原文】

平旦，信建大将
旗鼓，鼓行出井陉口；
赵开壁击之，大战良
久。于是信与张耳佯
弃鼓旗，走水上军；
水上军开入之，复疾
战。赵果空壁争汉旗
鼓，逐信、耳。信、
耳已入水上军，军皆
殊死战，不可败。信
所出奇兵二千骑共候
赵空壁逐利，则驰入

韩信和张耳假装丢旗弃鼓诱敌追击。

赵壁，皆拔赵旗，立汉赤帜二千。赵军已不能得信等，欲还归壁；壁皆汉赤帜，
见而大惊，以为汉皆已得赵王将矣，兵遂乱，遁走，赵将虽斩之，不能禁也。
于是汉兵夹击，大破赵军，斩成安君泜水上，禽赵王歇。

【译文】

天刚蒙蒙亮的时候，韩信打出了大将的旗鼓，敲着战鼓开出了井陉口；赵军
打开营门迎击，双方激战了很久。这时，韩信和张耳便假装丢旗弃鼓，逃回河边
的阵营；河边部队大开营门放他们进去，然后双方又展开鏖战。赵军果然倾巢出
动，争抢汉军抛下的旗鼓，追逐韩信和张耳。韩信、张耳进入河边的阵地后，全
军上下都拼死奋战，赵军无法打败他们。韩信派出的二千名骑兵等到赵军将士全
体出动去追逐抢夺战利品时，立刻快速进入赵军营地，拔掉所有赵军旗帜，插上
两千面汉军红旗。赵军已经无法抓获韩信等人，想退回营地；却见自己的营垒中

遍是汉军的红旗，都惊慌失措，以为汉军已将赵王的将领全部擒获了，于是士兵们大乱，纷纷逃跑，赵将虽然不停地斩杀逃兵，但也无法禁止溃败之势。汉军随即前后夹击，大败赵军，在水边杀了陈馀，活捉了赵王歇。

赵军见自己的营垒中遍是汉军的红旗。

【原文】

诸将效首虏，毕贺，因问信曰："兵法：'右倍山陵，前左水泽。'今者将军令臣等反背水陈，曰'破赵会食'，臣等不服，然竟以胜。此何术也？"信曰："此在兵法，顾诸君不察耳！兵法不曰：'陷之死地而后生，置之亡地而后存'？且信非得素拊循士大夫也，此所谓'驱市人而战之'，其势非置之死地，使人人自为战；今予之生地，皆走，宁尚可得而用之乎！"诸将皆服，曰："善！非臣所及也。"

【译文】

将领们献上赵军的首级和俘虏，都向韩信祝贺，并问韩信说："兵法上提出：'布军列阵要右面和背面靠着山陵，前面和左边靠着水泽。'而这次您却反而让我们背水布阵，还说'待打败赵军后再会餐'，我们当时都颇不信服，结果竟然取胜了。这是什么战术呀？"韩信说："这战术也是兵法上有的，只不过你们没有留意罢了！兵法上不是说'陷之死地而后生，置之亡地而后存'吗？况且我所率领的不是平时训练有素的将士，这就是所谓的'驱赶着街市上的平民百姓去作战'，势必非把他们置于死地，使他们人人为各自的生存而战不可；如果我给他们留下活路，他们就会逃走了，那样一来，怎么还能用他们去冲锋陷阵啊！"将领们都心悦诚服地说："是啊！您的谋略不是我们所能比的呀！"

四面楚歌

【原文】

太祖高皇帝中五年（己亥，公元前 202 年）

冬，十月，汉王追项羽至固陵，与齐王信、魏相国越期会击楚；信、越不至，楚击汉军，大破之。汉王复坚壁自守，谓张良曰："诸侯不从，奈何？"对曰："楚兵且破，二人未有分地，其不至固宜；君王能与共天下，可立致也。齐王信之立，非君王意，信亦不自坚；彭越本定梁地，始，君王以魏豹故拜越为相国；今豹死，越亦望王，而君王不早定。今能取睢阳以北至谷城皆以王彭越，从陈以东傅海与韩王信。信家在楚，其意欲复得故邑。能出捐此地以许两人，使各自为战，则楚易破也。"汉王从之。于是韩信、彭越皆引兵来。

【译文】

汉高帝五年（己亥，公元前 202 年）

冬季，十月，汉王追击项羽到了固陵，与齐王韩信、魏相国彭越约定日期合击楚军。但是韩信、彭越的军队没有来，楚军攻打汉军，汉军大败。汉王只好重新坚固营垒加强防守，并对张良说："诸侯不听我的，怎么办？"

刘邦询问陈平天下何时可以太平。

张良答道："楚军即将被打败，而韩信、彭越二人没有分封到明确的土地，他们不按约期前来会合是必然的。君王如果能与他们一起共分天下，就可以立即把他们召来。齐王韩信的封立，不是您的本意，韩信自己也不放心。彭越平定了梁地，当初，您因为魏豹的缘故封彭越为魏国相国；现在魏豹死了，彭越也在等着您封他为王，但您却不早作决定。现在，您可以把从睢阳以北到谷城的土地都封给彭越，把从陈县以东到沿海一带的区域封给齐王韩信。韩信的家乡在楚地，他的本意是想要重新得到自己故乡的土地。假如您答应分割这些土地给他们二人，让他们各自为自己的利益而战，那么楚军就很容易攻破了。"汉王听从了张良的建议。于是韩信、彭越都率军前来。

【原文】

十一月，刘贾南渡淮，围寿春，遣人诱楚大司马周殷。殷畔楚，以舒屠六，举九江兵迎黥布，并行屠城父，随刘贾皆会。

十二月，项王至垓下，兵少，食尽，与汉战不胜，入壁；汉军及诸侯兵围之数重。项王夜闻汉军四面皆楚歌，

项羽一行人到阴陵时迷了路，向一农夫问路，农夫骗他们说"向左"。

乃大惊曰："汉皆已得楚乎？是何楚人之多也！"则夜起，饮帐中，悲歌慷慨，泣数行下；左右皆泣，莫能仰视。于是项王乘其骏马名骓，麾下壮士骑从者八百余人，直夜，溃围南出驰走。平明，汉军乃觉之，令骑将灌婴以五千骑追之。项王渡淮，骑能属者才百余人。至阴陵，迷失道，问一田父，田父绐曰"左"。左，乃陷大泽中，以故汉追及之。

【译文】

十一月，刘邦的堂兄刘贾南渡淮河，包围了寿春，派人去诱降楚国的大司马周殷。周殷即反叛楚国，用舒地的兵力屠灭了六县，并调发九江的部队迎接黥布，一同去屠灭了城父县，接着随同刘贾等人一齐会合。

十二月，项王到了垓下，兵少粮尽，与汉军交战未能取胜，便退守营垒；这时汉军和诸侯的军队将项王的军营重重包围起来。项王夜里听见汉军阵营中到处传唱楚歌，于是惊问道："汉军已经得到所有楚国的土地了吗？怎么楚人这么多！"项王便连夜起身，在帐中饮酒，慷慨悲歌，泪下数行；身边的人也都哭泣，不忍心抬头看他。于是项王骑上他的骏马骓，带领八百多名壮士骑从，当夜突围往南

奔驰。天大亮时，汉军才发觉，便命令骑将灌婴率五千骑兵追击。项王渡过淮河的时候，相随的骑兵能跟得上他的才一百多人。项羽一行人到阴陵时迷了路，便向一农夫问路，农夫骗他们说"向左"。项羽等向左走，却陷入大沼泽地中，汉军因此追上了他们。

【原文】

项王乃复引兵而东，至东城，乃有二十八骑；汉骑追者数千人。项王自度不得脱，谓其骑曰："吾起兵至今，八岁矣；身七十馀战，未尝败北，遂霸有天下。然今卒困于此，此天之亡我，非战之罪也！今日固决死，愿为诸君快战，必溃围，斩将，刈旗，三胜之，令诸君知天亡我，非战之罪也。"乃分其骑以为四队，四乡。汉军围之数重。项王谓其骑曰："吾为公取彼一将。"令四面骑驰下，期山东为三处。于是项王大呼驰下，汉军皆披靡，遂斩汉一将。是时，郎中骑杨喜追项王，项王瞋目而叱之，喜人马俱惊，辟易数里。项王与其骑会为三处，汉军不知项王所在，乃分军为三，复围之。项王乃驰，复斩汉一都尉，杀数十百人；复聚其骑，亡其两骑耳。乃谓其骑曰："何如？"骑皆伏曰："如大王言！"

【译文】

项王于是再领兵向东走，到东城，相随的只有二十八个骑兵了；而汉军骑兵追逐前来的有几千人。项王估计不能脱身，便对他的骑兵们说："我从起兵到现在，已经八年了，身经七十多次战斗，不曾失败过，这才霸有天下。但是今天最终被困在这里，这是上天要灭亡我啊，不是我用兵有什么过错！今天定要一决生死，愿为你们痛快地打一仗，一定突出重围，斩杀敌将，拔取敌旗，接连三次取胜，让你们知道这是天要亡我，不是我用兵的过错。"于是分二十八骑为四队，向四个方向冲杀。汉军将他们重重包围。项王对他的骑兵们说："看我为你们斩杀他一员将领！"命令骑士们从四面奔驰而下，约定在山的东边分三处会合。于是项王大声呼喝着策马飞奔而下，汉军随即都溃败散乱，项王就斩杀了一员汉将。这时，郎中骑杨喜追击项王，项王瞪着双眼厉声呵叱他，杨喜人马都受到惊吓，退避了好几里地。项王与他的骑兵们分三处会合，汉军不知道项王究竟在哪里，于是分兵三路，又把他们包围起来。项王随即奔驰冲杀，又斩杀了汉军的一名都尉，杀死汉军近百人，重新聚拢他的骑兵，至此仅仅损失了两名骑士。项王就对他的骑兵们说："怎么样？"骑兵们都敬服地说："正如大王所说。"

【原文】

于是项王欲东渡乌江，乌江亭长舣船待，谓项王曰："江东虽小，地方千里，众数十万人，亦足王也。愿大王急渡！今独臣有船，汉军至，无以渡。"项王笑曰："天之亡我，我何渡为！且籍与江东子弟八千人渡江而西，今无一人还；纵江东父兄怜而王我，我何面目见之！纵彼不言，籍独不愧于心乎！"乃以所乘骓马赐亭长，令骑皆下马步行，持短兵接战。独籍所杀汉军数百人，身亦被十馀创。顾见汉骑司马吕马童，曰："若非吾故人乎？"马童面之，指示中郎骑王翳曰："此项王也。"项王乃曰："吾闻汉购我头千金，邑万户；吾为若德。"乃自刭而死。王翳取其头；馀骑相蹂践争项王，相杀者数十人；最其后，杨喜、吕马童及郎中吕胜、杨武各得其一体；五人共会其体，皆是，故分其户，封五人皆为列侯。

【译文】

这时项王想东渡乌江，乌江亭长把船停在岸边等着他，并对项王说："江东虽然狭小，土地方圆千里，民众几十万人，却也足够用以称王的了。望大王赶快渡江！现在只有我有船，汉军即使追到，也无法过江。"项王笑着说："上天要灭亡我，我还要渡江做什么！况且我与江东子弟八千人渡江西征，如今没有一人回去；纵使江东父兄怜惜我，仍然视我为王，可我又有何面目去见他们！即便他们不说什么，难道我就无愧于心吗！"于是把自己所骑的骓送给了亭长，命令他的骑兵都下马步行，手持短兵器迎战。仅项王一人就杀死汉军几百人，项王自己也身受十多处伤。项王回头看见汉军骑司马吕马童，就说："你不是我的老朋友吗？"吕马童看到了，指给中郎骑王翳说："这就是项王！"项王便说道："我听说汉王以千金悬赏我的头颅，分给享用万户赋税的封地，我就把这份好处留给故人吧。"于是自刭而死。王翳取下项王的头颅。其余的骑兵相互践踏争抢项王的躯体，互相残杀的有几十个人。到了最后，杨喜、吕马童和郎中吕胜、杨武各夺得项王的一部分肢体。五个人把项王的肢体会合拼凑到一起，都对得上，在封赏时，将悬赏的封地分为五份，五人都被封为列侯。

项羽策马飞奔杀入汉阵，汉军随即都溃败散乱。

诛灭诸吕

【原文】

高后元年（甲寅，公元前187 年）

冬，太后议欲立诸吕为王，问右丞相陵，陵曰："高帝刑白马盟曰：'非刘氏而王，天下共击之。'今王吕氏，非约也。"太后不说。问左丞相平、太尉勃，对曰："高帝定天下，王子弟；今太后称制，王诸吕，无所不可。"太后喜。罢朝。

陈平、周勃对王陵说：安定刘氏后人，您就不如我们了。

王陵让陈平、绛侯曰："始与高帝喋血盟，诸君不在邪！今高帝崩，太后女主，欲王吕氏；诸君纵欲阿意背约，何面目见高帝于地下乎？"陈平、绛侯曰："于今，面折廷争，臣不如君；全社稷，定刘氏之后，君亦不如臣。"陵无以应之。十一月甲子，太后以王陵为帝太傅，实夺之相权；陵遂病免归。

【译文】

高后元年（甲寅，公元前187年）

冬天，吕太后与臣下商议，打算册封吕氏外戚为诸侯王，于是征询右丞相王陵的意见，王陵回答说："高皇帝当年曾与群臣杀白马盟誓：'假若不是刘姓的人称王，天下臣民共同讨伐他。'如今分封吕氏为王，违背了白马之盟所约。"太后听了，很不高兴。又问左丞相陈平、太尉周勃，他们回答说："高皇帝平定天下，分封刘姓子弟为王；如今太后临朝管理国家，那么封吕氏子弟为王，没有什么不可以的。"太后听了很高兴。罢朝后王陵责备陈平、周勃道："当初和高皇帝歃血盟誓时，你们不在吗？现在高帝驾崩，太后以女主当政，要封吕氏为王；你们想要迎合太后的意旨，违背誓约，将来有何面目去见高帝？"陈平、周勃对王陵说："如今在朝廷之上当面谏阻太后，我们不如您；可将来保全社稷，安定刘氏后人，您就不如我们了。"王陵无言答对。十一月，甲子，太后升王陵为皇帝的太傅，实际上剥夺了他右丞相的实权；王陵于是称病不再上朝，不久，就被免职归家。

【原文】

乃以左丞相平为右丞相；以辟阳侯审食其为左丞相，不治事，令监宫中，如郎中令。食其故得幸于太后，公卿皆因而决事。

【译文】

太后升左丞相陈平为右丞相；任命辟阳侯审食其为左丞相，但不履行左丞相的职权，而是只让他监理宫廷事务，同郎中令一样。审食其过去得到太后的宠幸，公卿都按照他的意思办事。

【原文】

高后八年（辛酉，公元前180年）

秋，七月，太后病甚，乃令赵王禄为上将军，居北军；吕王产居南军。太后诫产、禄曰："吕氏之王，大臣弗平。我即崩，帝年少，大臣恐为变。必据兵卫宫，慎毋送丧，为人所制！"辛巳，太后崩。遗诏：大赦天下，以吕王产为相国，以吕禄女为帝后。高后已葬，以左丞相审食其为帝太傅。

【译文】

高后八年（辛酉，公元前180年）

秋季，七月，太后病重，于是下令任命赵王吕禄为上将军，统率北军；吕王吕产统率南军。太后告诫吕产、吕禄说："封立吕氏为王，大臣心中不服。我就要死了，皇帝年幼，大臣中恐怕会有人乘机向吕氏发难。你们一定要统率禁军保卫皇宫，千万不要为送丧而轻离重地，以免被人所制！"辛巳（三十日），太后驾崩，留下遗诏：大赦天下，以吕王吕产为相国，以吕禄之女为皇后。高后下葬之后，左丞相审食其出任皇帝太傅。

【原文】

诸吕欲为乱，畏大臣绛、灌等，未敢发。朱虚侯以吕禄女为妇，故知其谋，乃阴令人告其兄齐王，欲令发兵西，朱虚侯、东牟侯为内应，以诛诸吕，立齐王为帝。齐王乃与其舅驷钧、郎中令祝午、中尉魏勃阴谋发兵。齐相召平弗听。八月丙午，齐王欲使人诛相；相闻之，乃发卒卫王宫。魏勃绐召平曰：

"王欲发兵,非有汉虎符验也。而相君围王固善,勃请为君将兵卫王。"召平信之。勃既将兵,遂围相府;召平自杀。于是齐王以驷钧为相,魏勃为将军,祝午为内史,悉发国中兵。

【译文】

吕氏诸人想作乱,由于惧怕大臣绛侯周勃、灌婴等人,不敢贸然行事。朱虚侯刘章娶吕禄的女儿为妻,所以得知吕氏的阴谋,于是暗中让人告诉了其兄齐王刘襄,想让齐王发兵西进,朱虚侯、东牟侯为内应,图谋诛杀诸吕,立齐王为皇帝。齐王和他的舅舅驷钧、郎中令祝午、中尉魏勃密谋发兵。齐相召平不听他们的谋

齐王和他的舅舅驷钧、郎中令祝午、中尉魏勃密谋发兵。

划,反对举兵。八月丙午(二十六日),齐王打算派人杀国相召平;召平听说后,就发兵包围了王宫。魏勃骗召平说:"齐王要发兵,非有汉虎符证明不可。您发兵包围了齐王本是对的,我请求为您带兵入宫保护齐王。"召平相信了魏勃的话。魏勃掌握统兵权之后,就包围了召平的相府;召平自杀。于是,齐王任命驷钧为相,魏勃为将军,祝午为内史,征发齐国的全部兵马向都城进发。

【原文】

吕禄、吕产欲作乱,内惮绛侯、朱虚等,外畏齐、楚兵;又恐灌婴畔之,欲待灌婴兵与齐合而发,犹豫未决。

【译文】

吕禄、吕产想作乱,却又惧怕朝中绛侯周勃、朱虚侯刘章等人,外怕齐国和楚国的军队;又恐怕灌婴背叛他们,他们想等到灌婴所率汉兵和齐军交战之后再动手,所以犹豫未决。

【原文】

当是时,济川王太、淮阳王武、常山王朝及鲁王张偃皆年少,未之国,居长安;赵王禄、梁王产各将兵居南、北军;皆吕氏之人也。列侯群臣莫自坚其命。

太尉绛侯勃不得主兵。曲周侯郦商老病，其子寄与吕禄善。绛侯乃与丞相陈平谋，使人劫郦商，令其子寄往绐说吕禄曰："高帝与吕后共定天下，刘氏所立九王，吕氏所立三王，皆大臣之议，事已布告诸侯，皆以为宜。今太后崩，帝少，而足下佩赵王印，不急之国守藩，乃为上将，将兵留此，为大臣诸侯所疑。足下何不归将印，以兵属太尉，请梁王归相国印，与大臣盟而之国。齐兵必罢，大臣得安，足下高枕而王千里，此万世之利也。"吕禄信然其计，欲以兵属太尉；使人报吕产及诸吕老人，或以为便，或曰不便，计犹豫未有所决。

吕禄信郦寄，时与出游猎，过其姑吕媭。媭大怒曰："若为将而弃军，吕氏今无处矣！"乃悉出珠玉、宝器散堂下，曰："毋为他人守也！"

【译文】

此时，济川王刘太、淮阳王刘武、常山王刘朝及鲁王张偃都还年少，没有到封地去，居住于长安；赵王吕禄、梁王吕产各自统率南军和北军，都是吕氏一党的人马。列侯群臣没有人能保证自己性命的安全。

太尉绛侯周勃手中没有军权。曲周侯郦商年老有病，他儿子郦寄与吕禄关系很好。绛侯周勃就与丞相陈平商定，派人威逼劫持郦商，让他儿子郦寄去欺哄吕禄说："高帝与吕后共同安定天下，刘氏立为诸侯王的有九人，立吕氏为诸侯王的有三人，这些都是经过朝廷大臣议定的，立诸侯王的事已经向天下诸侯公开宣布，诸侯都认为这样立定很合适。现在太后驾崩，皇帝年幼，您身佩赵王大印，不立即返回封国镇守，却出任上将，率兵留在京师，必然会受到大臣和诸侯王的猜疑。您为什么不交出将印，把军权交给太尉，请梁王归还相国大印，您二人与朝廷大臣盟誓后各归封国，这样不是更好吗？这样，齐兵一定会撤走了，大臣也得以安定了，您就可以高枕无忧地去治理方圆千里之地，做一国之王，这是造福于子孙万代的好事啊。"吕禄相信了郦寄的话，想把军队交给太尉；他派人把这个打算告知吕产及吕氏长辈，有人认为可以这样，有人认为这样不行，这事一直犹豫没有结果。

吕禄信任郦寄，时常与他一起出外游猎，途中前往拜见其姑母吕媭。吕媭大怒说："你身为上将却轻易地离军游猎，吕氏如今将无处容身了！"于是就拿出家中所有的珠玉、宝器抛散到堂下，说："不要为他人守着这些东西了！"

【原文】

九月庚申旦，平阳侯窋行御史大夫事，见相国产计事。郎中令贾寿使从齐来，因数产曰："王不早之国；今虽欲行，尚可得耶！"具以灌婴与齐、楚合从欲诛诸吕告产，且趣产急入宫。平阳侯颇闻其语，驰告丞相、太尉。

【译文】

九月庚申（初十）清早，平阳侯曹窋代理御史大夫事，前来与相国吕产商量事情。郎中令贾寿出使齐国回来，责备吕产说："大王不早到封国去，现在即使准备去了，恐怕也来不及了。"他把灌婴和齐、楚联合欲诛灭吕氏的事情告诉了吕产，并且催促吕产迅速进入皇宫。平阳侯曹窋听到了这些话，赶紧向丞相和太尉报告。

【原文】

太尉欲入北军，不得入。襄平侯纪通尚符节，乃令持节矫内太尉北军。太尉复令郦寄与典客刘揭先说吕禄曰："帝使太尉守北军，欲足下之国。急归将印，辞去！不然，祸且起。"吕禄以为郦况不欺己，遂解印属典客，而以兵授太尉。太尉至军，吕禄已去。太尉入军门，行令军中曰："为吕氏右袒，为刘氏左袒！"军中皆左袒，太尉遂将北军；然尚有南军。丞相平乃召朱虚侯章佐太尉；太尉令朱虚侯监军门，令平阳侯告卫尉："毋入相国产殿门！"

【译文】

太尉想进入北军营垒，但没有办法入内。襄平侯纪通掌管皇帝符节，太尉就命令他手持信节，假传圣旨称奉皇帝之命允许太尉进入北军营垒。太尉又命令郦寄与典客刘揭先去劝说吕禄："皇帝派太尉掌管北军，想要您回封地去。你赶紧将掌管北军的印交出去，回到封地。否则将有祸事发生！"吕禄以为郦寄不会骗自己，就解下将军印绶交给典客刘揭，将北军的兵权交给了太尉周勃。太尉到了北军时，吕禄已经离开。太尉进入军门，就在军中下令说："站在吕氏一边的袒露右臂，站在刘氏一边的袒露左臂。"军中将士都袒露左臂，太尉就这样接管了北军。而南军仍然在吕氏手中。丞相陈平召来朱虚侯刘章辅助太尉；太尉令朱虚侯监守军门，又令平阳侯告诉统率宫门禁卫军的卫尉说："别让相国吕产进入殿门！"

【原文】

吕产不知吕禄已去北军，乃入未央宫，欲为乱。至殿门，弗得入，徘徊往来。平阳侯恐弗胜，驰语太尉。太尉尚恐不胜诸吕，未敢公言诛之，乃谓朱虚侯曰："急入宫卫帝！"朱虚侯请卒，太尉予卒千馀人。入未央宫门，见产廷中。日铺时，遂击产；产走。天风大起，以故其从官乱，莫敢斗；逐产，杀之郎中府吏厕中。朱虚侯已杀产，帝命谒者持节劳朱虚侯。朱虚侯欲夺其节，谒者不肯。朱虚侯则从与载，因节信驰走，斩长乐卫尉吕更始。还，驰入北军报太尉，太尉起拜贺。朱虚侯曰："所患独吕产；今已诛，天下定矣！"遂遣人分部悉捕诸吕男女，无少长皆斩之。辛酉，捕斩吕禄而笞杀吕嬃，使人诛燕王吕通而废鲁王张偃。戊辰，徙济川王王梁。遣朱虚侯章以诛诸吕事告齐王，令罢兵。

【译文】

吕产不知道吕禄已离开北军，于是就进入未央宫，准备作乱。吕产到了殿门，禁卫军士阻止他入内，急得他在殿门外徘徊往来。平阳侯怕难以制止吕产入宫，骑马告知太尉。太尉也怕不能战胜诸吕，不敢公开宣布说诛杀诸吕的事，于是就对朱虚侯刘章说："马上进宫保卫皇上！"朱虚侯请求

朱虚侯斩杀了长乐卫尉吕更始。

兵马支援，太尉给了他一千多士兵。朱虚侯进入未央宫门，看见吕产正在廷中。此时到了傍晚，朱虚侯带人袭击吕产，吕产逃跑。这时刮起了大风，因此吕产所带党羽亲信都十分慌乱，不敢接战搏斗；朱虚侯等人追逐吕产，在郎中府的厕所里杀了他。朱虚侯杀了吕产后，皇帝命谒者持节前来慰劳朱虚侯。朱虚侯想要抢谒者符节，谒者不肯给他。朱虚侯就与持节的谒者共乘一车，凭着皇帝之节，驱车疾驰，进入长乐宫，斩杀了长乐卫尉吕更始。事毕返回，驰入北军向太尉报告。太尉站起来，向朱虚侯表示祝贺。朱虚侯说："我们担心的只是吕产。如今吕产已被杀死，天下太平了！"于是派人分头捉拿所有吕氏男女，无论老少一律处死。辛酉（十一日），捕斩吕禄，将吕嬃乱棒打死，派人杀燕王吕通，废除鲁王张偃。戊辰（十八日），周勃、陈平等决定改封济川王刘太为梁王，派朱虚侯去告知齐王，吕氏已被诛灭，令齐王罢兵。

飞将李广

【原文】

中元年（壬辰，公元前 149 年）

六月，匈奴入雁门，至武泉，入上郡，取苑马，吏卒战死者二千人。陇西李广为上郡太守，尝从百骑出，遇匈奴数千骑，见广，以为诱骑，皆惊，上山陈。广之百骑皆大恐，欲驰还走。广曰："吾去大军数十里，今如此以百骑走，匈奴追射我立尽。今我留，匈奴必以我为大军之诱，必不敢击我。"广令诸骑曰："前！"未到匈奴阵二里所，止，令曰："皆下马解鞍！"其骑曰："虏多且近，即有急，奈何？"广曰："彼虏以我为走；今皆解鞍以示不走，用坚其意。"于是胡骑遂不敢击。有白马将出，护其兵；李广上马，与十馀骑奔，射杀白马将而复还，至其骑中解鞍，令士皆纵马卧。是时会暮，胡兵终怪之，不敢击。夜半时，胡兵亦以为汉有伏军于旁，欲夜取之，胡皆引兵而去。平旦，李广乃归其大军。

【译文】

中元年（壬辰，公元前 149 年）

中元年六月，匈奴攻入雁门，直至武泉县。

六月，汉武帝元朔元年六月，匈奴攻入雁门郡，直到武泉县，并攻入上郡，抢去朝廷在那儿放养的马，汉军将士二千人战死。陇西人李广任上郡太守，曾率领百名骑兵出行，突然遭遇几千匈奴骑兵。匈奴人看见李广的小队伍，以为是汉军大部队派出的诱兵，都感到吃惊，到山上摆开阵势。李广手下的百名骑兵很害怕，想驰马逃跑，李广劝阻他们说道："我们距离大军数十里远，如今仅靠百名骑兵往回跑，一旦匈奴人追杀射击，我们马上就完了。现在我们留在这里，匈奴人一定会把我们当成大军的诱敌队伍，必定不敢轻易进击我们。"李广便命令队伍说："前进！"队伍来到距离匈奴阵地约有二里的地方，停了下来，李广命令道："都下马解下马鞍！"他手下的骑兵说："敌人很多，而且离我们很近，一旦有什么紧急情况，怎么办？"李广说道："敌人以为我们会逃跑；现在下令都解下马鞍就是向他们表示不会逃跑，用这个办法来坚定他们认为我们是诱敌部队的想法。"于是匈奴骑兵果

李广飞身上马，射杀了骑白马的匈奴将领。

真不敢进攻他们。有一位骑白马的匈奴将领出阵来，监护他的人马；李广飞身上马，带上十多个骑兵奔过去，射杀了骑白马的将军后重新返了回来，抵达他的阵营后解下马鞍，命令士兵都解开战马躺倒休息。这时，正好是黄昏，匈奴骑兵始终对李广部队的行为感到奇怪，不敢进攻。到了半夜，匈奴军队仍然认为附近有汉朝大军埋伏，准备在夜间突袭他们，便都领兵撤走了。等到黎明时，李广才率军返回到汉军大营。

【原文】

世宗孝武皇帝上之下元朔元年（癸丑，公元前 128 年）

秋，匈奴二万骑入汉，杀辽西太守，略二千馀人，围韩安国壁；又入渔阳、雁门，各杀略千馀人。安国益东徙，屯北平；数月，病死。天子乃复召李广，拜为右北平太守。匈奴号曰"汉之飞将军"，避之，数岁不敢入右北平。

世宗孝武皇帝中之上元狩四年（壬戌，公元前 119 年）

大将军既出塞，捕虏知单于所居，乃自以精兵走之，而令前将军广并于

右将军军，出东道。东道回远而水草少，广自请曰："臣部为前将军，今大将军乃徙令臣出东道。且臣结发而与匈奴战，今乃一得当单于，臣愿居前，先死单于。"大将军亦阴受上诫，以为"李广老，数奇，毋令当单于，恐不得所欲"。而公孙敖新失侯，大将军亦欲使敖与俱当单于，故徙前将军广。广知之，固自辞于大将军；大将军不听，广不谢而起行，意甚愠怒。

【译文】

汉武帝元朔元年（癸丑，公元前128年）

秋季，匈奴出动两万骑兵入侵汉境，杀死了辽西郡太守，俘虏了两千多人，包围了韩安国守卫的汉军壁垒；又进犯渔阳和雁门，在两地各杀害、俘虏了一千多人。韩安国率军迁往东边，屯驻北平；没过几个月，就病死了。汉武帝于是再次起用李广，拜李广为右北平太守。匈奴曾经称李广为"汉朝的飞将军"，可见他们十分畏惧李广，所以有意躲避他，连续数年不敢轻易入侵右北平郡。

汉武帝元狩四年（壬戌，公元前119年）

大将军卫青出塞后，从匈奴俘虏口中得知单于的住地，于是亲自领精兵向王庭挺进，同时命令前将军李广与右将军赵食其合兵一处，从东路进军。东路迂回遥远，而且水草稀少，所以李广主动请求说："我的部队是前将军的部队，现在大将军却让我部改为从东路进军。我从少年时就与匈奴作战，直到今天才有机会正面对抗单于，我愿做前锋，率先和单于拼个你死我活。"卫青出征前曾暗中受汉武帝的嘱咐，认为"李广年纪已老，运气又不好，千万不要让他与单于正面交锋，担心他难以完成擒获单于的任务"。而公孙敖刚刚失去侯爵的爵位，卫青也想让公孙敖同自己一道正面攻击单于，使他作战立功，所以将前将军李广调为东路。李广得知内情后，坚决要求仍任先锋；卫青拒绝了他，李广没有向卫青行礼就转身离去，心中非常恼怒。

【原文】

前将军广与右将军食其军无导，惑失道，后大将军，不及单于战。大将军引还，过幕南，乃遇二将军。大将军使长史责问广、食其失道状，急责广之幕府对簿。广曰："诸校尉无罪，乃我自失道，吾今自上簿至莫府。"广谓其麾下曰："广结发与匈奴大小七十馀战，今幸从大将军出接单于兵，而大将军徙广部，行回远而又迷失道，岂非天哉！且广年六十馀矣，终不能复对刀笔之吏！"遂引刀自刭。广为人廉，得赏赐辄分其麾下，饮食与士共之，为二千石四十馀年，家无馀财。猿臂，善射，度不中不发。将兵，乏绝之处见水，士卒不尽饮，广不近水，士卒不尽食，广不尝食，士以此爱乐为用。及死，一军皆哭。百姓闻之，知与不知，无老壮皆为垂涕。而右将军独下吏，当死，赎为庶人。

【译文】

前将军李广与右将军赵食其率领的东路军因没有向导，在沙漠中迷路了，落到了大将军卫青的后面，没来得及参与和单于的那一场战争。卫青班师回营，经过沙漠南部时才碰上迷路的李广和赵食其。卫青派长史责问二人迷路的原因，责令李

李广引刀自刎。

广的幕僚立刻到大将军处听候发落。李广说道："众校尉没有罪，是我自己迷失了方向，我现在就一个人到大将军的幕府去听候处置。"李广又对他的部下说："我从年少时作战，到现在和匈奴大大小小有过七十多场战争，如今好不容易跟从大将军和匈奴单于当面交锋，而大将军却把我部从前锋调到东路，路途本来就曲折遥远，又迷失了道路，这一切难道不是天意吗？何况我已经六十多岁了，哪里还能再去面对那些刀笔小吏！"于是拔刀自刎了。李广一生为人清廉，一得到赏赐就分给部下，与部下吃在一起，做了四十多年二千石俸禄的官，家里没有多余的财产。他的手臂像长臂猿一样又长又灵活，擅长射箭，如果预料到射不中目标，就不放箭。行军打仗时，在给养困难的情况下，如果发现水源，士兵没有全部喝过，李广就不会靠近水边；士兵们没有全部吃饱，李广就不会进食，士兵们因此很乐意做他的部下。等到李广死后，全军都为之痛哭。百姓听到他死去的消息，无论与李广认不认识，也无论年老的还是年轻的，都为他伤心落泪。右将军赵食其一人被交付幕府审判，其罪当死，交纳赎金后被贬为平民。

大将卫青

【原文】

汉武帝建元二年（壬寅，公元前139年）

汉武帝看上了平阳公主府中的歌女卫子夫。

上被灞上，还，过上姊平阳公主，悦讴者卫子夫。子夫母卫媪，平阳公主家僮也；主因奉送子夫入宫，恩宠日隆。陈皇后闻之，恚，几死者数矣；上愈怒。

子夫同母弟卫青，其父郑季，本平阳县吏，给事侯家，与卫媪私通而生青，冒姓卫氏。青长，为侯家骑奴。大长公主执囚青，欲杀之。其友骑郎公孙敖与壮士篡取之。上闻，乃召青为建章监、侍中，赏赐数日间累千金。既而以子夫为夫人，青为太中大夫。

【译文】

汉武帝建元二年（壬寅，公元前139年）

汉武帝去霸上举行被除仪式，回宫的路上，去探访他的姐姐平阳公主，看上了平阳公主府中的歌女卫子夫。卫子夫的母亲卫媪，是平阳公主的家奴；平阳公主于是把卫子夫送入宫中，卫子夫日益得到武帝的宠幸。陈皇后听到后，十分恼怒，寻死觅活了好几次；武帝对陈皇后越来越恼怒。

卫子夫同母异父的弟弟叫卫青，卫青的父亲郑季，原本是平阳县的县吏，后来到平阳侯家里待奉当差，和卫媪私通生了卫青，让他冒充卫姓。卫青长大了，就在平阳侯家中做骑奴。大长公主把卫青囚禁起来，打算杀掉他。卫青的好友骑郎公孙敖和勇士把他从公主那里抢了回来。汉武帝听到了这件事，便任命卫青为建章宫宫监，还给他侍中的官衔，给卫青的赏赐几天之内就到了千金。没过多久，汉武帝封卫子夫为夫人，任命卫青为太中大夫。

【原文】

匈奴入上谷，杀略吏民。遣车骑将军卫青出上谷，骑将军公孙敖出代，轻车将军公孙贺出云中，骁骑将军李广出雁门，各万骑，击胡关市下。卫青至龙城，得胡首虏七百人，公孙贺无所得，公孙敖为胡所败，亡七千骑，李广亦为胡所败。胡生得广，置两马间，络而盛卧，行十馀里；广佯死，暂腾而上胡儿马上，夺其弓，鞭马南驰，遂得脱归汉。下敖、广吏，当斩，赎为庶人；唯青赐爵关内侯。青虽出于奴虏，然善骑射，材力绝人，遇士大夫以礼，与士卒有恩，众乐为用，有将帅材，故每出辄有功。天下由此服上之知人。

【译文】

匈奴入侵上谷郡，杀害抢掠官吏百姓。武帝令车骑将军卫青从上谷郡出兵、骑将军公孙敖从代郡出兵、轻车将军公孙贺从云中郡出兵、骁骑将军李广从雁门郡出兵，各率一万骑兵，攻打在边关贸易市场附近的匈奴军。卫青进攻到龙城，斩首俘获匈奴七百人，公孙贺一无所得，公孙敖被匈奴打败，损失了七千骑兵，李广也被匈奴打败。匈奴人活捉了李广，把他安置在两匹并行的马中间，让他躺在用绳子结成的网袋中，走出了十多里；李广一直假装昏死，麻痹了押送的人，突然间，李广跃起，跳到了一个匈奴人骑坐的马上，夺下他的弓箭，打着马向南奔驰，于是得以逃脱。汉朝廷把公孙敖、李广逮捕下狱，罪当斩首，后出钱赎罪，做了平民；只有卫青立功被赐关内侯的爵位。卫青虽然出身于奴仆，但善于骑马射箭，勇力超人，对士大夫以礼相待，对士兵爱护备至，众人都愿为他效力，他有做军事统帅的才能，所以每次率兵出征都能立下战功。天下人由此都佩服武帝知人善任。

【原文】

汉武帝元朔五年（丁巳，公元前124年）

匈奴右贤王数侵扰朔方。天子令车骑将军青将三万骑出高阙，卫尉苏建为游击将军，左内史李沮为强弩将军，太仆公孙贺为骑将军，代相李蔡为轻车将军，皆领属车骑将军，俱出朔方；大行李息、岸头侯张次公为将军，俱出右北平；凡十馀万人，击匈奴。右贤王以为汉兵远，不能至，饮酒，醉。卫青等兵出塞六七百里，夜至，围右贤王。右贤王惊，夜逃，独与壮骑数百驰，溃围北去。得右贤裨王十馀人，众男女万五千馀人，畜数十百万，于是引兵而还。

至塞，天子使使者持大将军印，即军中拜卫青为大将军，诸将皆属焉。夏，四月乙未，复益封青八千七百户，封青三子伉、不疑、登皆为列侯。青固谢曰："臣幸得待罪行间，赖陛下神灵，军大捷，皆诸校尉力战之功也。陛下幸已益封臣青；臣青子在襁褓中，未有勤劳，上列地封为三侯，非臣待罪行间所以劝士力战之意也。"天子曰："我非忘诸校尉功也。"乃封护军都尉公孙敖为合骑侯，都尉韩说为龙额侯，公孙贺为南窌侯，李蔡为乐安侯，校尉李朔为涉轵侯，赵不虞为随成侯，公孙戎奴为从平侯，李沮、李息及校尉豆如意皆赐爵关内侯。

【译文】

汉武帝元朔五年（丁巳，公元前124年）

匈奴右贤王屡次率兵侵扰朔方郡。汉武帝令车骑将军卫青率领三万骑兵从高阙出塞，任卫尉苏建为游击将军，左内史李沮为强弩将军，太仆公孙贺为骑将军，代相李蔡为轻车将军，都归属车骑将军统率，一同领兵从朔方出塞；令大行李息、岸头侯张次公为将军，都率兵从右北平出塞，共十几万人，一同进击匈奴。匈奴右贤王以为汉军路途遥远，一时半会儿不可能到达，喝得酩酊大醉，毫不防备。卫青等率军出塞六七百里，连夜赶到，团团包围了右贤王的大营。右贤王大惊，急忙乘夜色率领数百名精壮骑兵冲出汉军包围向北逃去。汉军俘虏右贤王手下将领十多人，匈奴男女部众一万五千多人，牲畜近百万头，于是汉军班师回朝。

卫青率大军到了边塞，汉武帝派使臣带着大将军的印信到来，于是就在军中拜卫青为大将军，各路将领全部归卫青统领。夏季，四月，乙未（初八），又加封卫青八千七百户的食邑，封他的三个儿子卫伉、卫不疑、卫登为列侯。卫青坚持辞谢道："我有幸能够在军中效力，完全是仰仗陛下您的神灵，如今出师大捷，都是众校尉奋力作战的功劳。我现在已经很有幸得到陛下加封的食邑，我的儿子还在襁褓中，没有任何功劳，陛下却要划出土地封他们三人为侯，这不是我效力军中、鼓励众将士奋力杀敌的本意。"汉武帝说："我没有忘记各校尉的功劳。"于是，封护军都尉公孙敖为合骑侯，都尉韩说为龙额侯，公孙贺为南窌侯，李蔡为乐安侯，校尉李朔为涉轵侯，赵不虞为随成侯，公孙戎奴为从平侯，李沮、李息以及校尉豆如意都被封为关内侯。

【原文】

于是青尊宠，于群臣无二，公卿以下皆卑奉之，独汲黯与亢礼。人或说黯曰："自天子欲群臣下大将军，大将军尊重，君不可以不拜。"黯曰："夫以大将军，有揖客反不重邪！”大将军闻，愈贤黯，数请问国家朝廷所疑，遇黯加于平日。大将军青虽贵，有时侍中，上踞厕而视之；丞相弘燕见，上或时不冠；至如汲黯见，上不冠不见也。上尝坐武帐中，黯前奏事，上不冠，望见黯，避帐中，使人可其奏。其见敬礼如此。

【译文】

从此，汉武帝对卫青的尊宠超过了朝中任何一位大臣，公卿以下都对卫青奉承巴结，唯独汲黯始终对卫青不卑不亢。有人劝汲黯道："皇上有意让群臣都居于大将军之下，大将军的地位如此尊贵，你不可以不拜。"汲黯说："以大将军的身份而有长揖不拜的平辈客人，正体

朝廷中公卿以下都对卫青奉承巴结。

现他礼贤下士，大将军会因此不尊贵吗！"卫青听说了这件事，越加欣赏汲黯的贤明，多次向汲黯请教国家和朝廷的疑难大事，待汲黯比平时更为尊重。卫青虽然地位显贵，但有时入宫侍奉，汉武帝会坐在床侧接见他；丞相公孙弘在汉武帝空闲的时候谒见，汉武帝有时不戴帽子；可是等到汲黯谒见时，汉武帝没有戴好帽子是不会出来接见他的。有一次，汉武帝坐在陈列兵器的帐中，这时汲黯前来奏事，汉武帝没有戴帽子，望见汲黯前来，躲进了后帐，派人传出话来，批准汲黯所奏之事。由此可见，汲黯受到汉武帝的尊重和礼遇是非同一般的。

【原文】

春，二月，大将军青出定襄，击匈奴。以合骑侯公孙敖为中将军，太仆公孙贺为左将军，翕侯赵信为前将军，卫尉苏建为右将军，郎中令李广为后将军，左内史李沮为强弩将军，咸属大将军。斩首数千级而还，休士马于定襄、云中、雁门。

【译文】

春季，二月，大将军卫青率兵从定襄郡出发，攻打匈奴。汉武帝命合骑侯公孙敖为中将军，太仆公孙贺为左将军，翕侯赵信为前将军，卫尉苏建为右将军、郎中令李广为后将军，左内史李沮为强弩将军，全都归大将军卫青统领，斩杀匈奴数千人后班师，在定襄、云中、雁门一带扎营休养兵马。

【原文】

议郎周霸曰："自大将军出，未尝斩禅将。今建弃军，可斩，以明将军之威。"军正闳、长史安曰："不然。《兵法》：'小敌之坚，大敌之禽也。'今建以数千当单于数万，力战一日馀，士尽，不敢有二

议郎周霸请求卫青处死苏建。

心，自归，而斩之，是示后无反意也，不当斩。"大将军曰："青幸得以肺腑待罪行间，不患无威，而霸说我以明威，甚失臣意。且使臣职虽当斩将，以臣之尊宠而不敢擅诛于境外，而具归天子，天子自裁之，于以见为人臣不敢专权，不亦可乎？军吏皆曰："善！"遂囚建诣行在所。

【译文】

议郎周霸说："自大将军出师以来，从未斩过一位部将。如今苏建丢弃本部人马，应将其处死，以示大将军的威信。"军正闳、长史安说："不应这样。兵法上说：'小部队的战斗力再强，也会被大部队所击败。'此次苏建以数千人马抵挡匈奴单于数万人马，奋战了一天多，将士伤亡殆尽，而苏建仍坚持不投降，独自返回，如果将其斩首，就是告诉其他将领说，以后战败就别回来了，所以不应杀苏建。"卫青说："我有幸以皇上近亲的身份统领大军，不怕没有威信，周霸劝我杀苏建来显示威信，很不符合为人臣的本分。况且，即使我有权处决将领，作为地位尊贵又深受皇上宠信的大臣，却也不敢擅自诛杀大将于国境之外。应将苏建交给皇上，由皇上亲自裁决，以显示做人臣的不敢专权，不也很好吗？"部下一致说："好！"于是将苏建囚禁起来送到汉武帝所在的地方。

巫蛊之乱

【原文】

征和二年（庚寅，公元前 91 年）

初，上年二十九乃生戾太子，甚爱之。及长，性仁恕温谨，上嫌其材能少，不类己；而所幸王夫人生子闳，李姬生子旦、胥，李夫人生子髆，皇后、太子宠浸衰，常有不自安之意。上觉之，谓大将军青曰："汉家庶事草创，加四夷侵陵中国，朕不变更制度，后世无法；不出师征伐，天下不安；为此者不得不劳民。若后世又如朕所为，是袭亡秦之迹也。太子敦重好静，必能安天下，不使朕忧。欲求守文之主，安有贤于太子者乎！闻皇后与太子有不安之意，岂有之邪？可以意晓之。"大将军顿首谢。皇后闻之，脱簪请罪。太子每谏征伐四夷，上笑曰："吾当其劳，以逸遗汝，不亦可乎！"

【译文】

征和二年（庚寅，公元前 91 年）

当初，汉武帝二十九岁时才有了戾太子刘据，对他非常疼爱。刘据长大后，性格仁慈宽厚、温和恭谨，汉武帝嫌他不精明强干，不像自己；那时汉武帝宠爱的王夫人也生一子名叫刘闳，李姬生二子刘旦、刘胥，李夫人生一子刘髆。皇后、太子因皇上对他们的宠爱逐渐减少，常有不安的感觉。汉武帝察觉后，对大将军卫青说："我朝有很多事都还处于草创阶段，再加上周围的外族侵扰中原，朕如不变更制度，后代就没有可以效法的准则；不出师征伐，天下就不能安定。因此不得不劳民。但如果后世也像朕这样去做，就等于重蹈秦朝灭亡的

太子刘据性格仁慈宽厚。

覆辙。太子为人稳重好静，肯定能安定天下，不会让朕忧虑。要找一个能够维持国家安定的君主，还能有谁比太子更好呢！听说皇后和太子有不安的感觉，难道真有这事吗？你可以把朕的意思转告他们。"卫青叩头谢恩。皇后听说后，摘掉首饰向汉武帝请罪。每当太子劝阻征伐四方时，汉武帝就笑着说："我承担艰苦重任，而将安逸留给你，不也挺好吗！"

【原文】

上每行幸，常以后事付太子，宫内付皇后。有所平决，还，白其最，上亦无异，有时不省也。上用法严，多任深刻吏；太子宽厚，多所平反，虽得百姓心，而用法大臣皆不悦。皇后恐久获罪，每戒太子，宜留取上意，不应擅有所纵舍。上闻之，是太子而非皇后。群臣宽厚长者皆附太子，而深酷用法者皆毁之；邪臣多党与，故太子誉少而毁多。卫青薨，臣下无复外家为据，竞欲构太子。

【译文】

武帝每次出外巡游，常把日常事务托付给太子，宫内的事托付给皇后。遇到事情，他们有所处置，待武帝回来将重要的事向他报告，武帝也没有异议，有时甚至不过问。武帝用法严厉，任用的多是严苛的官吏；太子宽厚，经常将处罚过重的事从轻发落，这样做虽然得百姓的心，但是执法的大臣都不高兴。皇后怕时间长了会受处罚，经常告诫太子，应该留下案宗，听取皇上的意见后再处理，不应擅自有所纵容宽放。武帝听说后，认为太子是对的，而皇后不对。群臣中，凡是宽厚长者都倾向于太子，而用法严苛的则都诋毁太子；奸邪的臣子党羽众多，所以说太子好话的少而说太子坏话的多。卫青死后，那些不满的大臣看太子失去了母亲娘家的靠山，竟然想设计陷害太子。

【原文】

上与诸子疏，皇后希得见。太子尝谒皇后，移日乃出。黄门苏文告上曰："太子与宫人戏。"上益太子宫人满二百人。太子后知之，心衔文。文与小黄门常融、王弼等常微伺太子过，辄增加白之。皇后切齿，使太子白诛文等。太子曰："第勿为过，何畏文等！上聪明，不信邪佞，不足忧也！"上尝小不平，使常融召太子，融言"太子有喜色"，上嘿然。及太子至，上察其貌，有涕泣处，而伴语笑，上怪之；更微问，知其情，乃诛融。皇后亦善自防闲，避嫌疑，虽久无宠，尚被礼遇。

【译文】

武帝与儿子们逐渐疏远，连皇后也难得见到他。一次，太子进宫谒见皇后，过了很久才出来。黄门太监苏文抓住机会向汉武帝报告说："太子调戏宫女。"于是汉武帝将太子宫中的宫女增加到二百人。后来太子得知此事，心里怀恨苏文。苏文与小太监常融、王弼等经常暗中寻找太子的过失，然后再去添枝加叶地向汉武帝报告。对此皇后恨得咬牙切齿，让太子禀明皇上杀死苏文等人。太子说："只要我不做错事，又何必怕苏文等人！皇上圣明，不会相信邪恶谗言，用不着忧虑。"武帝曾经有点不舒服，便派常融召太子前来，常融回来后说"太子有喜色"，武帝默然不语。等太子到了，汉武帝观其神色，见太子脸上有泪痕，好像哭过，但表面上假装有说有笑，武帝觉得奇怪；再暗中查问，才了解了内情，于是杀了常融。皇后自己也小心防备，远避嫌疑，尽管已有很长时间不再得宠，却仍能使汉武帝以礼相待。

【原文】

是时，方士及诸神巫多聚京师，率皆左道惑众，变幻无所不为。女巫往来宫中，教美人度厄，每屋辄埋木人祭祀之。因妒忌恚詈，更相告讦，以为祝诅上，无道。上怒，所杀后宫延及

巫蛊案发之前，方士和众多神巫聚集在京师。

大臣，死者数百人。上心既以为疑，尝昼寝，梦木人数千持杖欲击上，上惊寤，因是体不平，遂苦忽忽善忘。江充自以与太子及卫氏有隙，见上年老，恐晏驾后为太子所诛，因是为奸，言上疾祟在巫蛊。于是上以充为使者，治巫蛊狱。充将胡巫掘地求偶人，捕蛊及夜祠、视鬼，染污令有处，辄收捕验治，烧铁钳灼，强服之。民转相诬以巫蛊，吏辄劾以为大逆无道，自京师、三辅连及郡、国，坐而死者前后数万人。

【译文】

这时，方士和众多神巫聚集在京师，大多都以旁门左道迷惑人，变幻多端，

无所不为。女巫往来宫中，教宫中美人躲避灾难的法术，在每间屋里都埋上木头人祭祀。一旦彼此因为妒忌互相咒骂，就争着告发对方诅咒皇上无道。汉武帝大怒，因此事杀后宫妃嫔、宫女和大臣数百人。武帝心里常怀疑宫里有人用法术诅咒他。有一次，汉武帝在白天睡觉，梦见好几千木头人持杖要攻击他，不觉霍然惊醒，从此感到身体不舒服，精神恍惚，记忆力衰退。江充自认为和太子及卫氏家族有嫌隙，见武帝年老，担心皇帝过世后被太子诛杀，借此机会定下奸谋，说武帝的病是因为有巫蛊在作祟。于是武帝派江充为使者，追查巫蛊案。江充带了胡巫到各处掘地寻找木头人，捉拿巫蛊及夜间祭祀的人，命人事先在一些地方洒上血污，然后对被捕之人进行审讯，施以铁钳烧灼之刑，强迫他们认罪。于是百姓彼此诬告进行巫蛊，官吏动不动就弹劾别人为大逆不道，从京师长安、三辅到各郡、国，因受牵连而死的先后有数万人。

【原文】

是时，上春秋高，疑左右皆为蛊祝诅；有与无，莫敢讼其冤者。充既知上意，因胡巫檀何言："宫中有蛊气，不除之，上终不差。"上乃使充入宫，至省中，坏御座，掘地求蛊。又使按道侯韩说、御史章赣、黄门苏文等助充。

江充回奏汉武帝说：在太子宫中找出的木头人最多。

充先治后宫希幸夫人，以次及皇后、太子宫，掘地纵横，太子、皇后无复施床处。充云："于太子宫得木人尤多，又有帛书，所言不道，当奏闻。"太子惧，问少傅石德。德惧为师傅并诛，因谓太子曰："前丞相父子、两公主及卫氏皆坐此，今巫与使者掘地得征验，不知巫置之邪，将实有也？无以自明。可矫以节收捕充等系狱，穷治其奸诈。且上疾在甘泉，皇后及家吏请问皆不报；上存亡未可知，而奸臣如此，太子将不念秦扶苏事邪！"太子曰："吾人子，安得擅诛！不如归谢，幸得无罪。"太子将往之甘泉，而江充持太子甚急；太子计不知所出，遂从石德计。秋，七月，壬午，太子使客诈为使者，收捕充等；按道侯说疑使者有诈，不肯受诏，客格杀说。太子自临斩充，骂曰："赵虏！前乱乃国王父子不足邪！乃复乱吾父子也！"又炙胡巫上林中。

【译文】

此时，汉武帝年事已高，怀疑周围的人都在用巫蛊诅咒他；而那些被逮捕治罪的人，无论是否与巫蛊有关，没有敢诉说自己有冤的。江充知道了皇帝的心思，便指使胡人巫师檀何说："宫中有蛊气，不除去，皇上的病就好不了。"汉武帝就派江充进入宫中，直至宫禁深处，拆掉御座，挖地找蛊。又派按道侯韩说、御史章赣、黄门苏文等协助江充。江充先在后宫不受宠的夫人那里着手，一直搜到皇后宫和太子宫中，各处的地面都被纵横翻起，以致太子和皇后连放床的地方都没有了。江充回奏说："在太子宫中找出的木头人最多，还有写在绸缎上的文字，内容大逆不道，应当奏闻皇上。"太子非常害怕，问少傅石德怎么办。石德害怕因为自己是太子的老师而受牵连，便对太子说："前丞相公孙贺父子、两位公主及卫氏家族的人都被指犯有用巫蛊害人而被杀死，现在巫师与皇上的使者又从宫中挖出证据，不知是巫师放置的呢，还是确实有此事？自己无法解释清楚。你可假传圣旨逮捕江充等人下狱，彻底追查其奸谋。况且皇上有病住在甘泉宫，皇后和您派去请安的人都没能见到皇上，皇上是否还在，实未可知，而奸臣竟敢如此，难道您忘了秦朝太子扶苏的事了吗！"太子说道："我做儿子的怎么能擅自诛杀大臣呢！不如前往甘泉宫向皇上请罪，也许能侥幸无事。"太子将要前往甘泉宫，但江充却抓住太子之事逼迫甚急，太子一时想不出别的办法，就听了石德的计策。秋季，七月壬午（初九），太子派门客冒充皇帝使者，逮捕了江充等人。按道侯韩说怀疑使者是假的，不肯接受诏书，太子派去的人就杀了韩说。太子亲自监斩江充，骂道："你这赵国的奴才，以前在赵国害国君父子还不够吗，如今又来扰害我们父子！"又把江充手下的胡人巫师烧死在上林苑中。

【原文】

太子使舍人无且持节夜入未央宫殿长秋门，因长御倚华具白皇后，发中厩车载射士，出武库兵，发长乐宫卫卒。长安扰乱，言太子反。苏文进走，得亡归甘泉，说太子无状。上曰："太子必惧，又忿充等，故有此变。"乃使使召太子。使者不敢进，归报云："太子反已成，欲斩臣，臣逃归。"上大怒。丞相屈牦闻变，挺身逃，亡其印绶，使长史乘疾置以闻。上问："丞相何为？"对曰："丞相秘之，未敢发兵。"上怒曰："事籍籍如此，何谓秘也！丞相无周公之风矣，周公不诛管、蔡乎！"乃赐丞相玺书曰："捕斩反者，自有赏罚。以牛车为橹，毋接短兵，多杀伤士众！坚闭城门，毋令反者得出！"太子宣言告令百官云："帝在甘泉病困，疑有变；奸臣欲作乱。"上于是从甘泉来，幸城西建章宫，诏发三辅近县兵，部中二千石以下，丞相兼将之。太子亦遣使者矫制赦长安中都官囚徒，命少傅石德及宾客张光等分将，使长安囚如侯持节发长水及宣曲胡骑，皆以装会。侍郎马通使长安，因追捕如侯，告胡人曰："节有诈，勿听也！"遂斩如侯，引骑入长安；又发楫棹士以予大鸿胪商丘成。初，汉节纯赤，以太子持赤节，故更为黄旄加上以相别。

【译文】

太子派舍人无且手持符节夜入未央宫长秋门，通过长御女官倚华将一切禀告皇后，然后调发皇家马车运载射手，又打开武库取出兵器，征调长乐宫的卫卒。长安城中一片混乱，都说太子造反。宦官苏文逃出长安，跑到甘泉宫，向汉武帝禀报太子的种种无礼举动。武帝说："太子一定是怕了，又痛恨江充等人，所以才发生这样的变故。"于是派使臣召太子前来。使者不敢进城，回来向武帝禀告说："太子已经造反了，要斩臣，臣逃回来了。"武帝大怒。丞相刘屈牦听到事变消息后，起身就逃，连丞相的官印、绶带都丢掉了，派长史乘驿站快马奏报皇帝。武帝问："丞相是怎么做的？"长史回答说："丞相封锁消息，没敢擅自发兵镇压。"武帝生气地说："事情已经传得沸沸扬扬，还有什么秘密可言！丞相没有周公的风范啊，周公不是诛除了管、蔡吗！"武帝于是颁赐印有玺印的诏书给丞相说："捕杀叛乱者，朕自有重赏。将牛车作为掩护，不要短兵相接，尽量多杀叛军兵卒！关闭城门，决不要让叛军冲出长安城！"太子发表宣言，向文武百官发出号令说："皇上在甘泉宫卧病，我怀疑可能发生了变故，奸臣想趁机叛乱。"于是武帝从甘泉宫来到城西建章宫，下诏征调三辅附近各县的士兵，部署各地二千石以下的官员，由丞相统率。太子也派出使者假传圣旨，赦免长安各官署的

使者向武帝禀告说：太子已经造反了。

囚徒，命少傅石德及宾客张光等分别率领，又派长安囚徒如侯持符节征发长水和宣曲的胡骑，都准备好前来会合。侍郎马通奉汉武帝之命到长安，得知此事后立即追捕如侯，告诉胡骑说："如侯所持的符节是假的，不能听他调遣！"于是斩杀如侯，带领胡人骑兵进入长安；又征调专门使船的兵卒，交给大鸿胪商丘成指挥。当初，汉朝的符节是纯赤色，因太子用赤色符节，所以汉武帝所发的符节上改加黄缕以示区别。

【原文】

太子立车北军南门外，召护北军使者任安，与节，令发兵。安拜受节，入，闭门不出。太子引兵去，驱四市人凡数万众，至长乐西阙下，逢丞相军，合战五日，死者数万人，血流入沟中。民间皆云"太子反"，以故众不附太子，丞相附兵浸多。

【译文】

太子来到北军军营南门外，站在车上，召护北军使者任安，颁与符节，命令任安发兵。任安拜受符节，返回营中，却闭门不出，不肯出兵。太子带兵离去，驱使长安四方百姓数万人，到长乐宫西门外，正遇到丞相率领的军队，双方会战五天，死亡数万人，鲜血流到街边的水沟里。民间都说"太子谋反"，所以百姓都不肯跟随太子，而依附丞相的兵力则越来越多。

【原文】

庚寅，太子兵败，南奔覆盎城门。司直田仁部闭城门，以为太子父子之亲，不欲急之；太子由是得出亡。丞相欲斩仁，御史大夫暴胜之谓丞相曰："司直，吏二千石，当先请，奈何擅斩之！"丞相释仁。上闻而大怒，下吏责问御史大夫曰："司直纵反者，丞相斩之，法也。大夫何以擅止之？"胜之惶恐，自杀。诏遣宗正刘长、执金吾刘敢奉策收皇后玺绶，后自杀。上以为任安老吏，见兵事起，欲坐观成败，见胜者合从之，有两心，与田仁皆要斩。上以马通获如侯，长安男子景建从通获石德，商丘成力战获张光，封通为重合侯，建为德侯，成为秺侯。诸太子宾客尝出入宫门，皆坐诛；其随太子发兵，以反法族；吏士劫略者皆徙敦煌郡。以太子在外，始置屯兵长安诸城门。

【译文】

庚寅（十七日），太子兵败，朝南逃向覆盎门。司直田仁率兵把守城门，认为太子和皇帝是父子之亲，不想逼迫太子，太子所以得以逃出城。丞相想杀田仁，御史大夫暴胜之对丞相说："司直为朝廷二千石的官员，处置他应当先请示皇帝，怎么能擅自斩杀他呢！"于是丞相释放了田仁。武帝听后大发雷霆，将暴胜之逮捕治罪，责问他说："司直放走了谋反的人，丞相杀他是合法的，你为什么擅自阻止？"暴胜之惶恐不安，就自杀了。武帝下令派宗正刘长、执金吾刘敢携带谕旨收缴皇后的印玺和绶带，皇后自杀。汉武帝认为，任安身为老臣，见到叛乱事起，却坐观成败，看哪方得胜就归附哪一边，说明他对朝廷怀有二心，因此将任安与田仁一同腰斩。汉武帝因马通抓获如侯，封其为重合侯；长安男子景建跟随马通抓住石德，封其为德侯，商丘成力战抓获张光，封为秺侯。所有太子的门客曾经出入宫门的，都被诛杀；那些跟随太子发兵谋反的，一律以谋反论罪灭族；被胁迫的军吏士卒凡非出于本心，而被太子强迫参加的，都流放到敦煌郡。因太子逃亡在外，所以开始在长安诸城门设置屯守军队。

【原文】

上怒甚，群下忧惧，不知所出。壶关三老茂上书曰："臣闻父者犹天，母者犹地，子犹万物也，故天平地安，物乃茂成；父慈母爱，子乃孝顺。今皇太子为汉适嗣，承万世之业，体祖宗之重，亲则皇帝之宗子也。江充，布衣之人，闾阎之隶臣耳；陛下显而用之，衔至尊之命以迫蹙皇太子，造饰奸诈，郡邪错缪，是以亲戚之路隔塞而不通。太子进则不得见上，退则困于乱臣，独冤结而无告，不忍忿忿之心，起而杀充，恐惧逋逃，子盗父兵，以救难自免耳。臣窃以为无邪心。《诗》曰：'营营青蝇，止于藩。恺悌君子，无信谗言。谗言罔极，交乱四国。'往者江充谗杀赵太子，天下莫不闻。陛下不省察，深过太子，发盛怒，举行大兵而求之，三公自将；智者不敢言，辩士不敢说，臣窃痛之！唯陛下宽心慰意，少察所亲，毋患太子之非，亟罢甲兵，无令太子久亡！臣不胜惓惓，出一旦之命，待罪建章宫下。"书奏，天子感寤，然尚未敢显言赦之也。

【译文】

汉武帝愤怒异常，群臣又担心又害怕，不知所措。壶关三老令孤茂上书汉武帝说："我听说父亲就好比是天，母亲就好比是地，儿子就好比是天地间的万物，所以只有上天平顺，大地安然，万物才能茂盛；只有父亲仁慈，母亲疼爱，儿子才能孝顺。如今皇太子本是汉朝的合法继承人，承继万世大业，执行祖宗的重托，论关系又是皇上的嫡长子。江充本为一介平民，不过是市井中的奴才罢了，陛下却对他尊显重用，让他挟至尊之命来迫害皇太子，纠集一批奸邪小人，对皇太子进行欺诈栽赃、逼迫陷害，使陛下与太子的父子至亲关系阻塞不通。太子进则不能面见皇上，退则被乱臣贼子陷害困扰，独自蒙冤，无处申诉，这才忍不住忿恨的心情，起而杀死江充，却又害怕皇上降罪，被迫逃亡。太子作为陛下的儿子，盗用父亲的军队，不过是为了救难使自己免遭别人的陷害罢了。臣私下认为太子没有什么险恶的用心。《诗经》上说：'绿蝇往来落在篱笆上，和乐平易的君子不信谗言。谗言无休止，天下必然大乱。'从前，江充以谗言害死赵太子，天下没人不知道的。而今陛下不仔细考察，就过分地责备太子，发雷霆之怒，征调大军追捕太子，还命丞相亲自指挥，致使智慧之人不敢进言，善辩之士难以张口，我心中实在感到痛惜。希望陛下放宽心怀，平心静气，不要苛求自己的亲人，不要对太子的错误耿耿于怀，立即结束对太子的征讨，不要让太子长期逃亡在外！我以对陛下的一片忠心，随时准备献出我的性命，待罪于建章宫外。"奏章递上去，汉武帝受到感动而醒悟，但还没有公开说赦免太子。

【原文】

太子亡，东至湖，藏匿泉鸠里。主人家贫，常卖屦以给太子。太子有故人在湖，闻其富赡，使人呼之而发觉。八月，辛亥，吏围捕太子。太子自度不得脱，即入室距户自经。山阳男子张富昌为卒，足踢开户，新安令史李寿趋抱解太子，主人公遂格斗死，皇孙二人并皆遇害。上既伤太子，乃封李寿邗侯，张富昌为题侯。

汉武帝感伤于太子之死，就封李寿为邗侯、张富昌为题侯。

【译文】

太子逃亡，向东到湖县，隐藏在泉鸠里的农户家中。主人家境贫寒，常靠卖鞋子来奉养太子。太子有故人住在湖县，听说那人富有，派人去叫他因此被人发觉。八月辛亥（初八），官吏围捕太子。太子估计难以逃脱，便回到屋中，紧闭房门，自缢而死。前来搜捕的兵卒中，有一山阳男子名叫张富昌，用脚踢开房门，新安县令史李寿跑上前去，将太子抱住解下，农家主人与搜捕太子的人格斗而死，二位皇孙也一同遇害。汉武帝感伤于太子之死，就封李寿为邗侯、张富昌为题侯。

昆阳之战

【原文】

淮阳王更始元年（癸未，公元23年）

春，正月甲子朔，汉兵与下江兵共攻甄阜、梁丘赐，斩之，杀士卒二万馀人。王莽纳言将军严尤、秩宗将军陈茂引兵欲据宛，刘縯与战于淯阳下，大破之，遂围宛。先是，青、徐贼众虽数十万人，讫无文书、号令、旌旗、部曲；及汉兵起，皆称将军，攻城略地，移书称说。莽闻之，始惧。

【译文】

淮阳王更始元年（癸未，公元23年）

春季，正月甲子朔（初一），汉军与下江兵共同攻打甄阜、梁丘赐的军队，斩甄阜、梁丘赐，杀死王莽军队士卒二万余人。王莽的纳言将军严尤与秩宗将军陈茂率军前进，打算驻防宛城，汉縯军与

汉军包围宛城。

他们在淯阳城会战，大破严尤、陈茂军，接着包围宛城。在此之前，青州和徐州的盗贼虽有几十万人，但一直没有文书、号令、旗帜、军队组织。但等到汉兵起事，大家都自称将军，攻打城市，掠夺土地，传递文书，声讨王莽的罪恶。王莽听到了，开始担心害怕起来。

【原文】

三月，王凤与太常偏将军刘秀等徇昆阳、定陵、郾，皆下之。

王莽闻严尤、陈茂败，乃遣司空王邑驰传，与司徒王寻发兵平定山东；

征诸明兵法六十三家以备军吏，以长人钜毋霸为垒尉，又驱诸猛兽虎、豹、犀、象之属以助威武。邑至洛阳，州郡各选精兵，牧守自将，定会者四十三万人，号百万；馀在道者，旌旗、辎重，千里不绝。夏，五月，寻、邑南出颍川，与严尤、陈茂合。

【译文】

三月，王凤和太常偏将军刘秀等率领汉军攻掠昆阳、定陵、郾等城，一连都攻了下来。

王莽得知严尤、陈茂兵败，就派遣司空王邑乘坐飞快的传车前往，和司徒王寻一起发兵去平定崤山以东地区。同时征召通晓六十三家兵法的人为军官，任用巨人钜毋霸为垒尉，又赶来虎、豹、犀、象等猛兽以助军威。王邑到了洛阳，各州郡选派精锐的兵士，由州郡的长官亲自带领，定期汇集起来的有四十三万人，号称百万；其余尚未汇集在路上的军队，旌旗、辎重，千里不绝。夏季，五月，王寻、王邑向南到了颍川，与严尤、陈茂的部队会合。

【原文】

诸将见寻、邑兵盛，皆反走，入昆阳，惶怖，忧念妻孥，欲散归诸城。刘秀曰："今兵谷既少而外寇强大，并力御之，功庶可立；如欲分散，势无俱全。且宛城未拔，不能相救；昆阳即拔，一日之间，诸部亦灭矣。今不同心胆，共举功名，反欲守妻子财物邪！"诸将怒曰："刘将军何敢如是！"秀笑而起。会候骑还，言："大兵且至城北，军陈数百里，不见其后。"诸将素轻秀，及迫急，乃相谓曰："更请刘将军计之。"秀复为图画成败，诸将皆曰："诺。"

时城中唯有八九千人，秀使王凤与廷尉大将军王常守昆阳，夜与五威将军李轶等十三骑出城南门，于外收兵。

【译文】

汉军的将领们看到王寻、王邑军队声势浩大，都往回跑，退到昆阳城，惊慌不安，担忧妻子儿女，想从这里分散到原来占据的城邑去。刘秀对他们

汉军将领见王莽军势大，惶恐想要各自撤退。

说："现在城内兵寡粮缺，而城外敌军又很强大，集中兵力抵抗敌军，也许可以立功；如果分散，势必不能保全。况且咱们的部队还没有攻下宛城，不能前来救援；一旦昆阳被敌军占领，只要一天的功夫，我军各部就会遭到歼灭。现在怎么能不同心协力，共立功业，反而贪生怕死想要守着妻子和财物呢！"

刘秀让王凤与廷尉大将军王常守昆阳，当夜与五威将军李轶等十三骑出城南门。

将领们大怒说："刘将军怎么敢这样说！"刘秀笑而起身。正在此时，侦察的骑兵回来，报告说："王寻大军即将到达城北，军队连绵百里，看不到它后面的人马。"将领们一向轻视刘秀，到了这样急迫的时候，才互相商量道："再去请刘将军谋划这件事。"于是刘秀又分析情况，制定具体行动方案，将领们听了后都说："是。"当时城中只有八九千人，刘秀让王凤和廷尉大将军王常守卫昆阳，当夜自己同五威将军李轶等十三人骑马驰出昆阳城的南门，在外面收集士兵。

【原文】

时莽兵到城下者且十万，秀等几不得出。寻、邑纵兵围昆阳，严尤说邑曰："昆阳城小而坚，今假号者在宛，亟进大兵，彼必奔走；宛败，昆阳自服。"邑曰："吾昔围翟义，坐不生得以见责让，今将百万之众，遇城而不能下，非所以示威也。当先屠此城，蹀血而进，前歌后舞，顾不快邪！"遂围之数十重，列营百数，钲鼓之声闻数十里，或为地道、冲车加朋撞城；积弩乱发，矢下如雨，城中负户而汲。王凤等乞降，不许。寻、邑自以为功在漏刻，不以军事为忧。严尤曰："《兵法》：'围城为之阙'，宜使得逸出以怖宛下。"邑又不听。

【译文】

当时开到昆阳城下的王莽军将近十万人，刘秀等人几乎不能出城。王寻、王邑指挥大军包围了昆阳，严尤向王邑献策说："昆阳城小而坚固，现在假冒皇帝名号的刘玄在宛城，我们大军迅速向宛城进兵，刘玄必定逃跑；宛城的汉军一旦失败，昆阳城里的汉军将不战而降。"王邑说："我以前围攻翟义，因没有活捉到他而受到责备，如今我带领百万大军，遇城竟绕道而过，不能攻下，这就不能显示军威了。应当先攻陷屠杀此城，踏着血泊前进，前歌后舞，难道不痛快吗！"于是把昆阳包围了几十层，列营上百个，钲鼓之声响彻几十里，还挖掘地道，使用冲车来攻城；集中了所有弓弩向城内乱射，矢下如雨，城内的人为了躲避飞矢，背着门板出外打水。王凤等乞求投降，不被理睬。王寻、王邑自以为片刻就可成功，并不担心作战的事。严尤建议说："《兵法》上说：'围城要留下缺口'，现在应让被围之敌得以逃出，到宛城传播失败的消息，从而使围攻宛城的绿林军害怕以动摇其军心。"王邑又不听取这个建议。

【原文】

刘秀至郾、定陵，悉发诸营兵；诸将贪惜财物，欲分兵守之。秀曰："今若破敌，珍宝万倍，大功可成；如为所败，首领无馀，何财物之有！"乃悉发之。六月己卯朔，秀与诸营俱进，自将步骑千馀为前锋，去大军四五里而陈；寻、邑亦遣兵数千合战，秀奔之，斩首数十级。诸将喜曰："刘将军平生见小敌怯，今见大敌勇，甚可怪也！且复居前，请助将军！"秀复进，寻、邑兵却，诸部共乘之，斩首数百、千级。连胜，遂前，诸将胆气益壮，无不一当百，秀乃与敢死者三千人从城西滍水上冲其中坚。

【译文】

刘秀到了郾、定陵等地，调发各营的全部军队支援昆阳；各营将领们贪惜财物，想要分出一部分兵士留守。刘秀说："现在如果打败敌人，财宝要比现在多万倍，大功可成；如果被敌人打败，脑袋都保不住，还谈什么金银财物呢！"于是就命令全部军队出发。六月初一，刘秀和各营部队一同出发，他亲自带领步兵和骑兵一千多人为先头部队，在距离王莽大军四五里远的地方摆开阵势。王寻、王邑也派几千人出来迎战，刘秀带兵冲了过去，斩了几十人首级。将领们高兴地说："刘将军平时看到弱小的敌军都胆怯，现在见到强敌反而英勇，太奇怪了！还是我们在前面协助你破敌！"刘秀又发起攻击，王寻、王邑的部队退却，汉军各部一同冲杀过去，斩了数百上千个首级。汉军接连获胜，继续进兵，将领们胆气更壮，没有一个不是以一当百，刘秀见全军振奋，于是就和敢死队三千人从城西滍水岸边攻击王莽军的主将营垒。

【原文】

寻、邑易之，自将万馀人行陈，敕诸营皆按部毋得动，独迎与汉兵战，不利，大军不敢擅相救；寻、邑陈乱，汉兵乘锐崩之，遂杀王寻。城中亦鼓噪而出，中外合势，震呼动天地；莽兵大溃，走者相腾践，伏尸百馀里。会大雷、风，屋瓦皆飞，雨下如注，滍川盛溢，虎豹皆股战，士卒赴水溺死者以万数，水为不流。王邑、严尤、陈茂轻骑乘死人渡水逃去，尽获其军实辎重，不可胜算，举之连月不尽，或燔烧其余。士卒奔走，各还其郡，王邑独与所将长安勇敢数千人还洛阳，关中闻之震恐。于是海内豪桀翕然响应，皆杀其牧守，自称将军，用汉年号以待诏命；旬月之间，遍于天下。

【译文】

王寻、王邑轻视汉军，亲自带领一万余人巡视阵地，命令各营按部管束自己的部队，没有命令不得擅自出动，单独迎上来同汉军交战，王寻等出战不利，大部队又不敢擅自相救；王寻、王邑所部阵脚大乱，汉军乘机击溃莽军，并杀死了王寻。昆阳城中的汉军见刘秀在城外取胜，也击鼓大喊冲杀出

汉军获得王莽军抛下的全部军用物资，不可胜算。

来，里应外合，呼声震天动地；王莽军全部溃败，逃跑者互相践踏，倒在地上的尸体遍布一百多里。适值大雷、大风，屋瓦全都被风刮得乱飞，大雨好似从天上倒灌下来，滍水暴涨，虎豹都吓得发抖，掉入水中溺死的士兵数以万计，河水为此都不能流动了。王邑、严尤、陈茂等以轻骑踏着死人渡过滍水逃走，汉军获得王莽军抛下的全部军用物资，不可胜计，一连几个月都运不完，有些余下的就烧掉了。王邑的残兵奔跑，各自逃回故乡，只有王邑和他带领的长安勇士几千人回到洛阳，长安的人听到这个消息十分惊惧。于是海内豪杰都纷纷响应，杀掉当地的州郡长官，自称将军，采用汉的年号，等待更始皇帝的诏命；一个月之内，这种形势遍及了全国。

赤壁之战

【原文】

初，鲁肃闻刘表卒，言于孙权曰："荆州与国邻接，江山险固，沃野万里，士民殷富，若据而有之，此帝王之资也。今刘表新亡，二子不协，军中诸将，各有彼此。刘备天下枭雄，与操有隙，寄寓于表，表恶其能而不能用也。若备与彼协心，上下齐同，则宜抚安，与结盟好；如有离违，宜别图之，以济大事。肃请得奉命吊表二子，并慰劳其军中用事者，及说备使抚表众，同心一意，共治曹操，备必喜而从命。如其克谐，天下可定也。今不速往，恐为操所先。"权即遣肃行。

【译文】

当初，鲁肃听说刘表死了，便对孙权说："荆州与我国接邻，地理形势险要坚固，土地肥沃广阔，人口繁多，百姓殷实富足，如能占据这个地方，就有了创建帝王大业的资本。现在刘表刚死，他的两个儿子不和，军队里的将领们，有的拥戴刘琦，有的拥戴刘琮。刘备是天下的英雄，与曹操有怨仇，现寄居在刘表那里，刘表嫉妒他的才能而不能重用他。如果刘备和刘表的部下们同心协力，上下一致，就应当安抚他们，与他们结成友好同盟；如果他们彼此离心离德，我们就应另作打算，以成就我们的大事。我请求能奉您的命令去吊慰刘表的两个儿子，并慰劳军中掌权的人，同时劝说刘备安抚刘表的部下，同心一意，共同对付曹操，刘备一定很高兴，并且会听从我的意见。如果这件事能够成功，那么天下大局便可以定了。现在不赶快去，恐怕就要被曹操占了先。"孙权即刻派鲁肃前往荆州。

【原文】

到夏口闻操已向荆州，晨夜兼道，比至南郡，而琮已降，备南走，肃径迎之，与备会于当阳长坂。肃宣权旨，论天下事势，致殷勤之意。且问备曰："豫州今欲何至？"备曰："与苍梧太守吴巨有旧，欲往投之。"肃曰："孙讨虏聪明仁惠，敬贤礼士，江表英豪，咸归附之，已据有六郡，兵精粮多，足以立事。今为君计，莫若遣腹心自结于东，以共济世业。而欲投吴巨，巨是凡人,偏在远郡,行将为人所并,岂足托乎!"备甚悦。肃又谓诸葛亮曰:"我,子瑜友也。"即共定交。子瑜者,亮兄瑾也,避乱江东,为孙权长史。备用肃计,进住鄂县之樊口。

【译文】

到了夏口,鲁肃听说曹操已经向荆州进发,于是日夜兼程,等他赶到南郡,刘琮已经投降曹操,刘备往南逃跑,鲁肃直接去迎刘备,和刘备在当阳县长坂坡相会。鲁肃向刘备传达了孙权的意思,和刘备讨论天下大事的势态,并向刘备表达了深厚而恳切的希望。鲁肃又问刘备说:"刘豫州现在打算去哪里?"刘备说:"我与苍梧太守吴巨是老交情,打算前去投奔他。"鲁肃说:"孙将军英明仁慈,尊敬贤才,礼遇士人,江东的英雄豪杰全都来归顺、依附他,现在已经占有六个郡,兵精粮广,足以成就大业。现在我替您打算,不如派遣亲信主动去结好东吴,以共建大业。眼下您却打算投奔吴巨,吴巨是个平庸的人,又地处偏远的苍梧郡,将来很快会被人吞并,他怎么能够依靠呢?"刘备听后很高兴。鲁肃又对诸葛亮说:"我是子瑜的朋友。"于是两个人随即交了朋友。子瑜,就是诸葛亮的兄长诸葛瑾,他在江东避乱,成为孙权的长史。刘备采纳鲁肃的计策,率兵进驻鄂县的樊口。

【原文】

曹操自江陵将顺江东下。诸葛亮谓刘备曰:"事急矣,请奉命求救于孙将军。"遂与鲁肃俱诣孙权。亮见权于柴桑,说权曰:"海内大乱,将军起兵江东,刘豫州收众汉南,与曹操共争天下。今操芟夷大难,略已平矣,遂破荆州,威震四海。英雄无用武之地,故豫州遁逃至此,愿将军量力而处之!

鲁肃和刘备讨论天下大事的势态。

若能以吴、越之众,与中国抗衡,不如早与之绝;若不能,何不按兵束甲,北面而事之!今将军外托服从之名而内怀犹豫之计,事急而不断,祸至无日矣。"权曰:"苟如君言,刘豫州何不遂事之乎?"亮曰:"田横,齐之壮士耳，犹守义不辱；况刘豫州王室之胄，英才盖世，众士慕仰，若水之归海。若事之不济，此及天也，安能复为之下乎！"权勃然曰："吾不能举全吴之地，十万之众，受制于人。吾计决矣！非刘豫州莫可以当曹操者；然豫州新败之后，安能抗此难乎？"亮曰："豫州军虽败于长坂，今战士还者及关羽水军精甲万人，刘琦合江夏战士亦不下万人。曹操之众，远来疲敝，闻追豫州，轻骑一日一夜行三百馀里，此所谓'强弩之末势不能穿鲁缟'者也。故《兵法》忌之，曰：'必蹶上将军'。且北方之人，不习水战；又，荆州之民附操者，逼兵势耳，非心服也。今将军诚能命猛将统兵数万，与豫州协规同力，破操军必矣。操军破，必北还；如此，则荆、吴之势强，鼎足之形成矣。成败之机，在于今日！"权大悦，与其群不谋之。

【译文】

　　曹操从江陵将要顺江东下。诸葛亮对刘备说："事情紧急，请让我奉命去向孙将军求救。"于是与鲁肃一起去见孙权。诸葛亮在柴桑见到孙权，劝孙权说："天下大乱，将军在江东起兵，刘豫州在汉南招收兵马，一齐跟曹操争夺天下。如今曹操对大的祸患已铲除削平，大致已经平定北方了，接着南下攻破荆州，威势震动天下。在曹操大军面前，英雄没有施展的地方，所以刘豫州避逃到这里，希望将军估量自己的实力来对付这个局面！如果将军能以吴越的人力、物力与曹操对抗，不如早点和他断绝关系；如果不能，那么就放下武器、收拾铠甲，向曹操面北投降称臣！现在，将军外表上假托服从曹操的名义，而内心犹豫不决，局势危急而不能决断，大祸马上就要临头了。"孙权说："假若像你所说的，刘豫州为什么不向曹操投降呢？"诸葛亮说："田横，不过是齐国的一个壮士而已，还能恪守节义不受屈辱；何况刘豫州是汉王室的后代，英明才智盖世无双，众人敬仰倾慕他，就像水归入大海一样。如果事情不成功，这是天意，怎能再居于曹操之下呢？"孙权勃然大怒，说："我不能拿全东吴的土地和十万将士拱手奉送，去受曹操控制。我的主意打定了！除了刘豫州就没有人可以来抵挡曹操的了；可是刘豫州在刚刚打了败仗之后，怎么能抗得住曹操的强大攻势呢？"诸葛亮说："刘豫州的军队虽然在长坂坡打了败仗，现在归队的士兵加上关羽率领的精锐水兵还有一万人，刘琦收拢江夏的战士也不下万人。曹操的军马，远道而来已疲惫不堪，听说追逐刘豫州时，轻装的骑兵一日一夜跑三百多里，这就是所谓'强弓射出的箭到了尽头，连鲁国的薄绢也穿不透'啊。所以《兵法》上忌讳这样做，说'一定会使主帅遭到挫败'。何况北方人不习惯水上作战；还有，荆州的民众所以归附曹操，是一时被曹操的威势所逼，不是发自内心的顺服。现在，将军如果能派一员虎将统领几万人马，和刘豫州共同规划、同心协力，攻破曹军是必然的了。曹操的军队被打败了，势必退回到北方；这样荆州、东吴方面的势力就会强大，三国鼎立的局势就会出现。成败的关键，就在今天！"孙权听了十分高兴，便同部下们商讨这件事。

【原文】

是时，曹操遗权书曰："近者奉辞伐罪，旌麾南指，刘琮束手。今治水军八十万众，方与将军会猎于吴。"权以示臣下，莫不响震失色。长史张昭等曰："曹公，豺虎也，挟天子以征四方，动以朝廷为辞；今日拒之，事更不顺。且将军大势可以拒操者，长江也；今操得荆州，奄有其地，刘表治水军，蒙冲斗舰乃以千数，操悉浮于沿江，兼有步兵，水陆俱下，此为长江之险已与我共之矣，而势力众寡又不可论。愚谓大计不如迎之。"鲁肃独不言。权起更衣，肃追于宇下。权知其意，执肃手曰："卿欲何言？"肃曰："向察众人之议，专欲误将军，不足与图大事。今肃可迎操耳，如将军不可也。何以言之？今肃迎操，操当以肃还付乡党，品其名位，犹不失下曹从事，乘犊车，从吏卒，交游士林，累官故不失州郡也。将军迎操，欲安所归乎？愿早定大计，莫用众人之议也！"权叹息曰："诸人持议，甚失孤望。今卿廓开大计，正与孤同。"

【译文】

这个时候，曹操派人给孙权送来一封信，信上说："近来我奉朝廷命令讨伐有罪的人，军旗指向南方，刘琮束手投降。现在训练水军八十万之多，正要和将军共同在东吴打猎。"孙权把这封信拿给众人看，没有不吓得变了脸色的。长史张昭等人说："曹操是豺虎豹，他挟持皇帝来征讨天下，动不动就拿朝廷的名义来发布命令；如果和他对抗，事情更为不利。况且将军凭借抗曹的有利地形，不过是一条长江；如今曹操得到了荆州，完全占有了那里，刘表组建的水军，大小战船多到以千艘来计算，曹操将这些战船全部布置在沿江一带，又加上步兵，水路陆路一齐进攻，这样一来，已经和我方共同占有长江天险了，至于军事力量悬殊又不可相提并论。我认为不如投降曹操。"只有鲁肃一个人沉默不语。孙权起身上厕所，鲁肃追到屋檐下，孙权知道他的来意，拉着鲁肃的手说："你想说什么？"鲁肃说："刚才我细致地观察了大家的议论，觉得他们只是想贻误将军，实在不值得和他们谋划大事。现在，像我鲁肃这样的人可以投降曹操，而像将军您却不可以。这话怎么说呢？如果我鲁肃迎顺曹操，曹操会把我送还乡里，让父老去品评，以确定我的名位，还能在大官下面讨个小差事，出去仍可坐牛车，带几个吏卒，和士大夫们往来，然后积累资历逐渐擢升官职，仍可以做到不低于州郡一级的长官。将军您一旦投降了曹操，将会得到一个什么样的结局呢？希望您早定大计，不要听那些人的意见！"孙权叹息道："这些人所持的议论，很让我失望。现在您阐明利害，正和我的想法一样。"

【原文】

时周瑜受使至番阳，肃劝权召瑜还。瑜至，谓权曰："操虽托名汉相，其实汉贼也。将军以神武雄才，兼仗父兄之烈，割据江东，地方数千里，兵精足用，英雄乐业，当横行天下，为汉家除残去秽；况操自送死，而可迎之邪！请为将军筹之：

孙权拔刀砍断面前放奏章的几案表示抗曹的决心。

今北土未平，马超、韩遂尚在关西，为操后患；而操舍鞍马，仗舟楫，与吴、越争衡，今又盛寒，马无藁草；驱中国士众远涉江湖之间，不习水土，必生疾病。此数者用兵之患也，而操皆冒行之。将军禽操，宜在今日。瑜请得精兵数万人，进住夏口，保为将军破之！"权曰："老贼欲废汉自立久矣，徒忌二袁、吕布、刘表与孤耳。今数雄已灭，惟孤尚存。孤与老贼势不两立，君言当击，甚与孤合，此天以君授孤也。"因拔刀斫前奏案曰："诸将吏敢复有言当迎操者，与此案同！"乃罢会。

【译文】

当时周瑜奉命到番阳，鲁肃建议孙权召周瑜回来。周瑜到了后，对孙权说："曹操虽然在名义上是汉朝丞相，实际上是汉朝的奸贼。将军凭着武功和英雄的才能，同时继有父兄的功业，拥有江东，方圆几千里，军队精良、物资充足，英雄豪杰愿意为国家效力，正应当驰骋于天下，替汉朝除去残暴、邪恶之人；何况曹操自己前来送死，怎么可以迎顺他呢？请允许我为将军筹划这件事：现在北方并未完全平定，马超、韩遂还在函谷关以西，他们是曹操的后患；曹操又舍弃骑兵，依仗舟船来和我东吴争高下，现在正值严冬，战马没有草料，驱赶中原的士兵们远来跋涉在江南的多水地带，不服水土，一定会生病。这几件事都是用兵的禁忌，而曹操都冒失地干了。将军捉拿曹操，应当就在眼下。请您拨给我几万精兵，让我进驻夏口，一定为将军击败曹操！"孙权说："曹操那老贼想要废除汉朝自立为帝已经很久了，只是顾忌袁绍、袁术、吕布、刘表与我而已。现在那几位豪杰已被消灭，只有我还幸存。我和老贼势不两立，你说应当抗击曹操，很合我的心意，这是天意要把你交给我啊。"于是拔刀砍断面前放奏章的几案，说："各位武将文官有谁敢再说应当迎顺曹操的，和这几案一样！"于是宣布散会。

【原文】

是夜，瑜复见权曰："诸人徒见操书言水步八十万而各恐慑，不复料其虚实，便开此议，甚无谓也。今以实校之：彼所将中国人不过十五六万，且已久疲；所得表众亦极七八万耳，尚怀狐疑。夫以疲病之卒御狐疑之众，众数虽多，甚未足畏。瑜得精兵五万，自足制之，愿将军勿虑！"权抚其背曰："公瑾，卿言至此，甚合孤心。子布、元表诸人，各顾妻子，挟持私虑，深失所望；独卿与子敬与孤同耳，此天以卿二人赞孤也。五万兵难卒合，已选三万人，船粮战具俱办。卿与子敬、程公便在前发，孤当续发人众，多载资粮，为卿后援。卿能办之者诚决，邂逅不如意，便还就孤，孤当与孟德决之。"遂以周瑜、程普为左右督，将兵与备并力逆操；以鲁肃为赞军校尉，助画方略。

【译文】

这天夜里，周瑜再次见孙权说："众人只见曹操信上说水军步兵八十万，就各自害怕，不再考虑他们的真实情况，便发出投降的议论，很没道理。现在按实际情况查核一下，曹操所率领的中原士兵不过十五六万，而且早已疲惫不堪；新收编的刘表水军最多也只有七八万，还三心二意。曹操用疲惫染病的士兵，驱使犹豫动摇的军队，人数虽多，却并没有什么可怕的。请拨给我精兵五万，我就可以制伏曹军，希望将军不必多虑！"孙权拍着周瑜的背说："公瑾，你说得这样忠心、恳切，很合我的心意。子布、元表这些人，他们只顾念各自的妻子儿女，带有个人的打算，使我非常失望；只有你和子敬与我同心，这是苍天让你们二人来辅助我啊！五万兵难在短时间内集合起来，我已选好三万人，船只、粮草及武器都已办齐。你与子敬、程公先行，我会陆续调兵遣将，多多运载物资、粮食，做你的后援。假如你能对付得了曹操，就同他决战，万一遇到意外，就撤回来靠近我，我当和孟德决一死战。"于是，孙权任命周瑜、程普为左右都督，率兵与刘备齐心协力迎击曹操；任命鲁肃为赞军校尉，协助谋划作战的策略。

【原文】

刘备在樊口，日遣逻吏于水次候望权军。吏望见瑜船，驰往白备，备遣人慰劳之。瑜曰："有军任，不可得委署；傥能屈威，诚副其所望。"备乃乘单舸往见瑜问曰："今拒曹公，深为得计。战卒有几？"瑜曰："三万人。"备曰："恨少。"瑜曰："此自足用，豫州但观瑜破之。"备欲呼鲁肃等共会语，瑜曰："受命不得妄委署；若欲见子敬，可别过之。"备深愧喜。

【译文】

刘备驻扎在樊口，每天派巡逻的官吏在江边眺望等候孙权军队的到来。官吏望见周瑜的船队，便飞马赶回营地禀告刘备，刘备马上派人前去慰劳他们。周瑜对慰劳的人说："我有军务在身，不便托他人代行职务；倘若刘豫州能屈尊前来，真的是我所希望的。"刘备便单独

刘备单独坐船去会见周瑜。

坐船去会见周瑜，问道："现在抗拒曹操，是十分正确的决策。您有多少人马？"周瑜回答说："三万人马。"刘备说："可惜太少了。"周瑜说："这完全够用，豫州您只管看我击破曹军。"刘备想叫上鲁肃等人来一起会面交谈，周瑜说："鲁肃等有军务在身，不便委托他人代理；如果您想见子敬，可以另外去看他。"刘备深感惭愧，又十分高兴。

【原文】

进，与操遇于赤壁。

时操军众，已有疾疫。初一交战，操军不利，引次江北。瑜等在南岸，瑜部将黄盖曰："今寇众我寡，难与持之。操军方连船舰，首尾相接，可烧而走也。"乃取蒙冲斗舰十艘，载燥荻、枯柴，灌油其中，裹以帷幕，上建旌旗，豫备走舸，系于其尾。先以书遗操，诈云欲降。时东南风急，盖以十舰最著前，中江举帆，馀船以次俱进。操军吏士皆出营立观，指言盖降。去北军二里馀，同时发火，火烈风猛，船往如箭，烧尽北船，延及岸上营落。顷之，烟炎张天，人马烧溺死者甚众。瑜等率轻锐继其后，雷鼓大震，北军大坏。操引军从华容道步走，遇泥泞，道不通，天又大风，悉使羸兵负草填之，骑乃得过。羸兵为人马所蹈藉，陷泥中，死者甚众。刘备、周瑜水陆并进，追操至南郡。时操军兼以饥疫，死者太半。操乃留征南将军曹仁、横野将军徐晃守江陵，折冲将军乐进守襄阳，引军北还。

【译文】

孙刘联军向前推进，在赤壁与曹军相遇。

这时曹操军中已经发生了传染病。刚一交战，曹军就失利，于是曹操率军马退到长江北岸驻扎。周瑜的军马驻扎在南岸，周瑜部下的将领黄盖提议道："目前敌众我寡，很难和他们持久对峙。曹军正好把战船连接在一起，首尾相接，如用火烧战船，就可以打退曹兵。"于是调集十只大小战船，装载干芦荻、枯柴草，在里边灌了油，外面用蓬布包裹起来，上面竖立起黄盖的旗帜，还准备了轻快小船，系在大船的尾部。黄盖先派人送信给曹操，假称准备去投降。当时正值东南风来势很急，黄盖把十只战船排在最前头，到了江中升起船帆，其余的船只按次序一起前进。曹军将士都出营站在那里观看，指着来船说黄盖来投降了。距离曹操军队二里多远时，各船同时点火，风势猛，火势大，船像箭一般飞驰，把北岸曹军的战船全都烧尽，火势还蔓延到岸上的军营。霎时间，火焰浓烟满天，曹军人马烧死的、淹死的很多。周瑜等率领轻装的精锐部队随后进击，擂起战鼓震天动地，奋勇向前，曹军大败。曹操带领着败兵从华容道陆路逃跑，遇上雨后道路泥泞，不便行走，天又刮起大风，曹操命令疲弱的士兵全部背草填路，骑兵才得以通过。疲弱的士兵被人马践踏，陷在泥坑中，死的很多。刘备、周瑜水陆一齐前进，追赶曹军到了南郡。这时，曹军饥饿，又有传染病，死了将近大半。于是曹操留下征南将军曹仁、横野将军徐晃把守江陵，折冲将军乐进把守襄阳，自己带领其余人马退回北方。

魏纪

政归司马氏

【原文】

景初三年（己未，公元 239 年）

太子即位，年八岁；大赦。尊皇后曰皇太后，加曹爽、司马懿侍中，假节钺，都督中外诸军、录尚书事。诸所兴作宫室之役，皆以遗诏罢之。

太子曹芳即位，尊皇后为皇太后。

【译文】

景初三年（己未，公元 239 年）

太子曹芳即位，时年八岁；大赦天下。尊皇后为皇太后，加封曹爽、司马懿侍中官职，授符节、黄钺，都督中外诸军事，录尚书事。明帝时各处修建宫殿的劳役，都以遗诏的名义罢除。

【原文】

爽、懿各领兵三千人更宿殿内，爽以懿年位素高，常父事之，每事谘访，不敢专行。

【译文】

曹爽、司马懿各自领兵三千轮流在宫内宿卫，曹爽因司马懿年纪大，地位一向很高，经常把他当作父辈对待，每遇到事情都向他拜访咨询，不敢独断专行。

【原文】

爽事太傅，礼貌虽存，而诸所兴造，希复由之。爽徙吏部尚书卢毓为仆射，而以何晏代之，以邓飏、丁谧为尚书，毕轨为司隶校尉。晏等依势用事，附会者升进，违忤者罢退，内外望风，莫敢忤旨。黄门侍郎傅嘏谓爽弟羲曰："何平叔外静而内躁，铦巧好利，不念务本，吾恐必先惑子兄弟，仁人将远而朝政废矣！"晏等遂与嘏不平，因微事免嘏官。又出卢毓为廷尉，毕轨又枉奏毓免官，众论多讼之，乃复以为光禄勋。孙礼亮直不挠，爽心不便，出为扬州刺史。

【译文】

曹爽对待太傅，虽然还像以前那样恭敬有礼，但各项决定很少再跟司马懿商量了。曹爽调任吏部尚书卢毓为仆射，而让何晏取代这个职位，任命邓飏、丁谧为尚书，毕轨为司隶校尉。何晏等人依仗曹爽的势力处理事务，迎合他们的就升官进职，违逆他们的就罢黜辞退，朝廷内外都看风使舵，官员不敢违抗他们的意旨。黄门侍郎傅嘏对曹爽的兄弟曹羲说："何晏外表文静而内心躁乱，巧取好利，不求务本，我恐怕他诱惑你们兄弟，这样，仁人志士将离去，朝政就要荒废了。"何晏等于是对傅嘏心怀不满，因细微小事免去他的官职。又让卢毓担任廷尉，毕轨又上奏诬诌卢毓，卢毓被免官，舆论多为卢毓辩冤，于是又任命卢毓为光禄勋。孙礼为人耿直不屈，曹爽感到孙礼留在京城不便，就让孙礼出京担任扬州刺史。

【原文】

正始八年（丁卯，公元 247 年）

大将军爽用何晏、邓飏、丁谧之谋，迁太后于永宁宫，专擅朝政，多树亲党，屡改制度。太傅懿不能禁，与爽有隙。五月，懿始称疾，不与政事。

【译文】

正始八年（丁卯，公元 247 年）

大将军曹爽采用何晏、邓飏、丁谧的计策，将太后迁居到永宁宫，独揽朝政大权，广泛树立亲信党羽，多次更改制度。太傅司马懿不能阻止，与曹爽之间开始有了矛盾。五月，司马懿开始称病，不上朝参与政事。

【原文】

大将军爽，骄奢无度，饮食衣服，拟于乘舆；尚方珍玩，充牣其家；又私取先帝才人以为伎乐。作窟室，绮疏四周，数与其党何晏等纵酒其中。弟羲深以为忧，数涕泣谏止之，爽不听。爽兄弟数俱出游，司农沛国桓范谓曰："总万机，典禁兵，不宜并出，若有闭城门，谁复内入者？"爽曰："谁敢尔邪！"

【译文】

大将军曹爽骄奢无度，饮食衣服都和皇帝相同；宫廷才有的珍玩，也充满了他的家；又私自将明帝的才人当作歌舞伎乐。他营造地下宫室，在四周雕饰了华丽的花纹，经常和何晏等人在里面饮酒作乐。他的弟弟曹羲非常担忧，多次流泪劝谏他别再这样做，但曹爽不听。曹爽兄弟经常一起出游，大司农沛国人桓范对他说："你们兄弟总揽大权，掌管禁兵，不宜同时出城，如果有人关闭城门，又有谁在城内接应呢？"曹爽说："谁敢这样做！"

【原文】

冬，河南尹李胜出为荆州刺史，过辞太傅懿。懿令两婢侍。持衣，衣落；指口言渴，婢进粥，懿不持杯而饮，粥皆流出沾胸。胜曰："众情谓明公旧风发动，何意尊体乃尔！"懿使声气才属，说："年老枕疾，死在旦夕。君当屈并州，并州近胡，好为之备！恐不复相见，以子师、昭兄弟为托。"胜曰："当还忝本州，非并州。"懿乃错乱其辞曰："君方到并州？"胜复曰："当忝荆州。"懿曰："年老意荒，不解君言。今还为本州，盛德壮烈，好建功勋！"胜退，告爽曰："司马公尸居馀气，形神已离，不足虑矣。"他日，又向爽等垂泣曰："太傅病不可复济，令人怆然！"故爽等不复设备。

【译文】

冬季，河南尹李胜出任荆州刺史，去向太傅司马懿辞行。司马懿叫两名婢女搀扶着出来接见。让他更衣，他却把衣服掉地上；指着嘴说口渴，婢女端来了粥，司马懿拿不动碗，就由婢女端着喝，粥都流出来沾满了前胸。李胜说："大家都说明公旧病发作，没想到身体已经这样了！"司马懿假装气喘吁吁地说："我年老病重，生死不过早晚的事。你屈就并州刺史，并州靠近胡地，要很好地加强戒备！恐怕我们不再相见，我把我的儿子司马师、司马昭兄弟托付给你了。"李胜说："我是回到本州，不是并州。"司马懿就装聋作哑，故意打岔说："你刚到并州？"李胜又说："是愧居荆州。"司马懿说："我年老耳聋思绪乱了，听不明白你的话。如今你回到家乡为官，正好轰轰烈烈地大展德才建立功勋。"李胜告退后，告诉曹爽说："司马公只是比死人多一口气，身体和神魂已经分离，已不足为虑了。"过了几天，他又向曹爽等垂泪道："太傅的病不会再好了，实在令人悲伤。"因此曹爽等不再对司马懿加以戒备。

【原文】

太傅懿阴与其子中护军师、散骑常侍昭谋诛曹爽。

嘉平元年（己巳，公元249年）

春，正月甲午，帝谒高平陵，大将军爽与弟中领军羲、武卫将军训、散骑常侍彦皆从。太傅司马懿以皇太后令，闭诸城门，勒兵据武库，授兵出屯洛水浮桥，召司徒高柔假节行大将军事，据爽营；太

司马懿向魏帝禀奏曹爽的罪恶。

仆王观行中领军事，据羲营。因奏爽罪恶于帝曰："臣昔从辽东还，先帝诏陛下、秦王及臣升御床，把臣臂，深以后事为念。臣言'太祖、高祖亦属臣以后事，此自陛下所见，无所忧苦。万一有不如意，臣当以死奉明诏'。今大将军爽，背弃顾命，败乱国典，内则僭拟，外则专权，破坏诸营，尽据禁兵，群官要职，皆置所亲，殿中宿卫，易以私人，根据盘互，纵恣日甚。又以黄门张当为都监，伺察至尊，离间二宫，伤害骨肉，天下汹汹，人怀危惧。陛下便为寄坐，岂得久安！此非先帝诏陛下及臣升御床之本意也。臣虽朽迈，敢忘往言！太尉臣济等皆以爽为有无君之心，兄弟不宜典兵宿卫，奏永宁宫，皇太后令敕臣如奏施行。臣辄敕主者及黄门令：'罢爽、羲、训吏兵，以侯就第，不得逗留，以稽车驾；敢有稽留，便以军法从事！'臣辄力疾将兵屯洛水浮桥，伺察非常。"爽得懿奏事，不通；迫窘不知所为，留车驾宿伊水南，伐木为鹿角，发屯田兵数千人以为卫。

【译文】

太傅司马懿暗中与其子中护军司马师、散骑常侍司马昭谋划如何诛杀曹爽。

嘉平元年（己巳，公元249年）

春季，正月甲午（初六），魏皇帝祭扫高平陵，大将军曹爽与他的弟弟中领军曹羲、武卫将军曹训、散骑常侍曹彦等都随侍同行。太傅司马懿以皇太后名义下令，关闭各个城门，带兵占领武库，并派遣军队据守洛水浮桥，命令司徒高柔持节代理大将军的职事，占据曹爽营地；太仆王观代理中领军职事，占据曹羲营地。然后向魏帝禀奏曹爽的罪恶说："臣当年从辽东回来时，先帝诏令陛下、秦王及臣到御床跟前，拉着臣的手臂，深为后事忧虑。臣进言说：'太祖、高祖也

曾把后事托付给臣，这是陛下亲眼见到的，陛下不用忧虑担心。万一有违陛下意愿的事情发生，臣当不惜一死执行您的诏令。'如今大将军曹爽，背弃先帝的遗命，败坏国家的典章制度，在内僭越自比为君主，在外专权擅政，扰乱破坏军队的编制，控制禁军，各种重要官职，都安插他的亲信担任，殿中守卫都换上了他自己的人，亲党势力盘根错节，恣意妄为日甚一日。曹爽又任用宦官张当为都监，窥视陛下动静，离间太后和陛下的关系，伤害骨肉感情，如今天下动荡不安，人们心怀恐惧。陛下就像是暂时寄坐在皇位上，岂能长治久安。这种局面绝非先帝要陛下及臣到御床前当面嘱托的本意。臣虽然老朽年迈，怎敢忘记以前说的话！太尉蒋济等人都认为曹爽有篡逆之心，他们兄弟不应该掌管军队担任皇家侍卫，我把这些意见上奏永宁宫，皇太后命令臣按照奏章所言执行。臣就吩咐主事者和黄门令说：'免去曹爽、曹羲、曹训的官职，剥夺他们军权，以列侯的身份回到府邸，不得逗留而阻碍陛下车驾；如敢于阻碍车驾，就以军法从事！'臣还擅自做主勉强支撑病体率兵驻扎在洛水浮桥，又伺察有无异常情况。"曹爽得到司马懿的奏章，没有通报魏帝；但窘迫不知所措，于是就把魏帝的车驾留宿在伊水之南，伐木构筑防卫工事，征发屯田兵数千人为护卫。

【原文】

懿使侍中高阳许允及尚书陈泰说爽，宜早自归罪，又使爽所信殿中校尉尹大目谓爽，唯免官而已，以洛水为誓。泰，群之子也。

桓范出城，逃出平昌城。

【译文】

司马懿派侍中、高阳人许允及尚书陈泰劝说曹爽，告诉他应及早回来认罪，又派他信任的殿中校尉尹大目去告诉曹爽，不过免官而已，并指着洛水为誓。陈泰是陈群之子。

【原文】

范至，劝爽兄弟以天子诣许昌，发四方兵以自辅。爽疑未决，范谓羲曰："此事昭然，卿用读书何为邪！于今日卿等门户，求贫贱复可得乎！且匹夫质一人，尚欲望活；卿与天子相随，令于天下，谁敢不应也！"俱不言。范又谓羲曰："卿别营近在阙南，洛阳典农治在城外，呼召如意。今诣许昌，不过中宿，许昌别库，足相被假；所忧当在谷食，而大司农印章在我身。"羲兄弟默然不从，自甲夜至五鼓，爽乃投刀于地曰："我亦不失作富家翁！"范哭曰："曹子丹佳人，生汝兄弟，犊耳！何图今日坐汝等族灭也！"

【译文】

桓范到了之后，劝曹爽兄弟挟持天子到许昌，然后调集四方的军队辅助自己。曹爽迟疑未决，桓范对曹羲说："此事很明显，真不知你读书是干什么用的！今日情形下，像你们曹家这样门第的人，想求得贫贱平安的日子还能做到吗？况且平民百姓抓了一个人为人质，人们尚且希望他能存活，何况你们现在和天子在一起，挟天子号令天下，谁敢不听！"大家都默然不语。桓范又对曹羲说："你的中领军别营近在城南，洛阳屯田部队也在城外，你可随意召唤调遣他们。现在起程去许昌的话，第二天半夜就到了，许昌的武库，足可以装备士兵；所忧虑的只有粮食，而大司农的印章就带在我身上。"曹羲兄弟默然不动，从初夜一直坐到五更，曹爽将刀扔在地上说："即使免官了我仍然不失为富贵人家。"桓范哭道："曹子丹这样有才能的人，却生出你们这群如猪如牛的兄弟！想不到今日受你们的连累要灭族了。"

【原文】

爽乃通懿奏事，白帝下诏免己官，奉帝还宫。爽兄弟归家，懿发洛阳吏卒围守之；四角作高楼，令人在楼上察视爽兄弟举动。爽挟弹到后园中，楼上便唱言："故大将军东南行！"爽愁闷不知为计。

【译文】

于是曹爽把司马懿的奏章转交给魏帝，请魏帝下诏免除自己的官职，然后奉送魏帝回宫。曹爽兄弟回到家里，司马懿派洛阳的兵士将曹家围住并日夜看守；在宅院四角建起高楼，令人在楼上监视曹氏兄弟的举动。曹爽带弹弓到后园中，楼上的人便大声喊："前大将军往东南去了。"曹爽愁闷，不知如何是好。

【原文】

戊戌，有司奏："黄门张当私以所择才人与爽，疑有奸。"收当付廷尉考实，辞云："爽与尚书何晏、邓飏、丁谧、司隶校尉毕轨、荆州刺史李胜等阴谋反逆,须三月中发。"于是收爽、羲、训、晏、飏、谧、轨、胜并桓范皆下狱,劾以大逆不道,与张当俱夷三族。

【译文】

戊戌(初十),有关部门奏告:"黄门张当私自将所选择的才人送给曹爽,怀疑他们之间有不可告人的勾当。"于是逮捕了张当,交付廷尉讯问查实。张当交待说:"曹爽与尚书何晏、邓飏、丁谧、司隶校尉毕轨、荆州刺史李胜等人阴谋反叛,等到三月中旬起事。"于是把曹爽、曹羲、曹训、何晏、邓飏、丁谧、毕轨、李胜和桓范等人都逮捕入狱,弹劾他们大逆不道罪,与张当都被诛灭三族。

【原文】

鲁芝将出,呼参军辛敞欲与俱去。敞,毗之子也,其姊宪英为太常羊耽妻,敞与之谋曰:"天子在外,太傅闭城门,人云将不利国家,于事可得尔乎？"宪英曰:"以吾度之,太傅此举,不过以诛曹爽耳。"敞曰:"然则事就乎？"宪英曰:"得无殆就！爽之才非太傅之偶也。"敞曰:"然则敞可以无出乎？"宪英曰:"安可以不出！职守,人之大义也。凡人在难,犹或恤之;为人执鞭而弃其事,不祥莫大焉。且为人任,为人死,亲昵之职也,从众而已。"敞遂出。事定之后,敞叹曰:"吾不谋于姊,几不获于义！"

【译文】

当初鲁芝将要出城之时,呼唤参军辛敞,想让他与自己一起去。辛敞是辛毗之子。辛敞的姐姐辛宪英是太常羊耽的妻子,辛敞与姐姐商量说:"天子在外,太傅关闭了城门,人都说这将不利于国家,做事情能这样吗？"宪英说:"以我看来,太傅这一举动,不过是想诛杀曹爽而已。"辛敞说:"那么事情能成功吗？"宪英说:"不是已经接近成功了吗！曹爽的才能是不能与太傅相比的。"辛敞说:"这样我可以不必出城了？"宪英说:"怎么可以不出去呢？忠于职守,是人之大义。一般人遇到危难,尚且需要救助;为人执鞭驾车突然不管了,没有比这更凶险的了。再说为人承担责任,为人去死,这是为人亲信的职责,你只要随大多数就行了。"于是辛敞就出城了。事情平定之后,辛敞感叹说:"如果我不是先同姐姐商量,差点背离了大义。"

晋纪

桓温废立

【原文】

永和二年（丙午，公元 346 年）

安西将军桓温将伐汉，将佐皆以为不可。江夏相袁乔劝之曰："夫经略大事，固非常情所及，智者了于胸中，不必待众言皆合也。今为天下之患者，胡、蜀二寇而已，蜀虽险固，比胡为弱，将欲除之，宜先其易者。李势无道，臣民不附，且恃其险远，不修战备。宜以精卒万人轻赍疾趋，比其觉之，我已出其险要，可一战擒也。蜀地富饶，户口繁庶，诸葛武侯用之抗衡中夏，若得而有之，国家之大利也。论者恐大军既西，胡必窥觎，此似是而非。胡闻我万里远征，以为内有重备，必不敢动；纵有侵轶，缘江诸军足以拒守，必无忧也。"温从之。

【译文】

永和二年（丙午，公元 346 年）

安西将军桓温准备讨伐汉，将领辅佐都认为不可行。江夏相袁乔劝谏桓温说："攻取天下这样的大事，本来就不是按常理所能预测的，高明的人心里非常明白，不必等众人的意见都一致。如今天下的祸患，

江夏相袁乔劝谏桓温伐蜀。

只有胡、蜀二敌而已，蜀国虽然地势险固，但力量比胡人弱，如果准备除掉胡、蜀二敌，应该先攻打容易攻取的一方。李势毫无道义，臣僚百姓与他离心，且蜀国凭借天险又远离我们，没有做交战的准备。应该派一万精锐人马轻装迅速出击，等到他们察觉以后，我们已经穿越了他的险要之地，只要一战就可擒获。蜀地物

产富饶，人口众多，诸葛亮占据蜀国与中原抗衡，如果我们得到并占领蜀地，这对国家大有好处。谈论此事的人担心大军西进之后，胡人一定会乘虚图谋，这种说法似是而非。胡人听说我们万里远征，会认为国内设有重防，一定不敢轻举妄动。纵然有侵扰的情况发生，沿长江布防的各路军马也足以抵御防守，一定没有什么忧患。"桓温听从了袁乔的建议。

【原文】

朝廷以蜀道险远，温众少而深入，皆以为忧，惟刘惔以为必克。或问其故，惔曰："以博知之。温，善博者也，不必得则不为。但恐克蜀之后，温终专制朝廷耳。"

【译文】

朝廷认为蜀道险远，桓温人少而深入敌后，都为这事担忧，只有刘惔以为此战必能取胜，有人问他为什么，刘惔说："通过赌博知道的。桓温是个善赌的人，不能肯定取胜的事他就不会出手。但是怕他攻克蜀地之后，桓温最终要在朝廷专权了。"

【原文】

朝廷论平蜀之功，欲以豫章郡封桓温。尚书左丞荀蕤曰："温若复平河、洛，将何以赏之？"乃加温征西大将军、开府仪同三司，封临贺郡公，加谯王无忌前将军，袁乔龙骧将军，封湘西伯。蕤，菘之子也。

温既灭蜀，威名大振，朝廷惮之。会稽王昱以扬州刺史殷浩有盛名，朝野推服，引为心膂，与参综朝权，欲以抗温，由是与温寝相疑贰。

【译文】

朝廷对平定蜀汉论功行赏，想要把豫章郡封给桓温。尚书左丞荀蕤说："桓温如果再平定黄河、洛水一带，将用什么赏赐他呢？"于是就加封桓温为征西大将军、开府仪同三司，封临贺郡公，加封谯王司马无忌为前将军，让袁乔任龙骧将军，并封为湘西伯。荀蕤是荀菘的儿子。

桓温平定了蜀地以后，威名大振，朝廷也忌惮他。会稽王司马昱认为扬州刺史殷浩素有盛名，朝野上下都很推崇他，所以将他视为心腹，让他参与朝政总揽朝廷权力，想用他来对抗桓温，由此殷浩和桓温逐渐开始互相猜疑，进而彼此产生了异心。

【原文】

兴宁元年（癸亥，公元 363 年）

五月，加征西大将军桓温侍中、大司马、都督中外诸军、录尚书事，假黄钺。温以抚军司马王坦之为长史。坦之，述之子也。又以征西掾郗超为参军，王珣为主簿，每事必与二人谋之。府中为之语曰："髯参军，短主簿，能令公喜，能令公怒。"温气概高迈，罕有所推，与超言，常自谓不能测，倾身待之。超亦深自结纳。珣，导之孙也，与谢玄皆为温掾，温俱重之。曰："谢掾年四十必拥旄杖节，王掾当作黑头公，皆未易才也。"玄，奕之子也。

兴宁二年（甲子，公元 364 年）

五月戊辰，以扬州刺史王述为尚书令。加大司马温扬州牧、录尚书事。壬申，使侍中召温入参朝政，温辞不至。

王述每受职，不为虚让，其所辞必于不受。及为尚书令，子坦之白述："故事当让。"述曰："汝谓我不堪邪？"坦之曰："非也，但克让自美事耳。"述曰："既谓堪之，何为复让！人言汝胜我，定不及也。"

【译文】

兴宁元年（癸亥，公元 363 年）

五月，东晋加封征西大将军桓温担任侍中、大司马、都督中外诸军、录尚书事，给予他持黄钺的礼遇。桓温任命抚军司马王坦之为长史。王坦之是王述之子。又任命征西掾郗超为参军，王珣为主簿，遇事必与二人商量。王府里的人这样说他们："长胡子参军，矮个子主簿，能让桓公欢喜，也能让桓公愤怒。"桓温气概高迈，很少有他所推重的人，桓温和郗超谈话，常常说对方深不可测，而尽心敬待他。郗超也很认真地与桓温交往。王珣是王导的孙子，与谢玄都是桓温的辅佐掾吏，桓温对他们都很看重。桓温说："谢玄年四十必定会拥旄执节，王珣当成为少壮而居高位的黑头公，都是不可多得的人才。"谢玄是谢奕的儿子。

兴宁二年（甲子，公元 364 年）

五月戊辰（二十日），朝廷任命扬州刺史王述为尚书令。加封大司马桓温担任扬州牧、录尚书事。壬申（二十四日），朝廷派侍中召桓温入朝参政，桓温推辞不去。

王述每当接受任命，都不假意辞让，只要是他推辞的，就肯定不接受。到他做尚书令时，儿子王坦之告诉他："按照过去的做法，您应当表示辞让。"王述说："你认为我不能胜任吗？"王坦之说："不是，只是辞让比较好。"王述说："既然认为能够胜任，为什么又要辞让！人们都说你比我强，我看你一定赶不上我。"

【原文】

兴宁三年（乙丑，公元 365 年）

大司马温移镇姑孰。二月乙未，以其弟右将军豁监荆州、扬州之义城、雍州之京兆诸军事，领荆州刺史；加江州刺史桓冲监江州及荆、豫八郡诸军事，并假节。

司徒昱闻陈祐弃洛阳，会大司马温于洌洲，共议征讨。丙申，帝崩于西堂，事遂寝。

帝无嗣。丁酉，皇太后诏以琅邪王奕承大统。百官奉迎于琅邪第，是日，即皇帝位，大赦。

【译文】

兴宁三年（乙丑，公元 365 年）

大司马桓温转移到姑孰镇守。二月乙未（二十一日），桓温让他弟弟右将军桓豁掌荆州、扬州之义城、雍州的京兆诸军事，兼领荆州刺史；加封江州刺史桓冲掌管江州及荆、豫八郡诸军事，全都持有符节。

司马奕即皇帝位，大赦天下。

司徒司马昱听说陈祐放弃了洛阳，在洌洲和大司马桓温会面，共同商议征讨洛阳的事。丙申（二十二日），东晋哀帝司马丕在西堂驾崩，征讨事宜中止。

哀帝没有后嗣，丁酉（二十三日），皇太后下诏让琅邪王司马奕继承皇位。百官到琅邪王府第迎接司马奕入宫，当天，司马奕即皇帝位，大赦天下。

【原文】

咸安元年（辛未，公元 371 年）

大司马温，恃其材略位望，阴蓄不臣之志，尝抚枕叹曰："男子不能流芳百世，亦当遗臭万年！"术士杜炅能知人贵贱，温问炅以己禄位所至。炅曰："明公勋格宇宙，位极人臣。"温不悦。温欲先立功河朔以收时望，还受九锡。及枋头之败，威名顿挫。既克寿春，谓参军郗超曰："足以雪枋头之耻乎？"

超曰："未也。"久之，超就温宿，中夜，谓温曰："明公都无所虑乎？"温曰："卿欲有言邪？"超曰："明公当天下重任，今以六十之年，败于大举，不建不世之勋，不足以镇愦民望！"温曰："然则奈何？"超曰："明公不为伊、霍之举者，无以立大威权，镇压四海。"温素有心，深以为然，遂与之定议。以帝素谨无过，而床第易诬，乃言"帝早有痿疾，嬖人相龙、计好、朱炅宝等，参侍内寝，二美人田氏、孟氏生三男，将建储立王，倾移皇基"。密播此言于民间，时人莫能审其虚实。

【译文】

咸安元年（辛未，公元 371 年）

大司马桓温倚仗他的才能、地位与声望，暗地里怀有篡逆之心，曾经抚枕慨叹道："大丈夫不能流芳百世，也应当遗臭万年！"术士杜炅能够预测人的贵贱，桓温就问杜炅自己的官位最大可以做到什么程度。杜炅说："明公的功劳天下无双，必定可以位极人臣。"桓温听后不高兴。他想先在河朔建立战功，赢得更大的声望，回来后接受加九锡的礼遇。等到在枋头失败，桓温的威名受挫。攻占寿春后，他问参军郗超道："这次胜利足以洗雪枋头之败的耻辱了吧？"郗超答道："不能。"过了很久，郗超到桓温的住所留宿，夜半时，郗超问桓温道："明公没有忧虑的事吗？"桓温说："你想对我说什么？"郗超说："明公身上担负着天下重任，现已到了六十岁，却在一次大规模行动中遇到惨败，如果不建立非常的功勋，不足以震慑人心。"桓温问："那么该怎么做呢？"郗超答："明公不做伊尹、霍光废立的事，就无法建立大的威势与权力，慑服天下。"桓温一直就有这样的心思，对郗超的话深以为然，于是就和郗超商定计议。由于皇帝司马奕平时谨慎没有过错，只有男女间的事容易诬陷他，于是说："皇帝早有阳痿的毛病，他宠信的相龙、计好、朱

郗超劝说桓温废黜皇帝。

昊宝等人，服侍起居床第之事，与皇帝的两位美人田氏、孟氏生下三个儿子，将要设立太子赐封王位，这样皇室的根本就被动摇了。"并将这话秘密地散播到民间，当时的人们谁也无法辨别真假。

【原文】

十一月癸卯，温自广陵将还姑孰，屯于白石。丁未，诣建康，讽褚太后，请废帝立丞相会稽王昱，并作令草呈之。太后方在佛屋烧香，内侍启云："外有急奏。"太后出，倚户视奏数行，乃曰："我本自疑此！"至半，便止，索笔益之曰："未亡人不幸罹此百忧，感念存没，心焉如割！"

【译文】

十一月癸卯（初九），桓温自广陵准备返回姑孰，驻扎在白石。丁未（十三日），到了都城建康，暗示褚太后，请求废黜皇帝，另立丞相会稽王司马昱，同时将草拟好的诏令进呈给褚太后。太后此时正在佛屋烧香，内侍启奏说："外面有急奏。"褚太后出来，靠在门边看奏章，刚看了几行字就说："我本来就怀疑是这样！"看到一半便停下不看了，向内侍要来笔添上这样的话："我不幸遭受种种忧患，想到死去的和活着的，心如刀割！"

【原文】

己酉，温集百官于朝堂。废立既旷代所无，莫有识其故典者，百官震栗。温亦色动，不知所为。尚书左仆射王彪之知事不可止，乃谓温曰："公阿衡皇家，当倚傍先代。"乃命取《汉书·霍光传》，礼度仪制，定于须臾。彪之朝服当阶，神彩毅然，曾无惧容，文武仪准，莫不取定，朝廷以此服之。于是宣太后令，废帝为东海王，以丞相、录尚书事、会稽王昱统承皇极。百官入太极前殿，温使督护竺瑶、散骑侍郎刘亨收帝玺绶。帝著白帢单衣，步下西堂，乘犊车出神虎门，群臣拜辞，莫不歔欷。侍御史、殿中监将兵百人卫送东海第。温帅百官具乘舆法驾，迎会稽王于会稽邸。王于朝堂变服，著平巾帻、单衣，东向流涕，拜受玺绶，是日，即皇帝位，改元。温出次中堂，分兵屯卫。温有足疾，诏乘舆入殿。温撰辞，欲陈述废立本意，帝引见，便泣下数十行，温兢惧，竟不能一言而出。

【译文】

己酉（十五日），桓温召集百官到朝堂。废立皇帝既然是历代没有过的事情，没有人知道废立过去的典则，百官们都震惊恐惧。桓温也神色紧张，不知该怎么办。尚书左仆射王彪之知道事情已不可挽回，就对桓温说："明公废立皇帝，应当效法前代的成规。"于是命令取来《汉书·霍光传》，礼节仪制很快就决定了。王彪之身穿朝服站在朝堂上，神情沉着，毫无惧色，文武仪规典则，全都由王彪之决定，朝廷百官都因此而佩服他。于是宣布太后的诏令，废黜司马奕为东海王，以丞相、录尚书事、会稽王司马昱继承皇位。百官进太极前殿，桓温让督护竺瑶、散骑侍郎刘亨收取废帝的印玺绶带。司马奕戴着白色便帽，身穿仅次于朝服的大臣盛装，走下西堂，乘着牛车出了神虎门，群臣叩拜辞别，没有不流泪叹息的。侍御史、殿中监带领百名士卒护送废帝至东海王的宅第。桓温率领百官准备好天子车驾仪仗，到会稽王的官邸去迎接会稽王司马昱。会稽王在朝堂更换了衣服，戴着小冠，穿着拜见尊者的服饰，面向东而立，流着眼泪拜受天子印玺，这天，会稽王司马昱即皇帝位，改年号为咸安。桓温临时住在中堂，分派兵力屯驻守卫。桓温的脚有毛病，皇帝诏令他可以乘车入殿。桓温事先准备好辞章，想在进见时陈述废立的本意，皇帝召见他，一见他便不断哭泣，桓温战战兢兢，始终竟一句话也没说出来。

【原文】

太宰武陵王晞，好习武事，为温所忌，欲废之，以事示王彪之。彪之曰："武陵亲尊，未有显罪，不可以猜嫌之间便相废徙。公建立圣明，当崇奖王室，与伊、周同美。此大事，宜更深详！"温曰："此已成事，卿勿复言！"乙卯，温表："晞聚纳轻剽，息综矜忍；袁真叛逆，事相连染。顷日猜惧，将成乱阶。请免晞官，以王归藩。"从之，并免其世子综、梁王璀等官。温使魏郡太守毛安之帅所领宿卫殿中。安之，虎生之弟也。

【译文】

太宰武陵王司马晞，喜好习武练兵，被桓温所忌恨，想废黜他，就把此事告诉了王彪之。王彪之说："武陵王是天子的兄弟，没有明显的罪过，不可因为猜忌就将其废黜。您要建立贤明的君主，应当尊崇辅佐王室，与伊尹、周公有同样的美德。这样的大事，应该从长计议！"桓温说："此事已定，你不必再说了！"乙卯（二十一日），桓温上表称："司马晞招纳轻浮急躁之徒，其子司马综自负残忍；袁真叛逆，事情与他有牵连。朝廷和他彼此猜惧，必将酿成大乱。请求免除司马晞的官职，让他以王的身份返回藩地。"皇帝同意了。同时罢免其世子司马综、梁王司马璀等人的官职。桓温派魏郡太守毛安之率其部下宿卫皇宫。毛安之是毛虎生的弟弟。

【原文】

庚戌，尊褚太后曰崇德太后。

初，殷浩卒，大司马温使人赍书吊之。浩子涓不答，亦不诣温，而与武陵王晞游。广州刺史庾蕴，希之弟也，素与温有隙。温恶殷、庾宗强，欲去之。辛亥，使其弟秘逼新蔡王晃诣

桓温将司马晞抓起来送交廷尉审讯。

西堂叩头自列，称与晞及子综、著作郎殷涓、太宰长史庾倩、掾曹秀、舍人刘彊、散骑常侍庾柔等谋反。帝对之流涕，温皆收付廷尉。倩、柔，皆蕴之弟也。癸丑，温杀东海王三子及其母。甲寅，御史中丞谯王恬承温旨，请依律诛武陵王晞。诏曰："悲恸惶怛，非所忍闻，况言之哉！其更详议！"恬，承之孙也。乙卯，温重表固请诛晞，词甚酷切。帝乃赐温手诏曰："若晋祚灵长，公便宜奉行前诏；如其大运去矣，请避贤路。"温览之，流汗变色，乃奏废晞及三子，家属皆徙新安郡。丙辰，免新蔡王晃为庶人，徙衡阳，殷涓、庾倩、曹秀、刘彊、庾柔皆族诛，庾蕴饮鸩死。蕴兄东阳太守友子妇，桓豁之女也，故温特赦之。庾希闻难，与弟会稽王参军邈及子攸之逃于海陵陂泽中。

【译文】

庚戌（十六日），尊奉褚太后为崇德太后。

当初，殷浩去世的时候，大司马桓温派人送信吊唁他。殷浩的儿子殷涓不回信，也不到桓温那里回拜，而与武陵王司马晞去游玩。广州刺史庾蕴，是庾希的弟弟，平素与桓温有隔阂。桓温厌恨殷涓、庾蕴宗族的强大，想要铲除他们。辛亥（十七日），桓温派他的弟弟桓秘逼迫新蔡王司马晃到西堂去叩头自述，称与司马晞及他的儿子司马综、著作郎殷涓、太宰长史庾倩、掾曹秀、舍人刘彊、散骑常侍庾柔等阴谋反叛。简文帝面对他流下眼泪，桓温将他们都抓起来送交廷尉。庾倩、庾柔，都是庾蕴的弟弟。癸丑（十九日），桓温杀掉了东海王司马奕的三个儿子和他们的母亲。甲寅（二十日），御史中丞谯王司马恬秉承桓温意旨，请求依据法律诛杀武陵王司马晞。简文帝下诏说："悲痛惋惜，惊恐不安，不忍心耳闻，

更何况是亲口说呢！此事再仔细商议吧！"司马恬是司马承的孙子。乙卯（二十一日），桓温再次上表，坚持要求杀掉司马晞，言词非常激烈恳切。简文帝于是亲手写下诏令赐给桓温说："如果晋王朝的神灵悠长，桓公就遵行我上道诏书的意思；如果晋王朝的大运已去，就请求让我退位避让贤人晋升之路。"桓温看了后，惊慌失色，汗流满面，于是就奏请黜废司马晞及他的三个儿子，将他的家属全都流放到新安郡。丙辰（二十二日），黜免新蔡王司马晃为庶人，将他迁徙到衡阳，殷涓、庾倩、曹秀、刘彊、庾柔都被灭族，庾蕴服毒而死。庾蕴的哥哥东阳太守庾友的儿媳，是桓豁的女儿，所以桓温特别地赦免了她。庾希听说此事，与弟弟会稽参军庾邈及儿子庾攸之逃到了海陵的湖泽中。

【原文】

温既诛殷、庾，威势翕赫，侍中谢安见温遥拜。温惊曰："安石，卿何乃尔？"安曰："未有君拜于前，臣揖于后。"

【译文】

桓温诛杀了殷、庾之后，威势显赫至极，侍中谢安看见桓温远远就开始叩拜。桓温惊道："安石，你为什么要这样呢？"谢安说："没有君主叩拜于前，臣下拱手还礼于后的。"

【原文】

咸安二年（壬申，公元 372 年）

甲寅，帝不豫，急召大司马温入辅，一日一夜发四诏，温辞不至。初，帝为会稽王，娶王述从妹为妃，生世子道生及弟俞生。道生疏躁无行，母子皆以幽废死。馀三子，郁、朱生、天流，皆早夭。诸姬绝孕将十年，王使善相者视之，皆曰："非其人。"又使视诸婢媵，有李陵容者，在织坊中，黑而长，宫人谓之"昆仑"，相者惊曰："此其人也！"王召之侍寝，生子昌明及道子。

【译文】

咸安二年（壬申，公元 372 年）

甲寅（二十三日），简文帝身体不适，急召大司马桓温入朝辅政，一日一夜连发四道诏书，桓温推辞不去。当初，简文帝为会稽王时，娶了王述的堂妹为妃，生下长子司马道生和二子司马俞生。司马道生粗鲁急躁，品行不端，母子都因此被囚禁废黜而死。其他三个儿子，司马郁、司马朱生、司马天流，都早年夭折。众姬妾绝孕将近十年，会稽王让会相面的人观察她们，都说："能生儿子的不是这些人。"会稽王又让相面的人去观察女仆女佣，有一个叫李陵容的，在纺织作坊里，长得又高又黑，宫女们叫她"昆仑"。相面的人见到她后吃惊地说："这就是会生儿子的人！"会稽王召她服侍起居，生下了儿子司马昌明和司马道子。

【原文】

己未，立昌明为皇太子，生十年矣。以道子为琅邪王，领会稽国，以奉帝母郑太妃之祀。遗诏："大司马温依周公居摄故事。"又曰："少子可辅者辅之，如不可，君自取之。"侍中王坦之自持诏入，于帝前毁之。帝曰："天下，

己未日，简文帝驾崩。

傥来之运，卿何所嫌！"坦之曰："天下，宣、元之天下，陛下何得专之！"帝乃使坦之改诏曰："家国事一禀大司马，如诸葛武侯、王丞相故事。"是日，帝崩。

【译文】

己未（二十八日），简文帝立司马昌明为皇太子，当时昌明已经十岁了。封司马道子为琅邪王，兼领会稽国，以尊奉帝母郑太妃的祀位。简文帝下达遗诏说："大司马桓温依照周公的遗规，代理皇帝摄政。"又说："太子可以辅佐就辅佐他，如不能辅佐，大司马自取皇位。"侍中王坦之手持诏书进入宫中，在简文帝面前撕毁了诏书。简文帝说："我拥有天下也不过是出于意外，你有什么不满意的！"王坦之说："天下，是宣帝、元帝创立的天下，陛下怎么能独断专行！"于是简文帝让王坦之将诏书改为："家国事全部交付给大司马处分，就像诸葛亮、王导辅政时的做法一样。"这一天，简文帝驾崩。

【原文】

群臣疑惑，未敢立嗣，或曰："当须大司马处分。"尚书仆射王彪之正色曰：

"天子崩，太子代立，大司马何容得异！若先面谘，必反为所责。"朝议乃定。太子即皇帝位，大赦。崇德太后令，以帝冲幼，加在谅暗，令温依周公居摄故事。事已施行，王彪之曰："此异常大事，大司马必当固让，使万机停滞，稽废山陵，未敢奉令，谨具封还。"事遂不行。

【译文】

群臣疑惑，不敢就此立嗣，有人说："要等大司马来了处分。"尚书仆射王彪之正色说："天子驾崩，太子继立，大司马怎能有资格提出异议！如果事先当面向他询问，一定反会被他责备。"于是经过朝臣讨论就决定了。太子即皇帝位，大赦天下。崇德褚太后下令，因为孝武帝年幼，又在居丧期，命桓温依据周公摄政的旧例行事。诏令发下去，王彪之说："这是非常之事，大司马一定会固执地辞让，这样一来，朝廷上下的政务都会停顿，连先帝的事业也会荒废，所以臣不敢奉命，谨将诏书密封归还。"因此桓温摄政一事终究未成。

【原文】

温望简文临终禅位于己，不尔便当居摄。既不副所望，甚愤怨，与弟冲书曰："遗诏使吾依武侯、王公故事耳。"温疑王坦之、谢安所为，必衔之。诏谢安征温入辅，温又辞。

桓温入朝后召见朝廷百官。

【译文】

桓温希望简文帝临终前将皇位禅让给他，不这样的话，也应让他摄政。然而这个愿望没能实现，他非常怨恨愤怒，给弟弟桓冲写信说："简文帝下诏让我按诸葛亮、王导的旧例辅政。"桓温怀疑这事是王坦之、谢安干的，对他们怀恨在心。朝廷诏令谢安前去召桓温入朝辅政，桓温又推辞。

【原文】

烈宗孝武皇帝上之上宁康元年（癸酉，公元 373 年）

春，正月，己卯朔大赦改元。

二月，大司马温来朝。辛巳，诏吏部尚书谢安、侍中王坦之迎于新亭。是时，都下人情恟恟，或云欲诛王、谢，因移晋室。坦之甚惧，安神色不变，曰："晋祚存亡，决于此行。"温既至，百官拜于道侧。温大陈兵卫，延见朝士，有位望者皆战慑失色。坦之汗汗沾衣，倒执手版。安从容就席，坐定，谓温曰："安闻诸侯有道，守在四邻，明公何须壁后置人邪！"温笑曰："正自不能不尔。"遂命左右撤之，与安笑语移日。郗超常为温谋主，安与坦之见温，温使超卧帐中听其言。风动帐开，安笑曰："郗生可谓入幕之宾矣。"时天子幼弱，外有强臣，安与坦之尽忠辅卫，卒安晋室。

温治卢悚入宫事，收尚书陆始付廷尉，免桓秘官，连坐者甚众。迁毛安之为左卫将军。桓秘由是怨温。

三月，温有疾，停建康十四日，甲午，还姑孰。

【译文】

晋孝武帝宁康元年（癸酉，公元 373 年）

春季，正月己卯朔（初一），东晋实行大赦，改换年号为宁康。

二月，大司马桓温来晋见孝武帝。辛巳（二十四日），孝武帝诏令吏部尚书谢安、侍中王坦之到新亭迎接。这时，都城里人心惶惶，有的说桓温要杀掉王坦之、谢安，晋王室的天下就要转到他人之手。王坦之非常害怕，谢安则神色不变，说："晋朝国运的存亡，取决于此行。"桓温抵达朝廷后，百官夹道叩拜。桓温部署重兵，召见朝廷百官，有地位有名望的人全都惊慌失色。王坦之汗流浃背，连手版都拿倒了。谢安从容就座，坐定后，对桓温说："谢安听说诸侯有道，守卫的人在四方邻国，明公何必要在墙壁后面安置人呢！"桓温笑着说："正是由于不能才不这样做。"于是命令左右的人撤走，与谢安笑谈许久。郗超经常作为桓温的主谋，谢安和王坦之去见桓温，桓温让郗超藏在帐中听他们谈话。风吹开了帐子，谢安笑着说："郗超可谓入帐之宾。"当时天子年幼力弱，外边又有强臣，谢安与王坦之竭尽忠诚辅佐护卫，最终使晋王室得以安稳。

桓温处理卢悚攻入宫廷的事件，拘捕尚书陆始并送交廷尉处置，罢免了桓秘的官职，株连的人很多。提升毛安之为左卫将军。桓秘从此开始怨恨桓温。

三月，桓温生病，在建康停留了十四天，甲午（初七），返回姑孰。

【原文】

秋，七月己亥，南郡宣武公桓温薨。

初，温疾笃，讽朝廷求九锡，屡使人趣之。谢安、王坦之故缓其事，使袁宏具草。宏以示王彪之，彪之叹其文辞之美，因曰："卿固大才，安可以此示人！"谢安见其草，辄改之，由是历旬不就。宏密谋于彪之，彪之曰："闻彼病日增，亦当不复支久，自可更小迟回。"

【译文】

秋季，七月己亥（十四日），南郡宣武公桓温去世。

当初，桓温病重的时候，暗示朝廷给他加九锡的礼遇，多次派人去催。谢安、王坦之故意拖延此事，让袁宏草拟诏令。袁宏草拟完后让王彪之过目，王彪之赞叹他文辞优美，接着说："你本来是杰出的人才，怎么能写这样的文章让别人看呢！"谢安看到袁宏写的草诏，就加以修改，因此前后十多天也没有最后定稿。袁宏暗地里和王彪之商量，王彪之说："听说桓温的病情日益严重，应该不会再支持多久了，自然可以再晚一些回复。"

【原文】

温弟江州刺史冲，问温以谢安、王坦之所任，温曰："渠等不为汝所处分。"其意以为，己存，彼必不敢立异，死则非冲所制，若害之，无益于冲，更失时望故也。

温以世子熙才弱，使冲领其众。于是桓秘与熙弟济谋共杀冲，冲密知之，不敢入。俄顷，温薨，冲先遣力士拘录熙、济而后临丧。秘遂被废弃，熙、济俱徙长沙。诏葬温依汉霍光及安平献王故事。冲称温遗命，以少子玄为嗣，时方五岁，袭封南郡公。

【译文】

桓温的弟弟江州刺史桓冲，向桓温询问谢安、王坦之应该担任什么职务，桓温说："他们不由你来安排。"这话的意思是，自己活着的时候，他们一定不敢公开抗衡，自己死了以后，则不是桓冲所能控制的，如果谋害了他们，对桓冲没有什么好处，反而会使其失去声望。

桓温考虑到世子桓熙才能不足，就让桓冲统领他的兵众。因此桓秘和桓熙的弟弟桓济谋划一起杀掉桓冲。桓冲私下里知道此事，不敢进入府内。不久，桓温死了，桓冲先派身强力壮的士兵拘捕了桓熙、桓济，然后才前去吊丧。桓秘于是也被废黜了，桓熙、桓济都被迁徙到长沙。孝武帝下诏，依据汉代霍光及安平献王的旧例安葬桓温。桓冲称桓温留下遗嘱，以小儿子桓玄为继承人。当时桓玄刚刚五岁，继承南郡公的爵位。

淝水之战

【原文】

太元七年（壬午，公元 382 年）

冬，十月，秦王坚会群臣于太极殿，议曰："自吾承业，垂三十载，四方略定，唯东南一隅，未沾王化。今略计吾士卒，可得九十七万，吾欲自将以讨之，何如？"秘书监朱肜曰："陛下恭行天罚，必有征无战，晋主不衔璧军门，则走死江海，陛下返中国士民，使复其桑梓，然后回舆东巡，告成岱宗，此千载一时也。"坚喜曰："是吾志也。"

【译文】

太元七年（壬午，公元 382 年）

冬季，十月，前秦王符坚在太极殿会见群臣，和他们商量说："自从我继承先王的大业，至今已经三十年了，四方之地大致平定了，只有东南的东晋，尚未蒙受君王的教化。如今粗略地计算一下我的兵

秦王符坚认为时机成熟，想要讨伐东晋。

力，能有九十七万，我想亲自统帅军队讨伐晋朝，怎么样？"秘书监朱肜说："陛下恭敬地奉行上天的惩罚，一定是只需要出征而不需要战斗，晋朝国君不是在军营门前口衔璧玉来投降，就是仓惶出逃，葬身于江海，陛下让中原之国的百姓返回故土，让他们恢复家园，然后回车东巡，在岱宗泰山奉告成功，这是千载难逢的时机。"符坚高兴地说："这正是我的志向。"

【原文】

尚书左仆射权翼曰："昔纣为无道，三仁在朝，武王犹为之旋师。今晋虽微弱，未有大恶；谢安，桓冲皆江表伟人，君臣辑睦，内外同心，以臣观之，未可图也！"坚嘿然良久，曰："诸君各言其志。"

【译文】

尚书左仆射权翼说："过去商纣王无道，但微子、箕子、比干三位仁人在朝，周武王尚且为此回师，不予讨伐。如今晋朝虽然衰微软弱，但还没有大的罪恶；谢安、桓冲又都是长江一带才识卓越的人才，他们君臣和睦，内外同心，以我来看，不可图谋！"符坚沉默了良久，说："你们都说说自己的见解。"

【原文】

太子左卫率石越曰："今岁镇守斗，福德在吴，伐之必有天殃。且彼据长江之险，民为之用，殆未可伐也。"坚曰："昔武王伐纣，逆岁违卜。天道幽远，未易可知。夫差、孙皓皆保据江湖，不免于亡。今以吾之众，投鞭于江，足断其流，又何险之足恃乎？"对曰："三国之君皆淫虐无道，故敌国取之，易于拾遗。今晋虽无德，未有大罪，愿陛下且按兵积谷，以待其衅。"于是群臣各言利害，久之不决。坚曰："此所谓筑舍道傍，无时可成。吾当内断于心耳。"

【译文】

太子左卫率石越说："今木星、土星居于斗宿，福德在吴地，如果讨伐他们必有天灾。而且他们占据长江天险，百姓又为其所用，恐怕不能讨伐。"符坚说："过去周武王讨伐商纣，就是逆太岁运行的方向行动，也违背了占卜的结果。天道隐微幽远，不是可以轻易知道的。夫差、孙皓全都据守江湖，但也

符坚群臣各言伐晋的利害。

不能免于灭亡。如今凭借我的兵力，把鞭子投进长江，也足以断绝水流，又有什么天险足以凭藉依靠呢。"石越回答说："商纣、夫差、孙皓这三国之君，全都淫虐无道，所以敌对的国家攻取他们，比捡起遗落的东西还容易。如今晋朝虽然缺乏道德，但没有大的罪恶，愿陛下暂且按兵不动，积聚粮谷，等待他们灾祸的降临。"于是群臣们各言利害，久久未能决断。苻坚说："这正所谓在道路旁边修筑屋舍，什么时候才能够建成。我要自我决断了。"

【原文】

群臣皆出，独留阳平公融，谓之曰："自古定大事者，不过一二臣而已。今众言纷纷，徒乱人意，吾当与汝决之。"对曰："今伐晋有三难：天道不顺，一也；晋国无衅，二也；我数战兵疲，民有畏敌之心，三也。群臣言晋不可伐者，皆忠臣也，愿陛下

阳平公苻融也认为此时不能伐晋，苻坚深感失望。

听之。"坚作色曰："汝亦如此，吾复何望！吾强兵百万，资仗如山；吾虽未为令主，亦非闇劣。乘累捷之势，击垂亡之国，何患不克？岂可复留此残寇，使长为国家之忧哉？"融泣曰："晋未可灭，昭然甚明。今劳师大举，恐无万全之功。且臣之所忧，不止于此。陛下宠育鲜卑、羌、羯，布满畿甸，此属皆我之深仇。太子独与弱卒数万留守京师，臣惧有不虞之变生于腹心肘掖，不可悔也。臣之顽愚，诚不足采。王景略一时英杰，陛下常比之诸葛武侯，独不记其临没之言乎？"坚不听。于是朝臣进谏者众，坚曰："以吾击晋，校其强弱之势，犹疾风之扫秋叶，而朝廷内外皆言不可，诚吾所不解也。"

太子宏曰："今岁在吴分，又晋君无罪，若大举不捷，恐威名外挫，财力内竭，此群下所以疑也。"坚曰："昔吾灭燕，亦犯岁而捷，天道固难知也。秦灭六国，六国之君岂皆暴虐乎？"

【译文】

群臣们都出去了，苻坚唯独把阳平公苻融留下了。苻坚对他说："自古参与决定大事的人，不过是一两个大臣而已。如今众说纷纭，只能扰乱人心，我要与

你来决定此事。"符融对符坚说："如今讨伐晋朝有三难：天道不顺，此其一；晋国自身无灾祸，此其二；我们频繁征战，士兵疲乏，百姓怀有畏敌之心，此其三。群臣当中说不能讨伐晋朝的人，全都是忠臣，愿陛下听从他们的意见。"符坚脸色一变说："你也是如此，我还寄希望于谁呢？我有强兵百万，资财兵器堆积如山；我虽然不是好的君主，但也不是昏庸之辈。乘着捷报频传之势，攻击垂死挣扎之国，还怕攻不下来吗？怎么可以再留下这些残敌，使他们长久地成为国家的忧患呢！"符融哭泣着说："晋朝无法灭掉，事情非常明显。如今大规模地出动疲劳的军队，恐怕没有完全取得胜利的可能。况且我所忧虑的，还不仅于此。陛下宠爱养育鲜卑人、羌人、羯人，让他们布满京师，这些人都对我们有深仇大恨。太子独自和数万弱兵留守京师，我害怕有不测之变出现在我们的心腹地区，后悔莫及。我的意见不高明又顽固，确实不值得采纳。可是王猛是英明杰出的人，陛下常常把他比作诸葛亮，为什么唯独不铭记他的临终遗言呢？"符坚依然没有听从。此时向符坚进谏的朝臣很多，符坚说："以我们的力量攻打晋朝，比较双方的强弱之势，就像疾风扫秋叶一样，然而朝廷内外都说不能攻打，这确实令我不能理解。"

太子符宏说："如今木星在吴地的分野，再加上晋朝国君没有罪恶，如果大举进攻不能取胜，我担心在外威风名声受挫，在内资财力量耗尽，这就是群臣不明白为什么要出战的原因。"符坚说："过去我消灭燕国，也违背了木星的征兆，但取得了胜利，天道本来就是难以确知的。秦灭六国，六国之君难道全都是暴虐的君主吗？"

【原文】

冠军、京兆尹慕容垂言于坚曰："弱并于强，小并于大，此理势自然，非难知也。以陛下神武应期，威加海外，虎旅百万，韩、白满朝，而蕞尔江南，独违王命，岂可复留之以遗子孙哉？《诗》云：'谋夫孔多，是用不集。'陛下断自圣心足矣，何必广询朝众？晋武平

慕容垂向符坚进言，请求伐晋。

吴，所仗者张、杜二三臣而已，若从朝众之言，岂有混一之功？"坚大悦曰：
"与吾共定天下者，独卿而已。"赐帛五百匹。

【译文】

　　冠军将军、京兆尹慕容垂向苻坚进言说："弱被强所并，小被大所吞，这是自然的道理与趋势，并不难理解。像陛下这样神明威武，适应天意，威名远播海外，拥有强兵劲旅百万，韩信、白起那样的良将满朝都是，而江南弹丸之地，独敢违抗王命，岂能再留下他们而交给子孙后代呢？《诗经》云：'出谋划策的人太多，所以事情办不成。'陛下自己在内心做出决断就完全可以了，何必广泛征询众朝臣的意见？晋武帝平定吴国，所倚仗的只有张华、杜预两三位大臣而已，如果听从众朝臣的话，难道能有统一天下的功业？"苻坚十分高兴地说："与我共同平定天下的人，只有你而已。"赏赐给慕容垂五百匹帛。

【原文】

　　坚锐意欲取江东，寝不能旦。阳平公融谏曰："'知足不辱，知止不殆。'自古穷兵极武，未有不亡者。且国家本戎狄也，正朔会不归人。江东虽微弱仅存，然中华正统，天意必不绝之。"坚曰："帝王历数，岂有常邪，惟德之所在耳。刘禅岂非汉之

苻坚锐意欲取江东。

苗裔邪。终为魏所灭。汝所以不如吾者，正病此不达变通耳。"

【译文】

　　苻坚专注于想要攻取晋朝，连睡觉也不能睡到天明。阳平公苻融劝谏他说："'知道满足就不会感到耻辱，知道停止就不会出现危险。'自古以来，穷兵黩武的人没有不灭亡的。况且我们的国家本来就属戎狄之人，天下的正宗嫡传大概不会归于像我们这样的外族人。长江以南的晋朝虽然衰微软弱，残喘生存，但他们是中华的正统，天意一定不会灭绝他们。"苻坚说："帝王更替之道，怎么会有一成不变的呢？只看道德在哪里。刘禅难道不是汉朝的后裔吗？但最终被魏国所灭。

你之所以不如我的原因，症结正在于不了解变通的道理。"

【原文】

坚素信重沙门道安，群臣使道安乘间进言。十一月，坚与道安同辇游于东苑，坚曰："朕将与公南游吴、越，泛长江，临沧海，不亦乐乎？"安曰："陛下应天御世，居中土而制四维，自足比隆尧、舜，何必栉风沐雨，经略遐方乎？且东南卑

符坚历来重视僧人道安，于是向他征询伐晋意见。

湿，沴气易构，虞舜游而不归，大禹往而不复，何足以上劳大驾也！"坚曰："天生烝民而树之君，使司牧之，朕岂敢惮劳，使彼一方独不被泽乎？必如公言，是古之帝王皆无征伐也。"道安曰："必不得已，陛下宜驻跸洛阳，遣使者奉尺书于前，诸将总六师于后，彼必稽首入臣，不必亲涉江、淮也。"坚不听。

【译文】

符坚历来信任重视僧人道安，群臣们让道安寻找机会向符坚进言。十一月，符坚与道安同乘一车在东苑游览，符坚说："朕将要与你一起南游吴、越之地，泛舟长江，亲临沧海，不也是快乐的事情吗？"道安说："陛下顺应天意统治天下，身居中原而控制四方，自身的昌隆足以与尧、舜相比，何必再栉风沐雨，经营远方呢？而且东南地区低洼潮湿，容易遇到灾害不祥之气，虞舜前去游猎就没有回来，大禹去了一趟就再没去第二趟，有什么值得劳您大驾的呢！"符坚说："上天生育民众而为他们选定了君主，是让君主统治他们，朕岂敢害怕辛劳，唯独使那一方土地不承受恩泽呢？如果一定像你所说的那样，古代的帝王就都没有征伐之事了。"道安说："一定要这样做的话，陛下应该在洛阳停驻，先派遣使者给他们送去书信，众将领统领六军跟随于后，他们就一定会叩首称臣，您不必亲自过长江、淮河。"符坚没有听从。

【原文】

太元八年（癸未，公元 383 年）

秋，七月，秦王坚下诏大举入寇，民每十丁遣一兵；其良家子年二十已下，有材勇者，皆拜羽林郎。又曰："其以司马昌明为尚书左仆射，谢安为吏部尚书，桓冲为侍中，势还不远，可先为起第。"良家子至者三万馀骑，拜秦州主簿赵盛之为少年都统。是时朝臣皆不欲坚行，独慕容垂、姚苌及良家子劝之。阳平公融言于坚曰："鲜卑、羌虏，我之仇雠，常思风尘之变以逞其志，所陈策画，何可从也？良家少年皆富饶子弟，不闲军旅，苟为谄谀之言，以会陛下之意。今陛下信而用之，轻举大事，臣恐功既不成，仍有后患，悔无及也。"坚不听。

【译文】

太元八年（癸未，公元 383 年）

秋，七月，秦王苻坚下诏大举发兵侵入东晋，百姓每十名成年男子中征一人当兵；良家子弟年龄在二十岁以下，勇武有力的人，都被任命为羽林郎。又说："胜利后要用东晋皇帝司马昌明为尚书左仆射，宰相谢安为吏部尚书，车骑将军桓冲为侍中，以此形势来看，这是很快的事了，可以先为他们起好宅第。"良家子弟自带战马应征而来的有三万多人，任命秦州主簿赵盛之为少年都统，统领这些人。当时，朝臣都不想让苻坚南行，只有慕容垂、姚苌和应征来的良家子弟希望苻坚南下。阳平公苻融对苻坚说："鲜卑、羌族的俘虏都是我们的仇敌，他们一直在等待机会报仇复国，他们所说的计策怎么能听呢？良家少年都是富家子弟，不熟悉军旅的事，不过是说些阿谀奉承的话

阳平公苻融再次劝谏苻坚不可伐晋。

苻坚不听众人劝谏，一意孤行。

讨陛下的欢心罢了。如今陛下相信并采纳了他们的话，轻率地率大军南下，我担

心不仅不能成就战功，还会有后患，到时后悔就来不及了。"符坚不听。

【原文】

八月戊午，坚遣阳平公融督张蚝、慕容垂等步骑二十五万为前锋；以兖州刺史姚苌为龙骧将军，督益梁州诸军事。坚谓苌曰："昔朕以龙骧建业，未尝轻以授人，卿其勉之！"左将军窦冲曰："王者无戏言，此不祥之征也！"坚默然。

慕容楷、慕容绍言于慕容垂曰："主上骄矜已甚，叔父建中兴之业，在此行也。"垂曰："然。非汝，谁与成之！"

甲子，坚发长安，戎卒六十馀万，骑二十七万，旗鼓相望，前后千里。九月，坚至项城，凉州之兵始达咸阳，蜀、汉之兵方顺流而下，幽、冀之兵至于彭城，东西万里，水陆齐进，运漕万艘。阳平公融等兵三十万先至颍口。

【译文】

八月戊午（初二），符坚派阳平公符融督帅张蚝、慕容垂等人的步、骑兵二十五万人为前锋，任命兖州刺史姚苌为龙骧将军，督益州和梁州各方面的军事。符坚对姚苌说："过去我靠龙骧将军的官位建立了大业，不曾轻易地把这个官位授予别人，你好好努力吧！"左将军窦冲说："君王无戏言，这话是不祥的征兆！"符坚沉默不语。

慕容楷、慕容绍对慕容垂说："主上骄纵傲慢已经非常严重，叔父建立中兴大业，就在此行。"慕容垂说："对。除了你们，谁能和我一起成就大业呢！"

甲子（初八），符坚从长安出发，有步兵六十余万，骑兵二十七万，旌旗战鼓彼此相望，前后绵延千里。九月，符坚到达项城，而凉州的军队才到达咸阳，蜀、汉的军队正沿长江顺流而下，幽州、冀州的军队到达彭城，东西万里之内，水陆并进，运输的船只数以万计。阳平公符融等率兵三十万先到达颍口。

【原文】

诏以尚书仆射谢石为征虏将军、征讨大都督，以徐兖二州刺史谢玄为前锋都督，与辅国将军谢琰、西中郎将桓伊等众共八万拒之；使龙骧将军胡彬以水军五千援寿阳。琰，安之子也。

【译文】

东晋下达诏令，任命尚书仆射谢石为征虏将军、征讨大都督，任命徐兖二州刺史谢玄为前锋都督，与辅国将军谢琰、西中郎将桓伊等人的兵马计八万人抵抗前秦；让龙骧将军胡彬率领五千水军援助寿阳。谢琰是谢安的儿子。

【原文】

是时秦兵既盛，都下震恐。谢玄入，问计于谢安，安夷然答曰："已别有旨。"既而寂然。玄不敢复言，乃令张玄重请。安遂命驾出游山墅，亲朋毕集，与玄围棋赌墅。安棋常劣于玄，是日，玄惧，便为敌手而又不胜。安遂游陟，至夜乃还。桓冲深以根本为忧，遣精锐三千入卫京师。谢安固却之，曰："朝廷处分已定，兵甲无阙，西藩宜留以为防。"

谢安与谢玄下棋，谢玄因秦军南下之事恐惧而心不在焉。

冲对佐吏叹曰："谢安石有庙堂之量，不闲将略。今大敌垂至，方游谈不暇，遣诸不经事少年拒之，众又寡弱，天下事已可知，吾其左衽矣！"

【译文】

这时前秦的军队正是最强盛的时候，东晋朝廷上下闻听符坚南下的消息，都震惊恐慌。谢玄入朝，向谢安询问应对之策，谢安一副平静的样子，回答说："已经另有打算了。"紧接着就不说话了。谢玄不敢再问，就让张玄重新请求指令。谢安于是就命令驾车出游山间别墅，亲戚朋友云集，与谢玄在别墅玩围棋赌博。谢安的棋术平时不如谢玄，这天，谢玄由于内心恐惧，在有利的形势下反而不能取胜。谢安于是就登山漫游，到夜晚才回来。桓冲对东晋的根基大业感到很忧虑，于是派精锐部队三千人到建康来保卫京师。谢安坚决地阻拦他，说："朝廷的处理办法已经决定，士兵武器都不缺乏，应留在西藩以作防备。"桓冲对藩府参佐叹息道："谢安有执掌朝政的才能和度量，但不熟悉带兵打仗的方法。如今大敌马上就要到了，还尽情游玩，高谈阔论不止，只派遣未经战事的年轻人前去抵抗，再加上兵力不足，力量弱小，天下的结局已经可以知道了，我们将要受外族的统治了！"

【原文】

冬，十月，秦阳平公融等攻寿阳，癸酉，克之，执平虏将军徐元喜等。融以其参军河南郭褒为淮南太守。慕容垂拔郧城。胡彬闻寿阳陷，退保硖石，融进攻之。秦卫将军梁成等帅众五万屯于洛涧，栅淮以遏东兵。谢石、谢玄等去洛涧二十五里而军，惮成不敢进。胡彬粮尽，潜遣使告石等曰："今贼盛粮尽，恐不复见大军！"秦人获之，送于阳平公融。融驰使白秦王坚曰："贼少易擒，但恐逃去，宜速赴之！"坚乃留大军于项城，引轻骑八千，兼道就融于寿阳。遣尚书朱序来说谢石等，以为"强弱异势，不如速降"。序私谓石等曰："若秦百万之众尽至，诚难与为敌。今乘诸军未集，宜速击之。若败其前锋，则彼已夺气，可遂破也。"

【译文】

冬季，十月，前秦阳平公符融等攻打寿阳，癸酉（十八日），攻入城中，擒获了东晋平虏将军徐元喜等人。符融任命他的参军河南人郭褒为淮南太守。慕容垂攻克郧城。东晋胡彬听说寿阳陷落，便退守硖石，符融进军攻打硖石。前秦卫将军梁成等率领五万将士驻扎在洛河，在淮河上设立栅栏以阻止东晋的援军。谢石、谢

朱序私下劝谢石迅速出击，通过挫败秦军前锋来瓦解秦军。

玄等在离洛涧二十五里的地方扎营，因为害怕梁成而不敢进兵。胡彬粮草将要用尽，暗中派人向谢石等报告说："现在贼寇强盛而我的粮食已经耗尽，恐怕不能再见到大军了。"秦人抓到送信的人，押送到符融那里。符融急速派使者向前秦王符坚报告说："晋军人少，容易擒获，只怕他们逃走，应该迅速率兵前来。"符坚于是将大军留在项城，自己带了八千轻骑兵，日夜兼程，赶赴寿阳和符融会合。符坚派尚书朱序去劝降谢石，认为"形势强弱悬殊，不如赶快投降"。朱序私下却对谢石等人说："如果秦军百万之众全数到达，晋军实在很难与之对抗。现在趁各路大军尚未会集，应该迅速出击。如果打败前秦前锋，那他们就丧失了士气，就可击败他们了。"

【原文】

秦兵逼肥水而陈，晋兵不得渡。谢玄遣使谓阳平公融曰："君悬军深入，而置陈逼水，此乃持久之计，非欲速战者也。若移陈少却，使晋兵得渡，以决胜负，不亦善乎？"秦诸将皆曰："我众彼寡，不如遏之使不得上，可以万全。"坚曰："但引兵少却，使之半渡，我以铁骑蹙而杀之，蔑不胜矣。"融亦以为然，遂麾兵使却。秦兵遂退，不可复止。谢玄、谢琰、桓伊等引兵渡水击之。融驰骑略陈，欲以帅退者，马倒，为晋兵所杀，秦兵遂溃。玄等乘胜追击，至于青冈。秦兵大败，自相蹈藉而死者，蔽野塞川。其走者闻风声鹤唳，皆以为晋兵且至，昼夜不敢息，草行露宿，重以饥冻，死者什七八。初，秦兵少却，朱序在陈后呼曰："秦兵败矣！"众遂大奔。序因与张天锡、徐元喜皆来奔。获秦王坚所乘云母车及仪服、器械、军资、珍宝、畜产不可胜计。复取寿阳，执其淮南太守郭褒。

【译文】

前秦的军队在靠近淝水的地方布好阵，晋军无法渡江。谢玄派使者对阳平公符融说："您孤军深入，而靠着河岸列阵，这是作持久战的打算，不是想迅速交战的办法。如果贵军能将兵阵稍稍向后移动一下，让晋兵能够渡过河，然后一决胜负，不也是件好事吗？"前秦的将领都说："我众敌寡，不如遏制晋军渡河，使他们不能上岸，这样才能万无一失。"符坚说："我们带领兵众稍微后撤一点，等他们渡河渡到一半的时候，我们再出动铁甲骑兵奋起攻杀，这样没有不胜的道理。"符融也认为可以，于是就挥舞战旗，指挥兵众后退。秦兵一退就停不下来。谢玄、谢琰、桓伊等立刻带兵渡河追击。符融骑马布阵，想要指挥后退的士兵，但是马被绊倒，为晋兵所杀，秦兵于是溃败。谢玄等乘胜追击，一直追到青冈。秦兵大败，自相践踏而死的人，遮蔽山野，堵塞山川。逃走的士兵听见风声和鹤的鸣叫声，都以为是东晋的军队将要来到，昼夜不敢停下来休息，慌不择路，风餐露宿，冻饿交加，死者十有七八。当初，秦兵稍作退却时，朱序就在阵后面高声呼喊："秦兵败了！"兵众们听到后就狂奔乱逃。朱序乘机和张天锡、徐元喜投奔到东晋。晋军俘获秦王符坚所乘坐的装饰着云母的车乘及仪服、器械、军资、珍宝、畜产不可胜数。又收复寿阳，抓获前秦淮南太守郭褒。

【原文】

坚中流矢，单骑走至淮北，饥甚，民有进壶飧、豚髀者，坚食之，赐帛十匹，绵十斤。辞曰："陛下厌苦安乐，自取危困。臣为陛下子，陛下为臣父，安有子饲其父而求报乎？"弗顾而去。坚谓张夫人曰："吾今复何面目治天下乎？"潸然流涕。

【译文】

符坚中了流箭，单枪匹马逃到淮北，十分饥饿，有的百姓送来盛在壶里的水泡饭、猪骨头，符坚吃了以后，赏赐给他们十匹布帛，十斤绵。这些人推辞说："陛下不肯安于逸乐，冒险征伐东晋，是自取困苦。臣民是陛下的儿子，陛下是臣民的父亲，哪

符坚中了流箭，单枪匹马逃往淮北。

里有儿子给父亲饭吃还求取报偿的呢？"他们连赏赐的那些东西看也没看就离开了。符坚对张夫人说："我如今再以什么面目去治理天下呢？"说着便潸然泪下。

【原文】

是时，诸军皆溃，惟慕容垂所将三万人独全，坚以千馀骑赴之。世子宝言于垂曰："家国倾覆，天命人心皆归至尊，但时运未至，故晦迹自藏耳。今秦主兵败，委身于我，是天借之便以复燕祚，此时不可失也，愿不以意气微恩忘社稷之重。"垂曰："汝言是也。然彼以赤心投命于我，若之何害之！天苟弃之，不患不亡。不若保护其危以报德，徐俟其衅而图之，既不负宿心，且可以义取天下。"奋威将军慕容德曰："秦强而并燕，秦弱而图之，此为报仇雪耻，非负宿心也，兄奈何得而不取，释数万之众以授人乎？"

【译文】

这时，前秦的各路军队全都溃散，唯独慕容垂所统领的三万人完整保全，符坚带领一千多骑兵到了他那里。长子慕容宝向慕容垂进言说："国与家覆灭，天命人心全都归于极其尊贵的帝王，只是时运还未到，所以应该掩饰形迹不要表露出来。如今秦主兵败，委身于我们，这是上天赐予的有利时机以恢复燕国，这

个时机不可失去，愿您不要因为受到过小恩小惠而忘掉了恢复燕国的重要事情。"慕容垂说："你说得对。然而他以一片赤诚之心把自身的安全交给我，我怎能伤害他！假如上天抛弃他，不用担心他不灭亡。不如在危难中保护他以报答他的恩德，慢慢地等待他的灾祸，然后再图谋他，这样既不违背往日的心愿，又能以道义征服天下。"奋威将军慕容德说："秦国强大的时候吞并了燕国，秦国微弱的时候图谋它，这是报仇雪耻，不是违背往日的心愿。哥哥为什么得到了却不占取，放弃数万兵众而给他人呢？"

【原文】

垂曰："吾昔为太傅所不容，置身无所，逃死于秦，秦主以国士遇我，恩礼备至。后复为王猛所卖，无以自明，秦主独能明之,此恩何可忘也？若氏运必穷，吾当怀集关东，以复先业耳，关西会非吾有也。"冠军行参军赵秋曰：

慕容垂的亲信党羽劝他杀掉符坚，慕容垂一概没有听从，命令把军队交给符坚。

"明公当绍复燕祚，著于图谶；今天时已至，尚复何待！若杀秦主，据邺都鼓行而西，三秦亦非苻氏之有也！"垂亲党多劝垂杀坚，垂皆不从，悉以兵授坚。平南将军慕容晖屯郧城，闻坚败，弃其众遁去；至荥阳，慕容德复说晖起兵以复燕祚，晖不从。

【译文】

慕容垂说："我过去被太傅慕容评所不容，无处安身，逃死到了秦国，秦国主像对待国中才能出众的人那样对待我，恩义礼遇没有做不到的地方。后来我又被王猛所出卖，无法自我明辩，唯独秦国主能明察，这样的恩情怎么能忘记呢？如果氏族人的命运必定穷尽，我应以怀柔之策招集关东兵民，以光复先帝的大业，关西之地必定不会归我所有。"冠军行参军赵秋说："明公您应当继承光复燕国的国统，这已经明显地表现在图谶上了；如今天时已经到了，还等待什么！如果杀掉秦国主符坚，占据邺都，之后再向西发展，三秦之地也就不归符氏所有了！"慕容垂的亲信党羽大多都劝他杀掉符坚，慕容垂一概没有听从，命令把军队交给符坚。平南将军慕容晖驻扎在郧城，听说符坚失败后，丢弃了他的兵众逃走了。到达荥阳，慕容德又劝说慕容晖起兵以恢复前燕的国统，慕容晖没有听从。

谢安接到驿站传来的书信，知道前秦的军队已经失败。

【原文】

谢安得驿书，知秦兵已败，时方与客围棋，摄书置床上，了无喜色，围棋如故。客问之，徐答曰："小儿辈遂已破贼。"既罢，还内，过户限，不觉屐齿之折。

得知战败秦军后，谢安返回屋里，过门槛时，高兴得竟然连屐齿被折断都没有发觉。

【译文】

谢安接到驿站传来的书信，知道前秦的军队已经失败，当时他正与客人玩围棋，拿着信放到了床上，毫无高兴的样子，像没接到书信之前一样继续下棋。客人问他是什么事，他慢条斯理地回答说："小孩子们已经打败敌寇了。"下完棋后，他返回屋里，过门槛时，高兴得竟然连屐齿被折断都没有发觉。

宋纪

刘裕受禅

【原文】

永初元年（庚申，公元 420 年）

春，正月己亥，魏主还宫。

秦王炽磐立其子暮末为太子，仍领抚军大将军、都督中外诸军事，大赦，改元建弘。

宋王欲受禅而难于发言，乃集朝臣宴饮

刘裕想让晋恭帝把帝位以禅让的形式传给自己，于是召集群臣暗示心意。

从容言曰："桓玄篡位，鼎命已移。我首唱大义，兴复帝室，南征北伐，平定四海，功成业著，遂荷九锡。今年将衰暮，崇极如此，物忌盛，非可久安；今欲奉还爵位，归老京师。"群臣惟盛称功德，莫谕其意。日晚，坐散。中书令傅亮还外，乃悟，而宫门已闭，亮叩扉请见，王即开门见之。亮入，但曰："臣暂宜还都。"王解其意，无复他言，直云："须几人自送？"亮曰："数十人可也。"即时奉辞。亮出，已夜，见长星竟天，拊髀叹曰："我常不信天文，今姑验矣。"亮至建康，夏，四月，征王入辅。王留子义康为都督豫、司、雍、并四州诸军事、豫州刺史，镇寿阳。义康尚幼，以相国参军南阳刘湛为长史，决府、州事。湛自弱年即有宰物之情，常自比管、葛，博涉书史，不为文章，不喜谈议，王甚重之。

五月乙酉，魏更谥宣武帝曰道武帝。

【译文】

永初元年（庚申，公元 420 年）

春季，正月己亥（十四日），北魏国主回宫。

西秦王乞伏炽磐封他的儿子乞伏暮末为太子，任命他仍旧兼任抚军大将军，总管全国内外的军事，大赦天下，改年号为建弘。

宋王刘裕想让晋恭帝司马德文把帝位以禅让的形式传给自己，但是他无法开口，于是，他召集朝臣饮酒欢宴，刘裕十分从容地说："当年桓玄篡位时，晋国的大权落入他人之手。我首先提倡大义，复兴皇帝宗室，我南征北讨，平定了天下，可以说是大功告成，业绩卓著，因此皇上恩赐我九锡之尊。现在我的年纪快老了，地位又如此尊崇，天下之事最忌讳装得太满而溢出来，那样就得不到长久的安宁了；如今我想把爵位奉还皇上，回到京师养老。"群臣只是一味盛称他的功德，却不理解他真正的含义。这天天色已晚，群臣散去。中书令傅亮走出宫门，这才悟出宋王一席话的真正含义，但是宫门已经关闭了，傅亮就叩门请求拜见宋王，宋王就命令开门召见他。傅亮进入宫中，只是说："我应当暂且返回京师。"宋王刘裕明白了他的用意，就不再说别的了，直接问道："你需要多少人护送？"傅亮说："几十个人就够了。"傅亮于是就与宋王刘裕辞别。傅亮出宫时已是半夜时分，见到彗星划过夜空，傅亮拍着腿叹道："我过去常不相信天象，如今看来天象开始应验了。"傅亮来到京师建康，当时正是初夏四月，晋恭帝征召刘裕入京辅助。刘裕让他的儿子刘义康留守，任命他为都督豫司雍并四州诸军事、豫州刺史，令他镇守寿阳。刘义康还年幼，刘裕就任用相国参军南阳人刘湛为长史，令他帮助决策和处理府、州事务。刘湛从小就有做宰相的志向，他经常以管仲、诸葛亮自比，刘湛博览书史，却不喜欢做文章，也不喜欢空发议论。刘裕非常器重他。

五月乙酉（初二），北魏变更宣武帝拓跋珪的谥号为道武帝。

【原文】

魏淮南公司马国璠、池阳子司马道赐谋外叛，司马文思告之。庚戌，魏主杀国璠、道赐，赐文思爵郁林公。国璠等连引平城豪桀，坐族诛者数十人，章安侯封懿之子玄之当坐。魏主以玄之燕朝旧族，欲宥其一子。玄之曰："弟子磨奴早孤，乞全其命。"乃杀玄之四子而宥磨奴。

六月壬戌，王至建康。傅亮讽晋恭帝禅位于宋，具诏草呈帝，使书之。帝欣然操笔，谓左右曰："桓玄之时，晋氏已无天下，重为刘公所延，将二十载；今日之事，本所甘心。"遂书赤纸为诏。

甲子，帝逊于琅邪第，百官拜辞，秘书监徐广流涕哀恸。

丁卯，王为坛于南郊，即皇帝位。礼毕，自石头备法驾入建康宫。徐广又悲感流涕，侍中谢晦谓之曰："徐公得无小过！"广曰："君为宋朝佐命，身是晋室遗老，悲观之事，固不可同。"广，邈之弟也。

帝临太极殿，大赦，改元。其犯乡论清议，一皆荡涤，与之更始。

【译文】

北魏淮南公司马国璠、池阳子司马道赐阴谋反叛，司马文思告发了他们。庚戌(二十七日)，北魏国主拓跋嗣杀了司马国璠与司马道赐，赐封司马文思为郁林公。司马国璠等人的阴谋牵连了平城的大户豪强，全族被诛杀的就有几十个人，章安侯封懿的儿

刘裕登临太极殿即帝位。

子封玄之也应当被斩首。北魏国主因为封玄之是燕朝旧族，想要宽恕他的一个儿子。封玄之说："我弟弟的儿子封磨奴幼年丧父，乞求您保全他的性命。"北魏国主就杀掉了封玄之的四个儿子而饶恕了封磨奴。

六月壬戌(初九)，宋王刘裕来到建康。傅亮暗示晋恭帝将帝位禅让给宋王刘裕，并且将草拟的退位诏书呈送给了晋恭帝，让他自己再抄写一遍。晋恭帝非常高兴地拿起了笔，并对左右侍臣说："桓玄之乱时，晋朝已经失去了天下，是依靠刘公才又得以延续，到如今已经将近二十年了；如今禅让给刘公，是我心甘情愿的。"于是将傅亮呈上来的草稿抄写在红纸上，作为正式诏书。

甲子(十一日)，晋恭帝让位，回到琅邪旧邸，百官叩拜辞别，秘书监徐广痛哭流涕，极其哀恸。

丁卯(十四日)，宋王刘裕在南郊设坛，即帝位。典礼结束后，刘裕乘车从石头进入建康宫。徐广又痛哭流涕，十分悲伤，侍中谢晦对他说："徐公这样做未免有点过分了吧！"徐广说："您是宋朝的佐命大臣，我是晋室遗留下来的老臣，悲欢之情，本来就是各不相同的。"徐广是徐邈的弟弟。

刘宋武帝刘裕登临太极殿，大赦天下，改年号为永初。刘裕宣布，犯罪的人中，凡是行为不道德，受过舆论抨击的，一律除去罪名，使他们改过自新。

【原文】

裴子野论曰：昔重华受终，四凶流放；武王克殷，顽民迁洛。天下之恶一也，

乡论清议，除之，过矣！

奉晋恭帝为零陵王，优崇之礼，皆仿晋初故事，即宫于故秣陵县，使冠军将军刘遵考将兵防卫。降褚后为王妃。

追尊皇考为孝穆皇帝，皇妣赵氏为孝穆皇后；尊王太后萧氏为皇太后。上事萧太后素谨，及即位，春秋已高，每旦入朝太后，未尝失时刻。

诏晋氏封爵，当随运改，独置始兴、庐陵、始安、长沙、康乐五公，降爵为县公及县侯，以奉王导、谢安、温峤、陶侃、谢玄之祀，其宣力义熙、豫同艰难者，一仍本秩。

【译文】

裴子野评论说：以前虞舜接受国家大任时，曾经流放过四凶；武王讨伐殷商时，也曾经将顽劣的遗民迁到洛阳。天下的罪恶在任何时候都是相同的，但是刘裕将触犯众怒之人的罪名一概免除，确实是做得太过分了！

刘宋武帝刘裕下诏追尊祖先，安抚天下。

宋武帝封晋恭帝为零陵王；他对待晋室的优崇之礼，都仿照晋初优待魏室的先例，随即又在故秣陵县为晋恭帝兴建王宫，派冠军将军刘遵考率领军队防卫保护。将晋恭帝的皇后褚灵媛降为王妃。

刘裕追尊他的父亲为孝穆皇帝，母亲赵氏为孝穆皇后；尊封他的继母王太后萧氏为皇太后。刘裕侍奉萧太后一向十分恭谨，等到即帝位后，虽然年事已高，每天早晨也一定入后宫给太后请安，从来没有错过时辰。

帝刘裕又下诏说，晋朝时封的爵位，应当随着朝代的更替而有所更改，于是他将过去封置的始兴公、庐陵公、始安公、长沙公、康乐公降爵为县公或是县侯，以便延续王导、谢安、温峤、陶侃、谢玄等人的祭祀香火，凡是当年与刘裕共同抗击过桓玄的人，仍然保持他们的爵位和俸禄不变。

元嘉之治

【原文】

元嘉三年（丙寅，公元 426 年）

春，正月，谢晦弟黄门侍郎嚼驰使告晦，晦犹谓不然，以傅亮书示咨议参军何承天曰："外间所闻，咸谓西讨已定，幼宗岂有上理！"晦尚谓虚妄，使承天豫立答诏启草，言伐房宜须明年。江夏内史程道惠得寻阳人书，言"朝廷将有大处分，其事已审"，使其辅国府中兵参军乐冏封以示晦。晦问承天曰："若果尔，卿令我云何？"对曰："蒙将军殊顾，常思报德。事变至矣，何敢隐情！然明日戒严，动用军法，区区所怀，惧不得尽。"晦惧曰："卿岂欲我自裁邪？"承天曰："尚未至此。以王者之重，举天下以攻一州，大小既殊，逆顺又异。境外求全，上计也。其次以腹心将兵屯义阳，将军自帅大众战于夏口；若败，即趋义阳以出北境，其次也。"晦良久曰："荆州用武之地，兵粮易给，聊且决战，走复何晚！"乃使承天造立表檄，又与卫军咨议参军琅邪颜邵谋举兵，邵饮药而死。

【译文】

元嘉三年（丙寅，公元 426 年）

春季，正月，谢晦的弟弟黄门侍郎谢嚼，派专人骑马去警告谢晦，但是谢晦仍然认为还没有到这个地步，并拿出傅亮的信给谘议参军何承天看，说："我估计万幼宗一两天内就会到达。傅亮是怕我招惹是非，所以先把这封信送过来。"何承天说："我在外面听到的，人们都说向西讨伐我们的计划已经制定了，万幼宗又怎么会到这里来呢！"谢晦仍然认为那是谣言，他命令何承天先行起草回答诏书的奏章，建议朝廷最好延期到明年再讨伐北魏。江夏内史程道惠接到一封从寻阳送来的信，信中说"朝廷将有大规模的行动，事情已经确定了"，程道惠派遣辅国府中兵参军乐冏将信封好后送给谢晦。谢晦问何承天道："如果真有不测，你认为我应该怎么做呢？"何承天说："我蒙受将军的特殊照顾，经常想要报答您的恩惠。如今事情已经发生了变化，怎么敢隐瞒真实情况呢！然而，一旦明日下令戒严，动用军法制裁，我心中想要说的话，恐怕就不能够说尽了。"谢晦惊恐地问道："你难道是想让我自杀吗？"何承天说："事情还没有到这个地步。以帝王的威严和全国的力量去攻打一个州，实力大小相差悬殊，民心的逆顺又十分不同。您到国外保全性命，这才是上策。其次，您派心腹将领驻军义阳，将军亲自率领大军与敌人在夏口作战；如果失败了，也可以取道义阳北上出境，这是中策。"谢晦沉默了很长时间才说："荆州是兵家必争之地，兵力和粮草都容易供给，不妨先进行一场决战，打败了再逃跑也不晚啊！"于是，谢晦命令何承天撰写檄文；又与卫军谘议参军琅邪人颜邵谋划起兵反抗，颜邵服毒自杀。

【原文】

晦立幡戒严，谓司马庾登之曰："今当自下，欲屈卿以三千人守城，备御刘粹。"登之曰："下官亲老在都，又素无部众，情计二三，不敢受此旨。"晦仍问诸将佐："战士三千足守城否？"南蛮司马周超

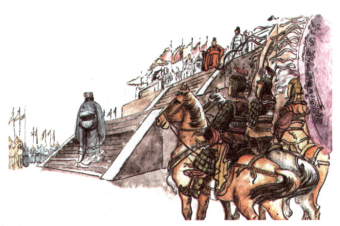
谢晦准备起兵反叛刘宋。

对曰："非徒守城而已，若有外寇，可以立功。"登之因曰："超必能力，下官请解司马、南郡以授之。"晦即于坐命超为司马，领南义阳太守；转登之为长史，南郡如故。登之，蕴之孙也。

帝以王弘、檀道济始不预废弑之谋，弘弟昙首又为帝所亲委，事将发，密使报弘，且召道济，欲使讨晦。王华等皆以为不可，帝曰："道济止于胁从，本非创谋。杀害之事，又所不关。吾抚而使之，必将无虑。"乙丑，道济至建康。

【译文】

谢晦竖起大旗，下令戒严，对司马庾登之说："我现在打算亲自东下出征，打算委屈你率领三千人守卫江陵，防备刘粹。"庾登之说："我的双亲年纪都大了，他们身在建康，而且我又从来没有过直属的部队，我经过慎重考虑，不敢接受这项命令。"谢晦又问其他的将领和佐臣："三千战士足够守城吗？"南蛮司马周超

回答说："三千战士不仅足够守城，如果有外敌入侵，还可以建立战功。"庾登之于是说："周超一定可以胜任，我请求解除司马和南郡太守两个职务转授给他。"谢晦立即就在座位上任命周超为司马，兼领南义阳郡太守。改庾登之为长史，仍然担任南郡太守。庾登之是庾蕴的孙子。

　　宋文帝认为王弘、檀道济在开始时没有参预废弑刘义真、刘义符的阴谋，王弘的弟弟王昙首又被宋文帝所亲近信任，在开始行动之前，刘义隆秘密派人告诉王弘，并且召见檀道济，打算派他去讨伐谢晦。王华等大臣都认为不能这样做，刘义隆说："檀道济当初只是受到胁迫才随从徐羡之等行事的，原本就不是他主动提出的，谋杀的事情，更与他没有关系；我安抚并且任用他，不必有其他的顾虑。"乙丑（十五日），檀道济到达建康。

【原文】

　　丙寅，下诏暴羡之、亮、晦杀营阳、庐陵王之罪，命有司诛之，且曰："晦据有上流，或不即罪，朕当亲帅六师为其过防。可遣中领军到彦之即日电发，征北将军檀道济骆驿继路，符卫军府州，以时收翦，

刘宋文帝杀傅亮，又逮捕诛杀谢晦的亲属。

已命雍州刺史刘粹等断其走伏。罪止元凶，馀无所问。"

　　是日，诏召羡之、亮。羡之行至西明门外，谢曕正直，遣报亮云："殿内有异处分。"亮辞以嫂病暂还，遣信报羡之，羡之还西州，乘内人问讯车出郭，步走至新林，入陶灶中自经死。亮乘车出郭门，乘马奔兄迪墓，屯骑校尉郭泓收之。至广莫门，上遣中书舍人以诏书示亮，并谓曰："以公江陵之诚，当使诸子无恙。"亮读诏书讫，曰："亮受先帝布衣之眷，遂蒙顾托。黜昏立明，社稷之计也。欲加之罪，其无辞乎！"于是诛亮而徙其妻子于建安；诛羡之二子，而宥其兄子佩之。诛晦子世休，收系谢曕。

【译文】

丙寅（十六日），宋文帝下诏公布徐羡之、傅亮、谢晦杀害营阳王刘义符、庐陵王刘义真的罪状，并且命令有关部门逮捕诛杀他们，宋文帝还说："谢晦据守长江上游，或许不会立即伏法，朕将亲自统率大军前往讨伐。可派遣中领军到彦之即日急速出发，征北将军檀道济陆续出发作为后继，符卫军府及荆州官属，应当及时逮捕并诛杀谢晦，已经命令雍州刺史刘粹等切断谢晦逃跑或潜伏的道路。罪犯只限于谢晦一个人，其他胁从者一概不加以追究。"

这天，宋文帝下诏召见徐羡之、傅亮。徐羡之走到西明门外，谢嚼正在当值，派人报告傅亮说："殿内有异常的举动。"傅亮马上借口嫂嫂生病，暂时回家，派人通知徐羡之，徐羡之回到西城，乘坐宫廷内部人出差的车逃出建康城，步行到新林，进入一个烧陶器的窑里自缢身亡。傅亮乘车逃出建康城，又骑马逃到他的兄长傅迪的墓园，屯骑校尉郭泓逮捕了他。到广莫门的时候，宋文帝派中书舍人拿诏书给傅亮看，并且对他说："因为你当初在江陵迎驾时，态度十分诚恳，所以饶恕你的儿子们不死。"傅亮读过诏书说："我本来出身平民，承蒙先帝垂爱，所以承担了托孤的大任。废黜昏君，迎立明主，都是为了朝廷的百年大计打算啊。想要将罪过强加在我身上，难道还怕没有借口吗！"于是，傅亮被杀，他的妻子和儿女都被放逐到建安；又诛杀了徐羡之的两个儿子，而饶恕了他的侄儿徐佩之。又诛杀了谢晦的儿子谢世休，逮捕了谢嚼。

【原文】

帝将讨谢晦，问策于檀道济，对曰："臣昔与晦同从北征，入关十策，晦有其九，才略明练，殆为少敌。然未尝孤军决胜，戎事恐非其长。臣悉晦智，晦悉臣勇。今奉王命以讨之，可未陈而擒也。"丁卯，征王弘为侍中、司徒、录尚书事、扬州刺史，以彭城王义康为都督荆、湘等八州诸军事、荆州刺史。

乐冏复遣使告谢晦以徐、傅及嚼等已诛。晦先举羡之、亮哀，次发子弟凶问，既而自出射堂勒兵。晦从高祖征讨，指麾处分，莫不曲尽其宜，数日间，四远投集，得精兵三万人。乃奉表称羡之、亮等忠贞，横被冤酷。且言："臣等若志欲执权，不专为国，初废营阳，陛下在远，武皇之子尚有童幼，拥以号令，谁敢非之？岂得溯流三千里，虚馆七旬，仰望鸾旗者哉？故庐陵王，于营阳之世积怨犯上，自贻非命。不有所废，将何以兴！耿弇不以贼遗君、父，臣亦何负于宋室邪！此皆王弘、王昙首、王华险躁猜忌，谗构成祸。今当举兵以除君侧之恶。"

【译文】

宋文帝将要讨伐谢晦，他向檀道济询问计策，檀道济回答说："我当年与谢晦一同北伐，当时得以入关的十项计策，其中有九项是谢晦提出来的，谢晦才略精明老练，大概很少有敌手。但是他从来没有单独带领部队打过胜仗，军事恐怕不是他所擅长

参军刘和之劝谢晦速战。

的。我非常了解谢晦的才智，谢晦也了解我的勇敢。如今我奉皇上的命令去讨伐他，可以在他还没有摆开阵势时就将他擒获。"丁卯（十七日），宋文帝召见王弘，任命他为侍中、司徒、录尚书事、扬州刺史，任命彭城王刘义康为都督荆湘等八州诸军事、荆州刺史。

辅国府中兵参军乐同，再次派人报告谢晦，说徐羡之、傅亮、谢嚼等都已经已被杀了。于是，谢晦先为徐羡之、傅亮举行祭礼，接着又为弟弟和儿子发布死讯，然后亲自走出虎帐统率军队。谢晦当年随宋武帝南征北讨，发号施令，指挥调动，没有不切实妥当的，几天的时间里，人们就从四面八方来投奔谢晦，很快就聚集了精兵三万人。于是，谢晦上表盛赞徐羡之、傅亮等都是忠贞之臣，却受到了横暴的冤杀。谢晦又说："我们这些人如果想长久地把握国家大权，不一心一意为朝廷着想，当初在废黜营阳王时，陛下还远在荆州，武皇帝的儿子中还有幼童，我们完全可以拥戴小皇帝，向天下发号施令，谁敢出来反对呢？又怎么会逆流而上三千里，让皇位空虚七十多天，去迎接陛下的鸾旗呢？已故的庐陵王刘义真，当营阳王在位的时候，他就曾经积聚怨恨，冒犯皇上，是他自己死于非命。没有废黜，怎么能够有兴起呢？耿弇不曾把贼寇遗留给君王、父亲，我又哪里辜负了宋家皇室呢？这都是因为王弘、王昙首、王华一伙阴险、狂暴，他们多次进行猜忌和挑拨离间，因此才造成了现在的灾祸。如今，我要发动大军，为陛下清除身边的邪恶之徒。"

【原文】

谢晦自江陵东下，何承天留府不从。晦至江口，到彦之已至彭城洲。庚

登之据巴陵，畏懦不敢进；会霖雨连日，参军刘和之曰："彼此共有雨耳；檀征北寻至，东军方强，唯宜速战。"登之怔忪，使小将陈祐作大囊，贮茅悬于帆樯，云可以焚舰，用火宜须晴，以缓战期。晦然之，停军十五日。乃使中兵参军孔延秀攻将军萧欣于彭城洲，破之。又攻洲口栅，陷之。诸将咸欲退还夏口，到彦之不可。乃保隐圻。晦又上表自讼，且自矜其捷，曰："陛下若枭四凶于庭庭，悬三监于降阙，臣便勒众旋旗，还保所任。"

【译文】

谢晦从江陵东下，何承天留守江陵没有随从。谢晦到达西江口，到彦之的军队已经到达彭城洲。庚登之据守巴陵，畏缩怯懦不敢前进，当时正赶上大雨连绵，下了好几天也没有停，参军刘和之说："我们与敌人都遇到了大雨；征北将军檀道济的大军不久就要到了，官军实力正强，我们应该速战速决。"庚登之仍旧是畏惧不敢战，命令手下的小军官陈祐制造了一个大口袋，装满茅草悬挂在桅杆上，声称可以用来焚毁敌人的战舰。用火攻必须等到天晴，他用这个办法来延缓会战的日期。谢晦同意了庚登之的做法，逗留了十五日。然后才派中兵参军孔延秀进攻驻守在彭城洲的将军萧欣，大败萧欣的军队。又进攻彭城洲口官军的营垒阵地，又大败官军。官军各将领都想撤退据守夏口，到彦之反对他们的建议，于是退保隐圻。谢晦又上疏为自己辩护，并且十分骄傲地倚仗自己在军事上取得的胜利，他说："陛下如果在庭庭把'四凶'斩首，把'三监'的人头悬挂在宫墙上，我就率领军队回转旌旗，返回保卫我的任所。"

【原文】

初，晦与徐羡之、傅亮为自全之计，以为晦据上流，而檀道济镇广陵，各有强兵，足以制朝廷；羡之、亮居中秉权，可得持久。及闻道济帅众来上，惶惧无计。

道济既至，与到彦之军合，牵舰缘岸。晦始见舰数不多，轻之，不即出战。至晚，因风帆上，前后连咽；西人离沮，无复斗心，戊辰，台军至，忌置洲尾，列舰过江，晦军一时皆溃。晦夜出，投巴陵，得小船还江陵。

【译文】

当初，谢晦与徐羡之、傅亮为了保全自己定下了计策：用谢晦把守长江上游，命令檀道济镇守广陵，使他们各自拥有强兵，足以胁制朝廷；徐羡之、傅亮在朝中担任要职、掌握大权，可以维持长久的安定。等到谢晦听说檀道济率领军队来

攻打自己，十分惶恐，束手无策。

檀道济的军队一到隐圻，立即与到彦之的军队汇合，战舰沿岸停泊。谢晦开始时看见战舰不多，就没有放在心上，也不马上发动攻击。到了晚上，因为东风大起，官军船舰的帆篷满张，陆续抵达，前后相连；谢晦军队的士气涣散，军心沮丧，不再有斗志。戊辰（十九日），官军舰队挺进到忌置洲尾，战舰排列着渡过长江，谢晦的军队一触即溃。谢晦在夜里逃走，投奔巴陵，找到一艘小船回到江陵。

【原文】

夏，五月乙未，以檀道济为征南大将军、开府仪同三司、江州刺史，到彦之为南豫州刺史。遣散骑常侍袁渝等十六人分行诸州郡县，观察吏政，访求民隐；又使郡县各言损益。丙午，上临延贤堂听讼，自是每岁三讯。

左仆射王敬弘，性恬淡，有重名；关署文案，初不省读。尝预听讼，上问以疑狱，敬弘不对。上变色，问左右："何故不以讯牒副仆射？"敬弘曰："臣乃得讯牒读之，正自不解。"上甚不悦，虽加礼敬，不复以时务及之。

【译文】

夏季，五月乙未（十七日），宋文帝任命檀道济为征南大将军、开府仪同三司、江州刺史，任命到彦之为南豫州刺史。又派遣散骑常侍袁渝等十六人分别巡察各州郡县，考察官员的政绩，访求民间无处申诉的疾苦；宋文帝又命郡县上疏奏报当地的行政得失。丙午（二十八日），宋文帝亲自到延贤堂听取诉讼，从此以后，宋文帝每年来三次。

左仆射王敬弘，性情恬然，甘于淡泊，声名显著；可是在核定文稿时，他从来不事先审阅。他曾经随同宋文帝听取民间诉讼，宋文帝用一件有疑问的案件询问王敬弘，王敬弘回答不上来。宋文帝脸色大变，问左右侍臣道："你们为什么不将案卷的副本送给左仆射？"王敬弘回答说："我已经看到了案卷的副本，但是我没有看懂。"宋文帝非常不高兴，虽然仍然对他加以礼敬，却不再与他讨论国家大事了。

【原文】

六月，以右卫将军王华为中护军，待中如故。华以王弘辅政，王昙首为上所亲任，与己相埒，自谓力用不尽，每叹息曰："宰相顿有数人，天下何由得治！"是时，宰相无常官，唯人主所与议论政事、委以机密者，皆宰相也，故华有是言。亦有任侍中而不为宰相者；然尚书令、仆，中书监、令，侍中，侍郎，给事中，皆当时要官也。

华与刘湛、王昙首、殷景仁俱为侍中，风力局干，冠冕一时。上尝与四人于合殿宴饮，甚悦。既罢出，上目遂良久，叹曰："此四贤，一时之秀，同管喉脣，恐后世难继也。"

黄门侍郎谢弘微与华等皆上所重，当时号曰五臣。弘微，琰之从孙也。精神端审，时然后言，婢仆之前不妄语笑，由是尊卑大小，敬之若神。从叔混特重之，常曰："微子异不伤物，同不害正，吾无间然。"

【译文】

六月，宋文帝任命右卫将军王华为中护军，同时仍兼任侍中。王华认为司徒王弘是辅助文帝的大臣，侍中王昙首又被皇上信任，他们的地位与自己相当，因此，王华认为自己的才能无法得以完全施展，他经常叹息道："朝中宰相，一时之间多达数人，天下怎么能够治理啊！"当时，朝廷中没有固定的宰相，只要谁与皇帝讨论国家大事，就将国家机要大事交给谁办，谁就是宰相，所以王

王华与刘湛、王昙首、殷景仁为元嘉四贤臣。

华才有这种言论。当时也有任侍中的职务而不是宰相的人；然而，尚书令、仆射、中书监、中书令、侍中、侍郎、给事中等，都是当时重要的官职。

王华与刘湛、王昙首、殷景仁都担任侍中的职务，他们风采出色，精明干练，显耀一时。宋文帝曾与他们四人在合殿宴饮，特别高兴。筵席散后，宋文帝目送他们好久，叹息道："这四位贤才，是一时的俊杰，如同我的喉唇一样重要，恐怕后世很难再出现这样的人了。"

黄门侍郎谢弘微与王华等都得到了宋文帝的重用，当时他与王华、刘湛、王昙首、殷景仁等号称五臣。谢弘微是谢琰的侄孙。他一向端庄严谨，审度时机然后才开口说话，在奴婢仆役面前也从不随便说笑，因此无论尊卑大小，都像对待神明一样恭敬地对待他。他的堂叔谢混对他格外推崇敬重，经常说："谢弘微与别人不同时，他不会伤害别人；与别人相同时，他也不会违背正道，我挑不出他的毛病。"

【原文】

上欲封王昙首、王华等，抚御床曰："此坐非卿兄弟，无复今日。"因出封诏以示之。昙首固辞曰："近日之事，赖陛下英明，罪人斯得。臣等岂可因国之灾以为身幸！"上乃止。

诏殿中将军吉恒聘于魏。

燕太子永卒，立次子翼为太子。

秦王炽磐伐河西，至廉川，遣太子暮末等步骑三万攻西安，不克，又攻番禾。河西王蒙逊发兵御之，且遣使说夏主，使乘虚袭枹罕。夏主遣征南大将军呼卢古将骑二万攻苑川，车骑大将军韦伐将骑三万攻南安。炽磐闻之，引归。九月，徙其境内老弱、畜产于浇河及莫河仍寒川，留左丞相昙达守枹罕。韦伐攻拔南安，获秦秦州刺史翟爽、南安太守李亮。

吐谷浑握逵等帅部众二万落叛秦，奔昴川，附于吐谷浑王慕璝。

大旱，蝗。

【译文】

宋文帝打算封王昙首、王华等人爵位，他抚摸着御座说："这个宝座，如果不是你们，我今天就不可能坐上。"于是，宋文帝就拿出封爵的诏书给他们看。王昙首坚决辞让说："近来发生的事，都是依赖陛下的英明决断，使罪人得到应有的惩罚，我们怎么可以因为国家的灾难而让自己得到好处呢！"宋文帝这才作罢。

宋文帝下诏，派遣殿中将军吉恒出使北魏。

北燕太子冯永去世，文成帝冯跋封次子冯翼为太子。

西秦王乞伏炽磐讨伐北凉，大军抵达廉川，乞伏炽磐派太子乞伏暮末等率领步、骑兵共三万人，进攻西安，没有攻下，于是又转攻番禾。北凉河西王沮渠蒙逊发兵抵御，同时又派遣使者出使夏国游说，请夏国国主赫连昌乘西秦国内空虚之际，袭击枹罕。夏国国主赫连昌派遣征南大将军呼卢古率领两万骑兵进攻西秦的苑川，派遣车骑大将军韦伐率领三万骑兵进攻南安。西秦国王乞伏炽磐听到这个消息后，立即从北凉撤军回国。九月，乞伏炽磐把境内的老弱妇孺和家畜，集中迁徙到浇河郡和莫河的仍寒川，同时命令左丞相乞伏昙达留守京师枹罕。夏国的车骑大将军韦伐率领大军攻陷了南安城，生擒了西秦秦州刺史翟爽和南安太守李亮。

隶属西秦的吐谷浑部落酋长慕容握逵，率领所属的两万多个部落背叛西秦，逃往昴川，归附了吐谷浑可汗慕容慕璝。

天下大旱，发生了蝗灾。

【原文】

左光禄大夫范泰上表曰："妇人有三从之义，无自专之道。谢晦妇女犹在尚方，唯陛下留意。"有诏原之。

秦左丞相昙达与夏呼卢古战于嶵峞山，昙达兵败。十一月，呼卢占、韦伐进攻枹罕。秦王炽磐迁保定连。呼卢占人南城，镇京将军赵寿生率死士三百人力战，却之。呼卢古、韦伐又攻沙州刺史出连虔于湟河，虔遣后将军乞伏万年击败之。又攻西平，执安西将军库洛干，坑战士五千馀人，掠民二万馀户而去。

仇池氏杨兴平求内附。梁、南秦二州刺史吉翰遣始平太守庞谘据武兴。氏王杨玄遣其弟难当将兵拒谘，谘击走之。

【译文】

刘宋左光禄大夫范泰上疏说："女子有三从的大义，却没有自作主张的道理。如今谢晦家的妇女仍然被羁押在尚方作坊里做苦工，恳请陛下考虑一下。"于是，宋文帝下诏赦免了她们。

西秦左丞相乞伏昙达与夏国的征南大将军呼卢古在嶵峞山会战，乞伏昙达兵败。十一月，呼卢古与韦伐合兵进攻西秦都城枹罕。西秦王乞伏炽磐迁都保卫定连。夏国大将呼卢古攻入枹罕南城，西秦镇京将军赵寿生率领敢三百死士奋力抵抗，

左光禄大夫范泰上表刘宋文帝请求赦免谢晦家的女眷。

击退了呼卢古。呼卢古、韦伐又攻打沙州刺史出连虔据守的湟河，出连虔派后将军乞伏万年击退了他们的进攻。呼卢古、韦伐又率军进攻西平，俘获了西秦的安西将军库洛干，活埋了西秦战士五千多人，掠走两万多户居民，然后班师回国。

仇池氏族部落酋长杨兴平请求归附刘宋朝廷。刘宋梁州、南秦州二州刺史吉翰派遣始平太守庞谘进军占据武兴。氏王杨玄派他的弟弟杨难当人马顿对阻击庞谘，被庞谘击退而后逃走。

【原文】

元嘉四年（丁卯，公元 427 年）

春，正月辛巳，帝祀南郊。

乙卯，帝如丹徒；己巳，谒京陵。初，高祖既贵，命藏微时耕具以示子孙。帝至故宫见之，有惭色。近侍或进曰："大舜躬耕历山，伯禹亲事水土。陛下不睹遗物，安知先帝之至德，稼穑之艰难乎！"

丁亥，帝还建康。

庚戌，以廷尉王徽之为交州刺史，征前刺史杜弘文。弘文有疾，自舆就路；或劝之待病愈，弘文曰："吾杖节三世，常欲投躯帝庭，况被征乎！"遂行，卒于广州。弘文，慧度之子也。

【译文】

元嘉四年（丁卯，公元 427 年）

春季，正月辛巳（初七），宋文帝前往都城建康南郊祭祀天神。

乙卯（十一日），宋文帝前往丹徒；己巳（二十五日），宋文帝拜谒京陵。最初，宋武帝在富贵之后，命令将他幼年贫穷微贱时耕田用的农具收藏起来，以展

刘宋文帝拜谒京陵。

示给后代的子孙。宋文帝到达故宫，看到那些耕具后，感到十分惭愧。他身边有侍臣进言说："大舜曾亲自在历山耕田种地，大禹曾经亲自治理水土。陛下不看到这些遗物，怎么能够知道先帝崇高的仁德，又怎么知道耕种的艰难呢！"

丁亥（十四日），宋文帝返回建康。

庚戌（初七），宋文帝任命廷尉王徽之为交州刺史，征召前任交州刺史杜弘文回京。当时杜弘文患有重病，接到命令后，他亲自备车上路；有人劝告他等病痊愈了再上路，杜弘文说："我家祖孙三代镇守边关，平时就渴望到京城去，何况今日皇帝又征召我前往呢！"于是，杜弘文带病上路，走到广州就去世了。杜弘文是杜慧度的儿子。

【原文】

又以抚将军江夏王义恭为都督荆、湘等八州诸军事、荆州刺史，以待中刘湛为南蛮校尉，行府州事。帝与义恭书，诫之曰："天下艰难，家国事重，虽曰守成，实亦未易。隆替安危，在吾曹耳，岂可不感寻王业，大惧负荷！

"汝性褊急，志之所滞，其欲必行，意所不存，从物回改。此最弊事，宜念裁抑。卫表遇士大夫以礼，与小人有恩；西门、安于，矫性齐美；关羽、张飞，任偏同弊。行己举事，深宜鉴此！

"若事异今日，嗣子幼蒙，司徒当周公之事，汝不可不尽祗顺之理。尔时天下安危，决汝二人耳。

"汝一月自用钱不可过三十万，若能省此，益美。西楚府舍，略所谙究，计当不须改作，日求新异。凡讯狱多决当时，难可逆虑，此实为难。至讯日，虚怀博尽，慎无以喜怒加人。能择善者而从之，美自归己；不可专意自决，以矜独断之明也！

"名器深宜慎惜，不可妄以假人。昵近爵赐，尤应裁量。吾于左右虽为少恩，如闻外论不以为非也。

"以贵凌物，物不服；以威加人，人不厌；此易达事耳。

"声乐嬉游，不宜令过；蒲酒渔猎，一切勿为。供用奉身，皆有节度，奇服异器，不宜兴长。

"又宜数引见佐史。相见不数，则彼我不亲；不亲，无因得尽人情；人情不尽，复何由知众事也！"

【译文】

宋文帝又任命抚军将军、江夏王刘义恭为都督荆湘等八州诸军事、荆州刺史，任命侍中刘湛为南蛮校尉，代理府州政务。宋文帝给刘义恭写信，告诫他说："天下时事十分艰难，家事国事关系重大，虽然说是继承并保住已有的基业，实际上却并不容易。国家的兴隆更替、安定危覆都在我们身上，怎么可以不感到王业艰难而寻求治国之道，从而对自己肩负的重任感到惶恐不安呢！

"你的性情急躁偏激，心中想什么，就不顾一切地去做；有时你的心里并没有某些愿望，只是受外界引诱而产生欲望。这是最容易招致祸端的，你应当时常提醒自己，尽力克制。卫青对待士大夫礼貌谦恭，对小人也有恩惠；西门豹性情刚直急躁，常佩带熟皮带，董安于性情宽容，做事缓慢，常佩带弓弦，他们都是为了警示自己，以此来矫正自己的性情，因此他们的美名一齐得到了后世的传颂。

关羽、张飞却不是这样，他们二人的性格都任性偏激，各趋极端。你待己处事，要深刻体会古人的行为，以此作为自己的借鉴啊！

"倘若有一天朝中发生不测，我的儿子年纪还小，身为司徒的刘义康必定要担负起周公的责任，你也不可不尽到恭敬辅助的道义。到那时，国家的安危就都取决于你们二人了。

"你每月的私人开支不能超过三十万，倘若还能再节省些，那就更好了。荆州的府舍，我大概了解了一些，估计还不用重新改建，去追求什么新异。凡是讯案断狱，大多要当时裁决，很难事先就考虑周全，这的确是一件很不容易的事。在审讯时，你一定要虚心听取各方面的陈述，千万要谨慎，不可以把自己的喜怒强加于人。平时做事，能选择好的并且坚持下去，自己就会获得好的声誉。千万不可以一意孤行，以此来炫耀自己的独断和英明啊！

"名分一定要谨慎珍惜，不可以随便赏给别人；对亲近的人封赐爵位，更应当谨慎考虑定夺。我对于身边的人，虽然很少有特别的恩惠，但是如果听到外面有人议论我，我也并不认为他们说得不对。

"凭权势欺凌别人，别人就不会信服；用威望统辖别人，别人就不会满意，这是非常明显的事。

"声色犬马、嬉戏游乐都不能过分。饮酒赌博、捕鱼狩猎，这一切都不要去做。日常用品、衣服饮食，都应当有节制。至于新奇的服饰和器物，不应鼓励制作。

"你还应该多接见府中的官员。召见的次数少了，就会彼此不亲近；彼此不亲近，你就没有办法知道官员们的感情；不了解他们的感情，又从哪里知道民间的具体情况呢！"

【原文】

辛酉，以长沙王义欣为豫州刺史，镇寿阳。寿阳土荒民散，城郭颓败，盗贼公行。义欣随宜经理，境内安业，道不拾遗，城府完实，遂为盛籓。芍陂久废，义欣修治堤防，引河水入陂，溉田万馀顷，无复旱灾。

【译文】

辛酉（初九），宋文帝任命长沙王刘义欣为豫州刺史，镇守寿阳。寿阳土地荒芜，百姓流散，城垣破旧坍塌，盗贼公开作案。刘义欣根据具体情况，采取适当措施治理寿阳，使得寿阳境内的百姓安居乐业，路不拾遗，城池坚固，粮仓充实，于是成为了强盛的藩镇势力。芍陂也早已经破旧了，刘义欣修整治理堤防，引肥河水入陂，灌溉农田一万多顷，从此没有再出现过旱灾。

齐纪

魏迁洛阳

【原文】

世祖武皇帝下永明十一年（癸酉，公元 493 年）

魏主以平城地寒，六月雨雪，风沙常起，将迁都洛阳；恐群臣不从，乃议大举伐齐，欲以胁众。斋于明堂左个，使太常卿王谌筮之，遇《革》，帝曰："'汤、武革命，应乎天而顺乎人。'吉孰大焉！"群臣莫敢言。尚书任城王澄曰："陛下奕叶重光，帝有中土；今出师以征未服，而得汤、武革命之象，未为全吉也。"帝厉声曰："繇云：'大人虎变'，何言不吉！"澄曰："陛下龙兴已久，何得今乃虎变？"帝作色曰："社稷我之社稷，任城欲沮众邪？"澄曰："社稷虽为陛下之有，臣为社稷之臣，安可知危而不言！"帝久之乃解，曰："各言其志，夫亦何伤！"

【译文】

齐武帝永明十一年（癸酉，公元 493 年）

魏孝文帝因为平城气候寒冷，夏季六月都会下雪，又经常有风沙，因此想要迁都洛阳；但他又担心群臣不愿意，于是，商议大规模进攻南齐，想以这种名义胁迫众人。孝文帝在明堂南厢的东头大厅斋戒之后，让太常卿王谌占卜，得《革》卦，孝文帝说："'商汤讨伐夏，周武王讨伐商，是适应上天之命，顺应百姓之心的。'没有比这更吉祥的了！"群臣不敢说话。尚书、任城王拓跋澄说："陛下继承几代累积下来的大业，并使之发扬光大，在中原称帝；如今却要出兵征伐还未臣服的对象，在这时得到了商汤王和周武王变革成功的迹象，恐怕这并不全是吉利。"孝文帝厉声说："繇辞说：'身居高位的人行动就像老虎身上的斑纹那样变化莫测'，你为什么要说这不吉利呢？"拓跋澄答道："陛下作为飞龙兴起已经很久了，怎么今天又要实施如虎一般的变革呢？"孝文帝怒道："国家是我的国家，任城王是想阻止我发兵吗？"拓跋澄说："国家虽然是陛下所有，而我是国家的臣属，怎么可以明知危险而不说呢！"过了很久皇帝才平息怒气，说："不过是各自表明自己的心意而已，这又有什么关系！"

【原文】

既还宫，召澄入见，逆谓之曰："向者《革》卦，今当更与卿论之。明堂之忿，恐人人竞言，沮我大计，故以声色怖文武耳。想识朕意。"因屏人谓澄曰："今日之举，诚为不易。但国家兴自朔土，徙居平城；此乃用武之地，非可文治。今将移风易俗，其道诚难，朕欲因此迁宅中原，卿以为何如？"澄曰："陛下欲卜宅中土以经略四海，此周、汉之所以兴隆也。"帝曰："北人习常恋故，必将惊扰，奈何？"澄曰："非常之事，故非常

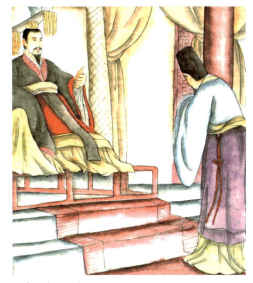

魏孝文帝召见拓跋澄。

人之所及。陛下断自圣心，彼亦何所能为！"帝曰；"任城，吾之子房也！"

【译文】

孝文帝回宫，立刻召见拓跋澄，迎上前去对他说："刚才说的《革》卦，现在和你再重新探讨一下。明堂上我之所以发怒，是因为害怕大家争先恐后地说话，阻挠我的大计，所以，我故意疾言厉色以吓唬那些文武官员罢了。想必你能了解我的心意。"孝文帝让随从退下，对拓跋澄说："今天我所要做的这件事确实很不容易。但我们国家是在北方疆土上兴起的，后来迁都到平城；平城是适合打仗的地方，不适合推行文治。如今我打算进行改变风俗习惯的重大变革，这条路实在艰难，朕因此想迁都中原，你有什么看法？"拓跋澄说："陛下想迁都中原，用以扩大疆土，征服四海，这一想法正是以前周王朝和汉王朝兴盛不衰的原因。"孝文帝说："北方人习惯留恋于旧有的生活方式，知道要迁都之后必定惊恐骚动起来，你说怎么办？"拓跋澄说："不平凡的事，本身就不是平凡的人所能做得了的。陛下的决断，是出自您圣明的内心，反对的人又能做什么呢！"孝文帝说："任城王真是我的张子房啊！"

【原文】

六月丙戌，命作河桥，欲以济师。秘书监卢渊上表，以为："前代承平之主，未尝亲御六军，决胜行陈之间；岂非胜之不足为武，不胜有亏威望乎！昔魏

武以弊卒一万破袁绍,谢玄以步兵三千摧苻秦,胜负之变,决于须臾,不在众寡也。"诏报曰:"承平之主,所以不亲戎事,或以同轨无敌,或以懦劣偷安。今谓之同轨则未然,比之懦劣则可耻,必若王者不当亲戎,则先王制革辂,何所施也?魏武之胜,盖由仗顺;苻氏之败,亦由失政;岂寡必能胜众,弱必能制强邪!"丁未,魏主讲武,命尚书李冲典武选。

【译文】

六月丙戌(初七),北魏孝文帝下令在黄河上修筑大桥,准备让南下的大军由桥上渡过黄河。秘书监卢渊上书,认为:"以前太平时代的君主,没有亲自统率大规模军队作战,在双方阵地前决一胜负的,还不是因为胜利了并不足以显示勇敢,失败了则会使自己的威望受到损失吗!以前魏武帝曹操统率一万名疲惫不堪的士卒打败了袁绍,谢玄率领三千名步兵摧毁了苻坚的大军,胜利与失败的变化,往往就在转眼的工夫,而不在于人数多少。"孝文帝下诏回答说:"太平时代的君主,之所以不亲自统率军队作战,有的是因为天下已经统一,没有了敌人;有的是因为懦弱卑怯,只图眼前的安逸。现在说天下已经统一,其实不是这样;与懦弱卑劣的人相比,又是十分可耻的。如果太平时期的君主一定不应当亲自统率军队作战,那么,古代的君王特别制造的战斗时使用的革车,又有什么用呢?曹操所以取得胜利,是因为他依仗名正言顺;苻坚之所以失败,其根源也是由于他失德无道。怎么能说人数少就一定能战胜人数多,力量弱就一定能战胜力量强的呢!"丁未(二十八日),孝文帝讲论武事,命令尚书李冲负责选拔将官。

【原文】

戊辰,魏主济河;庚午,至洛阳;壬申,诣故太学观《石经》。

魏主自发平城至洛阳,霖雨不止。丙子,诏诸军前发。丁丑,帝戎服,执鞭乘马而出。群臣稽颡于马前。帝曰:"庙算已定,大军将进,诸公更欲何云?"尚书李冲等曰:"今者之举,天下所不愿,唯陛下欲之;臣不知陛下独行,竟何之也!臣等有其意而无其辞,敢以死请!"帝大怒曰:"吾方经营天下,期于混壹,而卿等儒生,屡疑大计;斧钺有常,卿勿复言!"策马将出,于是安定王休等并殷勤泣谏。帝乃谕群臣曰:"今者兴发不小,动而无成,何以示后!朕世居幽朔,欲南迁中土;苟不南伐,当迁都于此,王公以为何如?欲迁者左,不欲者右。"

南安王桢进曰:"'成大功者不谋于众。'今陛下苟辍南伐之谋,迁都洛邑,此臣等之愿，苍生之幸也。"群臣皆呼万岁。时旧人虽不愿内徙，而惮于南伐，无敢言者；遂定迁都之计。

【译文】

戊辰（二十日），孝文帝渡过黄河；庚午（二十二日）抵达洛阳。壬申（二十四日），又前往以前的太学观看《石经》。

孝文帝自平城出发抵达洛阳，天一直下雨，没有停过。丙子（二十八日），诏令

魏孝文帝渡过黄河，抵达洛阳。

各路大军继续进发。丁丑（二十九日），孝文帝穿着战袍，手持马鞭，骑马出发。群臣聚集在他的马前拦住马头，不断叩拜。孝文帝说："朝廷的大计已定，大军就要出发，诸公还想说什么？"尚书李冲等人说："陛下现在的行动，天下人都不愿意，只有陛下一个人想这样做。臣不知陛下您一个人走，将要到什么地方去？我们有一心报国效忠皇上的心愿，却无法表达出来，只有以死相劝。"孝文帝大怒，说："我现在正要征服外邦，希望有朝一日可以完成统一大业，而你们这些儒生，屡屡怀疑我的重大决策；斧钺不饶人，你不要再多说什么了！"说完，策马要走，这时安定王拓跋休等都流泪劝谏孝文帝放弃出征。孝文帝于是对群臣说："这一次，我们出动军队的规模不小，最后如果取消征伐，将来拿什么让后人看？朕世代居住在遥远的北方，想要南迁到中原；如果不南征，那么，我们就应该把京都迁到这里，各位王公以为如何？同意迁都的站在左面，不同意迁都的站到右面。"

南安王拓跋桢上奏说："'建立大功勋的人不征求大家的意见。'如今陛下如果能停止南征，迁都洛阳，这正是我们所希望的，也是百姓的幸运。"群臣都高呼万岁。当时，鲜卑人虽然不愿意向南迁移，但是又害怕向南征伐，所以，也就没有敢出来反对的；于是孝文帝就定下迁都之策。

【原文】

李冲言于上曰："陛下将定鼎洛邑，宗庙宫室，非可马上游行以待之。愿陛下暂还代都，俟群臣经营毕功，然后备文物、鸣和鸾而临之。"帝曰："朕

将巡省州郡，至邺小停，
春首即还，未宜归北。"
乃遣任城王澄还平城，
谕留司百官以迁都之
事，曰："今日真所谓
革也。王其勉之！"

李冲建议孝文帝暂回平城，待新都营建完毕再莅临迁入。

【译文】

李冲对孝文帝说：
"陛下将迁都洛阳，可是，
皇家祖庙和皇宫、府宅，
并非立刻可以建成，我们不能只骑在马上走来走去，等待它们建成。希望陛下暂回
平城，待群臣将都城营造完毕，陛下再备齐仪仗，在銮铃声中莅临新的京都。"孝
文帝说："朕要到各个州郡巡查，在邺城稍作停留，初春就会回洛阳，而不应该先
回北方。"于是，派遣任城王拓跋澄回平城，向留守在那里的官员们宣布迁都的事宜，
对任城王说："如今才是《革》卦上真正的'革'了，任城王要好好努力！"

【原文】

帝以群臣意多异同，谓卫尉卿、镇南将军于烈曰："卿意如何？"烈曰："陛
下圣略渊远，非愚浅所测。若隐心而言，乐迁之与恋旧，适中半耳。"帝曰：
"卿既不唱异，即是肯同，深感不言之益。"使还镇平城，曰："留台庶政，
一以相委。"

【译文】

由于文武官员的意见不一致，孝文帝就对卫尉卿、镇南将军于烈说："你觉得
迁都之事如何？"丁烈回答说："陛下圣明的谋略，是为了国家长远的利益，不是
愚笨和浅陋之辈可以猜测得知的。但如果推测一下大家的心意，愿意迁都的人和
依恋故土的人，各占一半吧。"孝文帝说："你既然没有公开说自己反对，那就是
表示认同了，我深感念你不说话的好处。"于是，派于烈回平城镇守，说："留守
在朝廷里的一切事情，全都托付给你了。"

【原文】

冬，十月戊寅朔，魏主如金墉城，征穆亮，使与尚书李冲、将作大匠董

132

尔经营洛都。己卯，如河南城；乙酉，如豫州；癸巳，舍于石济。乙未，魏解严，设坛于滑台城东，告行庙以迁都之意。大赦。起滑台宫。任城王澄至平城，众始闻迁都，莫不惊骇。澄援引古今，徐以晓之，众乃开伏。澄还报于滑台。魏主喜曰："非任城，朕事不成。"

【译文】

冬季，十月戊寅朔（初一），孝文帝到金墉城，召回穆亮，让他与尚书李冲、将作大匠董尔一起负责营造洛都。己卯（初二），前往河南城。乙酉（初八），前往豫州。癸巳（十六日），在石济住宿。乙未（十八日），下令北魏境内解除戒严，在滑台城东设祭坛，孝文帝将迁都之意禀报行庙。大赦天下。修建滑台宫。任城王拓跋澄回到平城，大家刚听说迁都的事时，没有不感到震惊的。拓跋澄引古论今，慢慢开导大家，让大家明白这样做的好处，最终，大家接受了这件事。拓跋澄回到滑台向孝文帝汇报了这一情况。孝文帝高兴地说："没有任城王，朕迁都之事就办不成。"

【原文】

癸卯，魏主如邺城。王肃见魏主于邺，陈伐齐之策。魏主与之言，不觉促席移晷。自是器遇日隆，亲旧贵臣莫能间也。魏主或屏左右与肃语，至夜分不罢，自谓君臣相得之晚。寻除辅国将军、大将军长史。时魏主方议兴礼乐，变华风，凡威仪文物，多肃所定。

乙巳，魏主遣安定王休帅从官迎家于平城。

【译文】

癸卯（二十六日），孝文帝前往邺城。王肃在邺城觐见孝文帝，向他陈奏讨伐南齐的策略。孝文帝和他谈话，不知不觉地把自己的座位往前移，时间过去了很久。从那以后，孝文帝越来越器重王肃，对他的礼遇也越来越隆厚，无论是亲信故旧，还是重臣，都无法离间这君臣二人之间的关系。孝文帝有时屏退左右，单独和王肃交谈，到半夜还不停，自称君臣相见太晚了。不久，孝文帝任命王肃为辅国将军、大将军长史。这时，孝文帝正打算推广使用礼仪和雅乐，将鲜卑人传统的风俗习惯变成和汉人的一样，所以，只要是展示帝王威严仪容的文物制度，大多都是王肃制定。

乙巳（二十八日），孝文帝派安定王拓跋休率领侍从官员，到平城迎接眷属。

【原文】

建武元年（甲戌，公元 494 年）

戊申，魏主亲告太庙，使高阳王雍、于烈奉迁神主于洛阳；辛亥，发平城。

己巳，魏主如信都。庚午，诏曰："比闻缘边之蛮，多窃掠南土，使父子乖离，室家分绝。朕方荡壹区宇，子育万姓，若苟如此，南人岂知朝德哉！可诏荆、郢、东荆三州，禁勒蛮民，勿有侵暴。"

【译文】

建武元年（甲戌，公元 494 年）

戊申（初七），孝文帝亲自告祭太庙，派高阳王拓跋雍和于烈负责将祖宗牌位护送到洛阳。辛亥（初十），自平城出发迁都洛阳。

己巳（二十八日），孝文帝抵达信都。庚午（二十九日），发布诏令说："近来听说边境上的蛮人，经常抢劫掠夺南方人，使他们父子相离，家庭破碎。朕正要统一天下，像对儿女一样安抚百姓，如果这样的话，南方人怎么能知道我魏朝的仁德呢！所以，应该诏令荆州、郢州、东荆州三个地方，要对那些蛮民们严加禁止，不许再有强暴掠夺的行为。"

【原文】

魏主至洛阳，欲澄清流品，以尚书崔亮兼吏部郎。

魏主欲变易旧风，壬寅，诏禁士民胡服。国人多不悦。

【译文】

孝文帝到达洛阳，他想效法南朝的门阀品第，让尚书崔亮兼任吏部郎。

孝文帝想改革鲜卑族的旧风俗，壬寅（初二），发布诏令，禁止士大夫与民众穿胡服。鲜卑族人大多不乐意。

魏主孝文帝想改革胡服。

【原文】

已亥，魏主济淮；二月，至寿阳，众号三十万，铁骑弥望。甲辰，魏主登八公山，赋诗。道遇甚雨，命去盖；见军士病者，亲抚慰之。

【译文】

已亥（二十九日），孝文帝率大军渡过淮河；二月，抵达寿阳，号称三十万大军，铁甲骑兵一眼望不到头。甲辰（初五），孝文帝登上八公山，乘兴作诗。途中突然遇到大雨，孝文帝命令去掉自己的伞盖；他看到军中有生病的士兵，亲自去安抚慰问他们。

【原文】

癸未，魏主还洛阳，告于太庙。甲申，减冗官之禄以助军国之用。乙酉，行饮至之礼。班赏有差。

甲午，魏太子冠于庙。魏主欲变北俗，引见群臣，谓曰："卿等欲朕远追商、周，为欲不及汉、晋邪？"咸阳王禧对曰："群臣愿陛下度越前王耳。"帝曰：

孝文帝在太庙中向祖先祭拜。

"然则当变风易俗，当因循守故邪？"对曰："愿圣政日新。"帝曰："为止于一身，为欲传之子孙邪？"对曰："愿传之百世。"帝曰："然则必当改作，卿等不得违也。"对曰："上令下从，其谁敢违！"帝曰："夫'名不正，言不顺，则礼乐不可兴。'今欲断诸北语，一从正音。其年三十已上，习性已久，容不可猝革。三十已下，见在朝廷之人，语音不听仍旧；若有故为，当加降黜。各宜深戒！王公卿士以为然不？"对曰："实如圣旨。"帝曰："朕尝与李冲论此，冲曰：'四方之语，竟知谁是；帝者言之，即为正矣。'冲之此言，其罪当死！"因顾冲曰："卿负社稷，当令御史牵下！"冲免冠顿首谢。又责留守之官曰："昨望见妇女犹服夹领小袖，卿等何为不遵前诏！"皆谢罪。帝曰："朕言非是，卿等当庭争。如何入则顺旨，退则不从乎！"六月己亥，下诏："不得为北俗之语于朝廷。违者免所居官。"

【译文】

癸未（十五日），孝文帝回到洛阳，在太庙中向祖先祭拜。甲申（十六日），孝文帝诏令消减多余官员的俸禄用来补充军队的费用。乙酉（十七日），孝文帝在太庙举行饮酒仪式，对南伐有功的人论功行赏。

北魏有关官吏上奏广川王妃移灵与广川王合葬一事。

甲午（二十六日），皇太子在太庙举行加冠仪式。孝文帝想改变鲜卑人的风俗，于是召见文武群臣，问道："各位希望朕远比商、周呢，还是想让朕连汉、晋都不如？"咸阳王拓跋禧回答说："群臣愿陛下能超越前王。"孝文帝说："那么我们应当移风易俗呢，还是因循守旧呢？"拔跋禧再回答："愿陛下移风易俗，圣政日新。"孝文帝问："朝廷基业是要只愿自身实行呢，还是希望传之于子孙后代呢？"答道："愿传之百世。"于是，孝文帝说道："那么一定要加以变革，你们不得有违朝廷颁布的法度。"答道："朝廷颁布政令，臣服从遵行，有谁敢违抗呢？"孝文帝说："古语说'名不正，言不顺，礼乐制度也建立不了。'现今朕想要禁止说鲜卑语，全部改说汉话。年龄在三十岁以上的，由于习性已久，可以不必立刻改变。年龄在三十岁以下、现在朝廷为官的，不许再说鲜卑语；如果有谁故意不改，就降职免官。各位请严加自戒。王公卿士们以为怎么样？"拓跋禧答道："遵从圣旨。"孝文帝接着说："朕曾与李冲讨论过这件事，李冲说：'四方之人，言语不同，所以不知道谁的是正确的；陛下用哪种语言，哪种就是标准。'李冲此话，其罪行应该处死。"因此看着李冲说："你辜负了社稷，应当命令御史把你牵下去。"李冲脱帽，磕头谢罪。孝文帝又责备出巡时留守洛阳的官员们说："昨天，朕看见妇人有的仍然穿着夹领小袖的鲜卑服装，你们为什么不遵行朕之前的诏令呢？"众官员都磕头谢罪。孝文帝说："如果朕讲的不对，你们可以当庭争辩，但为什么上朝则顺从朕旨，退朝后就不肯遵行呢？"六月己亥（初二），孝文帝下令："在朝廷中不得讲鲜卑语，违背者免去所任官职。"

梁纪

侯景之乱

【原文】

中大同元年（丙寅，公元546年）

东魏司徒、河南大将军、大行台侯景，右足偏短，弓马非其长，而多谋算。诸将高敖曹、彭乐等皆勇冠一时，景常轻之，曰："此属皆如豕突，势何所至！"景尝言于丞相欢："愿得兵三万，横行天下，要须济江缚取萧衍老公，以为太平寺主。"欢使将兵十万，专制河南，杖任若己之半体。

【译文】

中大同元年（丙寅，公元546年）

东魏司徒、河南大将军、大行台侯景，右足偏短，不擅长骑射，但富于谋略。高敖曹、彭乐等都是当时最勇猛的名将，侯景常常看不起他们，对人说："这些家伙就像猪一样东奔西跑，能做出什么事来！"他对丞相高欢说："我愿率领三万人马，横扫天下，必定能渡过长江把萧衍那老家伙绑来，让他来做太平寺的寺主。"高欢派他带领十万兵马，管理黄河以南地区，很信任他，就像是自己的半个身体一样。

侯景向高欢请求带兵横扫天下。

【原文】

景素轻高澄，尝谓司马子如曰："高王在，吾不敢有异；王没，吾不能与鲜卑小儿共事！"子如掩其口。及欢疾笃，澄诈为欢书以召景。先是，景与欢约曰："今握兵在远，人易为诈，所赐书皆请加微点。"欢从之。景得书无点，辞不至；又闻欢疾笃，用其行台郎颍川王伟计，遂拥兵自固。

【译文】

侯景一贯看不起高澄，他曾经对司马子如说："高王在世的时候，我不敢存有异心；如果高王过世了，我不能和那个鲜卑小子共事！"司马子如立刻捂上他的嘴。到了高欢病重的时候，高澄假借高欢的名义拿书信召侯景前来。以前，侯景和高欢约定："我在外带兵，有人会轻易假传信息，以后凡是您赐给我的书信都请加上一个小点。"高欢答应了。这次，侯景拿到了高欢的书信，可信上没有点，侯景知道有诈，便推托没有去；后来他又听说高欢病重，于是采用行台郎颍川人王伟的计策，决定拥兵自重，巩固自己的势力。

【原文】

欢谓澄曰："我虽病，汝面更有馀忧，何也？"澄未及对，欢曰："岂非忧侯景叛邪？"对曰："然。"欢曰："景专制河南，十四年矣，常有飞扬跋扈之志，顾我能畜养，非汝所能驾御也。今四方未定，勿遽发哀。库狄干鲜卑老公，斛律金敕勒老公，并性遒直，终不负汝。可朱浑道元、刘丰生，远来投我，必无异心。潘相乐本作道人，心和厚，汝兄弟当得其力。韩轨少戆，宜宽借之。彭乐心腹难得，宜防护之。堪敌侯景者，唯有慕容绍宗，我故不贵之，留以遗汝。"又曰："段孝先忠亮仁厚，智勇兼备，亲戚之中，唯有此子，军旅大事，宜共筹之。"又曰："邙山之战，吾不用陈元康之言，留患遗汝，死不瞑目。"相乐，广宁人也。

【译文】

高欢对高澄说："虽然是我病了，你的脸上却有另外的忧虑，这是为什么？"高澄还没来得及回答，高欢又说："是不是担心侯景反叛啊？"高澄回答说："是的。"高欢又说："侯景专制河南有十四年了，他一直有飞扬跋扈、夺取天下的想法。只有我能驾驭他，你驾驭不了他。现在，天下还没有安定，如果我死了，不要马上发丧。库狄干这位鲜卑老人，斛律金这位敕勒老人，他们俩都是刚强正直的人，终不会对你负心的。可朱浑道元、刘丰生他们俩远道投奔我，一定没有背离我们的想法。潘相乐原本是个道人，心地和善厚道，你们兄弟会得到他的帮助的。韩轨有点鲁莽，你们应该待他宽容些。彭乐的内心很难推测，应该提防他。所有人中，能够对抗侯景的，只有慕容绍宗一人。我故意不让他得到富贵，就是要把他留下给你。"高欢接着又说："段孝先这个人忠实正直、仁慈厚道，既有勇又有谋，在所有内外戚中，只有这个人，军国大事要多跟他商量。"高欢又说道："邙山战役，我没有采纳陈元康的忠告，给你留下了隐患，我死不瞑目。"潘相乐是广宁人。

【原文】

丙午，东魏勃海献武王欢卒。欢性深密，终日俨然，人不能测，机权之际，变化若神。制驭军旅，法令严肃。听断明察，不可欺犯。擢人受任，在于得才，苟其所堪，无问厮养，有虚声无实者，皆不任用。雅尚俭素，刀剑鞍勒无金玉之饰。少能剧饮，自当大任，不过三爵。知人好士，全护勋旧；每获敌国尽节之臣，多不之罪。由是文武乐为之用。世子澄秘不发丧，唯行台左丞陈元康知之。

【译文】

丙午（初八），东魏勃海献武王高欢去世。高欢性格深沉慎密，整日一副庄重严肃的样子，谁也猜不透他内心想些什么，在掌握机会和权变的时候，他能千变万化，如有神助。在治理军队方面，又能做到严格执法。他听取和断决事情，能做到明察秋毫，谁也欺骗不了他。在选拔人才，提升任用官员时，注重其才能，如果能担当此任，不注重他的身份，那些徒有虚名而无实际能力的，都不被任用。高欢平时喜好节俭朴素，所用的刀、剑、马鞍以及缰绳都没用金银玉器装饰。他年轻时能饮酒，自担当大任之后，饮酒从不超过三杯。他了解下属，喜欢人才，极力保护有功勋的人及其老部下；每次打仗俘获到对方那些为本国尽忠尽节的大臣，大多不处罚他们。由于这样，文武百官都乐意被他使用。长子高澄封锁了高欢去世的消息，秘不发丧，只有行台左丞陈元康知道这件事。

【原文】

侯景自念己与高氏有隙，内不自安。辛亥，据河南叛，归于魏，颍州刺史司马世云以城应之。景诱执豫州刺史高元成、襄州刺史李密、广州刺史怀朔暴显等。遣军士二百人载仗暮入西兖州，欲袭取之，刺史邢子才觉之，掩捕，尽获之，因散檄东方诸州，各为之备，由是景不能取。

侯景归降西魏。

【译文】

侯景想到自己和高氏有隔阂，内心感到不安。辛亥（十三日），侯景在河南叛变，归降西魏，颍州刺史司马世云带领全城百姓开城响应他。侯景引诱并捉住了豫州刺史高元成、襄州刺史李密、广州刺史怀朔暴显等人。又派二百军士用战车载着武器，趁黄昏时分进入了西兖州，想要偷袭夺取此地。西兖州刺史邢子才发觉了侯景的阴谋，趁敌人不备，将侯景派来的人马全部拿获，于是邢子才发檄文给东方各个州，这些州各自做好防备，因此侯景未能夺取这些地方。

【原文】

魏以开府仪同三司若干惠为司空，侯景为太傅、河南道行台、上谷公。

庚辰，景又遣其行台郎中丁和来，上表言："臣与高澄有隙，请举函谷以东，瑕丘以西，豫、广、郢、荆、襄、兖、南兖、济、东豫、洛、阳、北荆、北扬等十三州内附，惟青、徐数州，仅须折简。且黄河以南，皆臣所职，易同反掌。若齐、宋一平，徐事燕、赵。"上召群臣廷议。

尚书仆射谢举等皆曰："顷岁与魏通和，边境无事，今纳其叛臣，窃谓非宜。"上曰："虽然，得景则塞北可清；机会难得，岂宜胶柱！"

【译文】

西魏任命开府仪同三司若干惠为司空，侯景为太傅、河南道行台、上谷公。

庚辰，侯景又派行台郎中丁和到梁朝，上表说："臣与高澄之间有隔阂，请让我率领函谷关以东，瑕丘以西，包括豫州、广州、郢州、荆州、襄州、兖州、南兖州、济州、东豫州、洛州、阳州、北荆州、北扬州等十三个州来归附，而青州、徐州等几个州，我只要写封信就可以招降。况且黄河以南，都是臣管辖的范围，想得到那里易如反掌。如果齐、宋平定了，就可以慢慢收复燕、赵之地了。"梁武帝召集大臣来朝廷商议此事。

尚书仆射谢举等人都说："近年来，我们和魏友好往来，边境地区平安无事，如今如果收留魏的叛臣，我们私下都认为不太妥当。"梁武帝回答说："尽管如此，如果得到侯景的话，北方就可平定；机会难得，怎么能胶柱鼓瑟而不知变通呢。"

【原文】

是岁，正月乙卯，上梦中原牧守皆以其地来降，举朝称庆。旦，见中书舍人朱异，告之，且曰："吾为人少梦，若有梦必实。"异曰："此乃宇宙混壹之兆也。"及丁和至，称景定计以正月乙卯，上愈神之。然意犹未决，尝独言："我国家如金瓯，无一伤缺，今忽受景地，讵是事宜？脱致纷纭，悔之何及？"朱异揣知上意，对曰："圣明御宇，南北归仰，正以事无机会，未达其心。今侯景分魏土之半以来，自非天诱其衷，人赞其谋，何以至此！若拒而不内，恐绝后来之望。此诚易见，愿陛下无疑。"上乃定议纳景。

【译文】

这一年，正月乙卯（十七日），梁武帝梦见中原地区的牧守都来献地归降，举朝上下一片欢庆。第二天早晨起来，梁武帝见到中书舍人朱异，便把做梦的事告诉了他，说："我很少做梦，但如果做了梦，梦中的事一定会应验。"朱异说："这是天下统一的预兆。"等到丁和到来，说侯景定下计策要在正月乙卯（十七日）这天行动，梁武帝更加感觉这个梦神奇了。但他仍犹豫不能决定下来，他曾自言自语说："我的国家如金瓯一样，无一处伤缺，现在忽然接纳侯景送来的土地，难道是合乎事理的吗？倘若因此引起混乱，后悔怎么来得及呢？"朱异揣测到了梁武帝的心思，对梁武帝说："陛下圣明，君临天下，南北方的人都仰慕、归心于您，只是没有合适的时机侍奉您，所以其心意一直没有实现。如今侯景带着东魏一半的土地前来归附您，如果不是上天引导他的心，又有人从旁协助的话，怎么会走到这一步呢！如果拒绝侯景，不收留他，恐怕会堵绝以后来归降的人的希望。这些实在是显而易见的，希望陛下您不要怀疑。"梁武帝于是决定接纳侯景。

【原文】

壬午，以景为大将军，封河南王，都督河南、北诸军事、大行台，承制如邓禹故事。平西谘议参军周弘正，善占候，前此谓人曰："国家数年后当有兵起。"及闻纳景，曰："乱阶在此矣！"

【译文】

壬午，梁武帝任命侯景为大将军，封河南王，让他担任都督河南、河北诸军事以及大行台之职，授权他可以如后汉的邓禹那样秉承皇帝的旨意发号施令。平西谘议参军周弘正擅长观察天象变化预测吉凶，在侯景投奔梁朝之前他曾对人说："国家几年之后会有兵戈之乱。"等他听说梁武帝接纳了侯景，说道："祸乱原因就在这里了。"

【原文】

高澄遣武卫将军元柱等将数万众昼夜兼行以袭侯景，遇景于颍川北，柱等大败。景以羊鸦仁等军犹未至，乃退保颍川。

韩轨等围侯景于颍川。景惧，割东荆、北兖州、鲁阳、长社四城赂魏以求救。尚书左仆射于谨曰："景少习兵，奸诈难测，不如厚其爵位以观其变，未可遣兵也。"荆州刺史王思政以为："若不因机进取，后悔无及。"即以荆州步骑万馀从鲁阳关向阳翟。丞相泰闻之，加景大将军兼尚书令，遣太尉李弼、仪同三司赵贵将兵一万赴颍川。

【译文】

东魏高澄派武卫将军元柱等率领数万人马日夜兼程去袭击侯景，在颍川北面与侯景相遇，元柱军大败。侯景因为羊鸦仁等人的人马还没有赶到，便退守颍川。

韩轨的人马把侯景包围在颍川。侯景害怕了，便把东荆、北兖州、鲁阳、长社四座城割让给西魏用此来贿赂西魏，以便取得它的援救。西魏尚书左仆射于谨说："侯景在少年时

高澄派武卫将军元柱等去袭击侯景。

就习武练兵，为人奸诈，难以揣测，不如封给他高官，看看他的变化，先不要派兵援救他。"荆州刺史王思政却认为："如果不抓住时机进取，后悔就来不及了。"于是派荆州一万多步兵和骑兵经鲁阳关向阳翟进发。西魏丞相宇文泰得知这一消息后，封侯景为大将军兼尚书令，派太尉李弼、仪同三司赵贵率领一万人马赶赴颍川。

【原文】

景恐上责之，遣中兵参军柳昕奉启于上，以为："王旅未接，死亡交急，遂求援关中，自救目前。臣既不安于高氏，岂见容于宇文！但螫手解腕，事不得已，本图为国，愿不赐咎！臣获其力，不容即弃，令以四州之地为饵敌之资，已令宇文遣人入守。自豫州以东，齐海以西，悉臣控压；见有之地，尽归圣朝，悬瓠、项城、徐州、南兖，事须迎纳。愿陛下速救境上，各置重兵，与臣影响，不使差互！"上报之曰："大夫出境，尚有所专；况始创奇谋，将建大业，理须适事而行，随方以应。卿诚心有本，何假词费！"

【译文】

侯景怕梁武帝责怪他，便派中兵参军柳昕给梁武帝送去一封信，信上说："陛下您派出的军队还没有来到，生死攸关、情况十分危急时，我便向关中求援，以便挽救自己面前的危机。臣既不能安处于高澄手下，又怎能被宇文泰容纳呢？但是手遭毒蛇螫咬而连同去掉手腕，也是事不得已，本想着是为国，希望您不要怪罪臣！臣得到了关中的帮助，所以不能马上背弃他们，现在臣把四个州的地方作为引敌上钩的诱饵，已经让宇文泰派军队进入颍川，帮我守卫这里。从豫州以东到齐海以西的地区，都在臣控

侯景怕梁武帝责怪他，便给梁武帝送去一封信。

制之下；臣现在有的土地，都归梁朝所有，悬瓠、项城、徐州、南兖这些地方，只需要派人去接管就行了。希望陛下立即向边境下发命令，让他们各置重兵，与臣呼应，相互之间不要发生误会！"梁武帝回话说："大夫离开国境，还有自作主张的地方，何况你始创奇谋，将建大业，理应根据事情的发展而行事，随机应变。你一片诚意，何须多加解释呢。"

【原文】

东魏韩轨等围颍川，闻魏李弼、赵贵等将至，乙巳，引兵还邺。侯景欲因会执弼与贵，夺其军；贵疑之，不往。贵欲诱景入营而执之，弼止之。羊鸦仁遣长史邓鸿将兵至汝水，弼引兵还长安。王思政入据颍川。景阳称略地，引兵出屯悬瓠。

【译文】

东魏韩轨等人包围了颍川，听说西魏的李弼、赵贵等人将领兵到来，便在乙巳那天，带领军队撤回了邺城。侯景想趁机抓获李弼和赵贵，夺取他们的军队；赵贵对侯景有所怀疑，没有去颍川。赵贵想把侯景诱到军营趁机拘捕他，李弼制

止了赵贵。这时，羊鸦仁派长史邓鸿率军马到了汝水，李弼便率军回长安了。王思政带兵占据了颍川。侯景假称要攻取州郡，带领军队出颍川城，驻扎在悬瓠。

【原文】

景复乞兵于魏，丞相泰使同轨防主韦法保及都督贺兰愿德等将兵助之。大行台左丞蓝田王悦言于泰曰："侯景之于高欢，始敦乡党之情，终定君臣之契，任居上将，位重台司；今欢始死，景遽外叛，盖所图甚大，终不为人下故也。且彼能背德于高氏，岂肯尽节于朝廷！今益之以势，援之以兵，窃恐贻笑将来也。"泰乃召景入朝。

【译文】

侯景又向西魏乞求援兵，丞相宇文泰让同轨郡的防主韦法保及都督贺兰愿德等率领人马前去帮助他。大行台左丞蓝田人王悦对宇文泰说："侯景同高欢之间，开始是亲密的乡党关系，最终变成了君臣关系，侯景位居上将，权力比宰辅大臣还高；而今高欢刚死去，侯景便很快外叛，是因为他的图谋很大，终不甘居人下的缘故。况且他能对高氏背信弃义，又怎肯为本朝尽忠尽节呢？现在您扩大他的势力，派兵援助他，我私下担心将来会让人耻笑的。"于是宇文泰便派人召侯景入朝。

【原文】

景阴谋叛魏，事计未成，厚抚韦法保等，冀为己用，外示亲密无猜间。每往来诸军间，侍从至少，魏军中名将，皆身自造谐。同轨防长史裴宽谓法保曰："侯景狡许，必不肯入关，欲托款于公，恐未可信。若伏兵斩之，此亦一时功也。如其不尔，即应深为之防，不得信其诳诱，自贻后悔。"法保深然之，不敢图景，但自为备而已；寻辞还所镇。王思政亦觉其诈，密召贺兰愿德等还，分布诸军，据景七州、十二镇。景果辞不入朝，遗丞相泰书曰："吾耻与高澄雁行，安能比肩大弟！"泰乃遣行台郎中赵士宪悉召前后所遣诸军援景者。景遂决意来降。魏将任约以所部千馀人降于景。

【译文】

侯景暗中打算反叛西魏，但计划没有实现，便优抚韦法保等人，希望他们能为己所用，对外界也做出亲密无间的样子。侯景每每来往于各个军队之间，带的侍从极少，西魏军中的著名将领，他都亲自去拜访。同轨防长史裴宽对韦法保说：

"侯景为人奸诈狡猾，一定不肯应宇文丞相之召入关，他肯定想要托您向朝廷讲情，对他恐怕不可以相信。如果埋下伏兵斩了他，这也是一时的功劳啊。如果你不这样，我们就应该好好地提防他，不能轻信他的欺骗和诱惑，为自己留下悔恨的事。"韦法保非常赞同裴宽的话，不敢杀掉侯景，只是自己加强防卫而已。后来，他找个借口回自己的镇所去了。王思政也觉得侯景欺骗他，就秘密召贺兰愿德等人回来，分别部署各路军马，占领了侯景所管辖的七个州和十二个镇。侯景果然推辞而不肯入朝，他在给宇文泰的信中说："我耻于同高澄并行，又怎么能同您比肩呢！"宇文泰收到信后便派行台郎中赵士宪将以前派去救援侯景的各路军马全部召回。于是，侯景便决心投降梁朝。西魏将领任约带领所属的一千多人投降了侯景。

【原文】

高澄将如晋阳，以弟洋为京畿大都督，留守于邺，使黄门侍郎高德政佐之。德政，颢之子也。丁丑，澄还晋阳，始发丧。

己卯，上遣使吊澄。景又启曰："臣与高氏，衅隙已深，仰凭威灵，期雪仇耻；今陛下复与高氏连和，使臣何地自处？乞申后战，宣畅皇威。"上报之曰："朕与公大义已定，岂有成而相纳，败而相弃乎？今高氏有使求和，朕亦更思偃武。进退之宜，国有常制。公但清静自居，无劳虑也！"景又启曰："臣今蓄粮聚众，秣马潜戈，指日计期，克清赵、魏，不容军出无名，故愿以陛下为主耳。今陛下弃臣退外，南北复通，将恐微臣之身，不免高氏之手。"上又报曰："朕为万乘之主，岂可失信于一物！想公深得此心，不劳复有启也。"

【译文】

高澄将要到晋阳，便任命他的弟弟高洋为京畿大都督，留守邺城，让黄门侍郎高德政辅佐他。高德政是高颢的儿子。丁丑（十二日），高澄回到晋阳，开始为高欢发丧。

己卯（十七日），梁武帝派使者到东魏吊唁高欢。侯景又上奏说："臣与高氏之间的嫌隙和仇恨已经很深，我仰仗陛下的威望，希望有朝一日报仇雪耻；现在陛下又和高氏修好讲和，让臣何处安身呢？请陛下答应臣再次和高氏作战，来显示梁朝的皇威。"武帝答复道："朕与你之间君臣大义已定，怎会有成功就接纳、失败就舍弃的道理呢？现在高氏派遣使者来求和，朕也想停息干戈。应该进还是应该退，国家自有正常的制度，你只管清静自居，无需费心去考虑这些！"侯景又启奏说："臣如今已积蓄了粮草，招募了士兵，喂饱了战马，做好战斗准备，指望很快就可以攻克赵、魏，我不能出师无名，所以希望陛下您能为我做主。如今，陛下弃臣于边远之地，南北双方又恢复往来，恐怕微臣的性命难免死在高氏之手。"武帝又答复说："朕为大国之君，怎么可以失信于人呢？想来你深深知道我的心意，不必再启奏了。"

【原文】

景乃诈为邺中书，求以贞阳侯易景，上将许之。舍人傅岐曰："侯景以穷归义，弃之不祥；且百战之馀，宁肯束手就絷！"谢举、朱异曰："景奔败之将，一使之力耳。"上从之，复书曰："贞阳旦至，侯景夕返。"景谓左右曰："我固知吴老公薄心肠！"王伟

侯景伪造了一封来自邺城的书信，信中说要用贞阳侯交换侯景，梁武帝打算答应这一要求。

说景曰："今坐听亦死，举大事亦死，唯王图之！"于是始为反计：属城居民，悉召募为军士，辄停责市估及田租，百姓子女，悉以配将士。

【译文】

侯景就伪造了一封来自邺城的书信，信中说要用贞阳侯交换侯景，梁武帝打算答应这一要求。舍人傅岐说："侯景因为走投无路才归至正道，投奔梁朝，舍弃他是不吉祥的。况且侯景历经百战，他怎么肯束手就擒呢！"谢举、朱异说："侯景是个败军之将，派个使者就可以拿获他。"梁武帝听从了谢举、朱异的话，回信说："贞阳侯早上一到，晚上就遣返侯景。"侯景对左右的人说："我就知道这老家伙薄情寡义。"王伟劝侯景说："如今，我们等着听候梁武帝的安排也是死，起兵造反也是一死，希望您考虑一下这件事！"于是侯景开始谋划造反：将寿阳城内所有的居民，都招募为军队的士兵，立即停止征收市场税和田租，百姓子女都分派给将士。

【原文】

侯景自至寿阳，征求无已，朝廷未尝拒绝。景请娶于王、谢，上曰："王、谢门高非偶，可于朱、张以下访之。"景恚曰："会将吴儿女配奴！"又启

求锦万匹为军人作袍，中领军朱异议以青布给之。又以台所给仗多不能精，启请东冶锻工，欲更营造。景以安北将军夏侯夔之子谮为长史，徐思玉为司马，谮遂去“夏”称“侯”，托为族子。

【译文】

侯景自从到了寿阳，提出各种要求从没停止过，朝廷没有拒绝过他。侯景请求梁武帝，想娶王家或谢家的女子为妻，梁武帝说：“王家和谢家门第高贵，和你不大相称，你可在朱、张以下的家族中寻找合适的人家。”侯景愤怒地说：“将来，我要让你的女儿许配给奴隶。”他又向梁武帝启奏，请求朝廷赐他万匹锦为军人做战袍，中领军朱异提议给他青布。侯景又以朝廷供给的武器不精良为由，奏请派来东冶的锻造工人，打算再营造一些武器。侯景任命安北将军夏侯夔的儿子夏侯谮为长史，任命徐思玉为司马，夏侯谮于是去掉了“夏”字，直接称“侯”，假托是侯景的同族后代。

【原文】

上既不用景言，与东魏和亲，是后景表疏稍稍悖慢；又闻徐陵等使魏，反谋益甚。元贞知景有异志，累启还朝。景谓曰：“河北事虽不果，江南何虑失之，何不小忍！”贞惧，逃归建康，具以事闻；上以贞为始兴内史，亦不问景。

【译文】

梁武帝没有采纳侯景的意见，与东魏友好往来，和睦相亲，这以后，侯景写给梁武帝的奏折态度渐渐傲慢起来。后来，他又听说徐陵等人出使东魏，反叛的念头更强烈了。元贞知

鄱阳王萧范密奏侯景谋反。

道侯景有反心，屡次上表请求返回朝廷。侯景对他说：“黄河北边的事虽然没有成功，又何必担心会失掉长江南边呢，何不稍稍忍耐一下！”元贞听后十分恐惧，逃回了建康，将侯景要反叛的的事上奏梁武帝。梁武帝任命元贞为始兴内史，也没有追问侯景的事。

【原文】

鄱阳王范密启景谋反。时上以边事专委朱异，动静皆关之，异以为必无此理。上报范曰："景孤危寄命，譬如婴儿仰人乳哺，以此事势，安能反乎？"范重陈之曰："不早翦扑，祸及生民。"上曰："朝廷

朱异驳回萧范的奏表。

自有处分，不须汝深忧也。"范复请以合肥之众讨之，上不许。朱异谓范使曰："鄱阳王遂不许朝廷有一客！"自是范启，异不复为通。

【译文】

鄱阳王萧范密奏侯景谋反。当时，梁武帝把边境的事务都交付给朱异全权负责，边境有什么动静都直通朱异，朱异认为萧范所说的没有道理。于是武帝回信答复鄱阳王萧范说："侯景在孤立危难之际归附我朝，就像婴儿要仰仗人的乳汁来哺育一样，从这些来看，他怎么能反叛呢？"鄱阳王萧范再次向梁武帝陈述说："如果不尽早消灭侯景，必将祸及百姓。"梁武帝答复说："朝廷自有处置，此事你就不必多担心了。"鄱阳王萧范又请求梁武帝用合肥的军队去讨伐侯景，梁武帝没应许。朱异对萧范的使者说："鄱阳王竟不许朝廷养一个宾客。"自此，只要是萧范给梁武帝的奏表，朱异便不再呈报上去。

【原文】

景邀羊鸦仁同反，鸦仁执其使以闻。异曰："景数百叛虏，何能为？"敕以使者付建康狱，俄解遣之。景益无所惮，启上曰："若臣事是实，应寘国宪；如蒙照察，请戮鸦仁！"景又言："高澄狡猾，宁可全信！陛下纳其诡语，求与连和，臣亦窃所笑也。臣宁堪粉骨，投命雠门，乞江西一境，受臣控督。如其不许，即帅甲骑，临江上，向闽、越，非唯朝廷自耻，亦是三公肝食。"上使朱异宣语答景使曰："譬如贫家，畜十客、五客，尚能得意；朕唯有一客，致有怨言，亦朕之失也。"益加赏赐锦彩钱布，信使相望。

【译文】

侯景邀羊鸦仁一起反叛，羊鸦仁捉住侯景的来使，把这事报告了朝廷。朱异说："侯景手下只有几百个反叛的人，能有什么作为？"梁武帝下令将使者送到建康监狱，不久又释放了他。侯景更加肆无忌惮，向梁武帝启奏说："若臣谋反是实，应该受到国家法律的制裁；如果陛下明察，请杀掉羊鸦仁！"侯景又启奏说："高澄为人十分狡猾，怎么可以完全相信他呢？陛下听信了他的话，想与他和好，臣在私下里也觉着这件事可笑。臣怎敢冒粉身碎骨的危险，投到仇人那里呢？请求您将长江西部的一块地区，让臣来控制。如果您不答应，我就统率兵马，到长江上游地区，杀向闽、越地区，这样，不仅朝廷蒙受耻辱，也会使三公大臣们都顾不上吃饭。"梁武帝派朱异宣示上谕答复侯景的来使说："譬如一个贫寒人家，养十个、五个食客，还能让他们满意；朕只有一个客人，却招致了你这些怨言，这也是朕的过失啊。"这之后，梁武帝更多地赏赐锦彩钱布给侯景以示安慰，信使往来不断。

【原文】

戊戌，景反于寿阳，以诛中领军朱异、少府卿徐驎、太子右卫率陆验、制局监周石珍为名。异等皆以奸佞骄贪，蔽主弄权，为时人所疾，故景托以兴兵。

侯景在寿阳反叛。

【译文】

戊戌（初十），侯景在寿阳反叛，以诛杀中领军朱异、少府卿徐驎、太子右卫率陆验、制局监周石珍为名起兵。朱异等人由于为人奸诈、善于花言巧语阿谀奉承，骄奢淫逸而又贪婪，欺骗梁武帝、玩弄权术，被当时的人所痛恨，所以侯景以此为借口起兵叛乱。

【原文】

己酉，景至慈湖。建康大骇，御街人更相劫掠，不复通行。敕东、西冶、尚方钱署及建康系囚，以扬州刺史宣城王大器都督城内诸军事，以羊侃为军师将军副之，南浦侯推守东府，西丰公大春守石头，轻车长史谢禧、始兴太守元贞守白下，韦黯与右卫将军柳津等分守宫城诸门及朝堂。

【译文】

己酉（二十二日），侯景率军到了慈湖。建康全城都非常惊恐，御街上屡屡发生抢劫，街道已不能通行。朝廷赦免了东冶、西冶、尚方钱署的工人和建康监狱里的犯人，任命扬州刺史宣城王萧大器都督城内诸军事，任命羊侃为军师将军，辅佐萧大器，命南浦侯萧推守卫宰相府，命西丰公萧大春守卫石头城，命轻车长史谢禧、始兴太守元贞守卫白下，命韦黯与右卫将军柳津等分别守宫城的各个城门和朝堂。

【原文】

庚戌，侯景至板桥，遣徐思玉来求见上，实欲观城中虚实。上召问之。思玉诈称叛景请间陈事，上将屏左右，舍人高善宝曰："思玉从贼中来，情伪难测，安可使独在殿上！"朱异侍坐，曰："徐思玉岂刺客邪！"思玉出景启，言"异等弄权，乞带甲入朝，除君侧之恶"。异甚惭悚。景又请遣了事舍人出相领解，上遣中书舍人贺季、主书郭宝亮随思玉劳景于板桥。景北面受敕，季曰："今者之举何名？"景曰："欲为帝也！"王伟进曰："朱异等乱政，除奸臣耳。"景既出恶言，遂留季，独遣宝亮还宫。

【译文】

庚戌（二十三日），侯景的军队来到板桥，他派徐思玉拜见梁武帝，实际是想察看建康城里的虚实。梁武帝召见了他并问了他一些事。徐思玉假称他背叛了侯景，请求单独向梁武帝报告情况，梁武帝

贺季问侯景举兵到底要干什么，侯景回答说想称皇帝。

要屏退左右，舍人高善宝说："徐思玉从叛贼那里来，真假难以推测，怎么可以让他单独在殿堂上！"当时朱异正坐在梁武帝身边侍奉，他说："徐思玉怎么会是刺客！"徐思玉取出了侯景的启奏，上面写道："朱异等人玩弄权术，臣请求带兵入朝，除掉国君身边的坏人。"朱异感到非常惭愧和恐惧。侯景又请梁武帝派一名明白事理的舍人出来总录侯景要说的事并分辨是非，梁武帝于是派中书舍人贺季、主书郭宝亮跟随徐思玉一起到板桥来慰劳侯景。侯景面向北方承接了诏书，贺季问："你现在举兵到底要干什么？"侯景回答说："是想称皇帝。"王伟上前说："朱异等人搞乱了国家政务，我们是要除掉奸臣。"侯景已经说出了要反叛的话，于是便扣留了贺季，只打发郭宝亮回去。

【原文】

百姓闻景至，竞入城，公私混乱，无复次第，羊侃区分防拟，皆以宗室间之。军人争入武库，自取器甲，所司不能禁，侃命斩数人，方止。是时，梁兴四十七年，境内无事，公卿在位及闾里士大夫罕见兵甲，贼至猝迫，公私骇震。宿将已尽，后

侯景率军到了建康，百姓争相逃入城里。

进少年并出在外，军旅指挥，一决于侃，侃胆力俱壮，太子深仗之。

【译文】

百姓听说侯景率军到了建康，争相逃入城里，官员和百姓混杂在一起，完全没了秩序，羊侃布置防守事务，每处都安排皇室成员来监督。军队的官员争相进入武器库，擅自拿取武器盔甲，掌管武器库的人禁止不了，羊侃下令斩杀几个人，才控制住局面。当时，梁朝建立四十七年，国内太平无事，朝中公卿及闾里士大夫都很少见到兵器和铠甲，现在，叛贼突然兵临城下，事起仓促，官员与百姓都很震惊。当时有经验的老将大多已过世，后进少年可以作战的又大多领兵防守边

境，军队的指挥，完全由羊侃一人决定，羊侃有胆有谋，太子非常仰仗他。

【原文】

辛亥，景至朱雀桁南，太子以临贺王正德守宣阳门，东宫学士新野庾信守朱雀门，帅宫中文武三千馀人营桁北。太子命信开大桁以挫其锋，正德曰："百姓见开桁，必大惊骇，可且安物情。"太子从之。俄而景至，信帅众开桁，始除一舸，见景军皆著铁面，退隐于门。信方食甘蔗，有飞箭中门柱，信手甘蔗，应弦而落，遂弃军走。南塘游军沈子睦，临贺王正德之党也，复闭桁渡景。太子使王质将精兵三千援信，至领军府，遇贼，未陈而走。正德帅众于张侯桥迎景，马上交揖，既入宣阳门，望阙而拜，歔欷流涕，随景渡淮。景军皆著青袍，正德军并著绛袍，碧里，既与景合，悉反其袍。景乘胜至阙下，城中恟惧，羊侃诈称得射书云："邵陵王、西昌侯援兵已至近路。"众乃少安。西丰公大春弃石头，奔京口；谢禧、元贞弃白下走；津主彭文粲等以石头城降景，景遣其仪同三司于子悦守之。

【译文】

辛亥（二十四日），侯景到了朱雀门浮桥的南面，太子命临贺王萧正德守卫宣阳门，东宫学士新野庾信守朱雀门，带领宫中文武官员三千余人在浮桥北面安营扎寨。太子命庾信拆掉浮桥以挫败侯景的先锋，萧正德说："百姓见到浮桥断了，一定会非常惊恐，还是暂且先安抚百姓的情绪。"太子接受了这个建议。一会儿，侯景的人马到了，庾信带人断开了桥，才解开一艘浮船，就见侯景军都戴着铁面具，庾信的手下便马上隐藏到城门楼上。庾信正在吃甘蔗，一只箭飞来射中了城门柱子，庾信手中的甘蔗应声落地，于是，他就丢下军队逃走了。南塘游军将领沈子睦，是临贺王萧正德的党羽，又修好了浮桥让侯景的人马通过。太子派王质带三千精兵增援庾信，王质率军到了领军府，遭遇叛军，士兵还没有摆开阵势就纷纷逃走了。萧正德率人马在张侯桥迎接侯景，他们在马上相互行礼，进入宣阳门后，萧正德望着宫门跪拜，感叹流泪，跟随侯景一起渡过淮河。侯景的士兵都穿青色战袍，萧正德的士兵都穿绿色里子的绛色战袍，与侯景军会合后，萧正德就命令他的士兵都把袍子反过来穿。侯景乘胜追到城楼下面，城中人十分恐惧，羊侃谎称得到一封射进来的书信，说："邵陵王、西昌侯的援兵已到达附近。"众人才稍微镇定了些。西丰公萧大春放弃石头城，逃往京口；谢禧、元贞放弃白下逃走；津主彭文粲等人率石头城军民投降了侯景，侯景派他的仪同三司于子悦镇守石头城。

【原文】

壬子，景列兵绕台城，幡旗皆黑，射启于城中曰："朱异等蔑弄朝权，轻作威福，臣为所陷，欲加屠戮。陛下若诛朱异等，臣则敛辔北归。"上问太子："有是乎？"对曰："然。"上将诛之。太子曰："贼以异等为名耳，今日杀之，无救于急，适足贻笑将来，俟贼平诛之未晚。"上乃止。

侯景带兵包围台城。

【译文】

壬子（二十五日），侯景带兵包围台城，他的旗帜都是黑色的，他将一封信射入城中，信上说："朱异等人弄权乱政，作威作福，臣被他们陷害，想杀掉我。如果陛下诛除朱异等人，臣就收兵回北方。"梁武帝问太子："有这种事吗？"太子回答说："是这样。"梁武帝想斩杀朱异等人。太子说："侯景不过是用朱异等人为借口而已，现在即使杀了朱异等人，于眼下也无济于事，只会将来被人笑话罢了，等叛乱平定后再杀掉他也不晚。"梁武帝于是没有杀朱异。

【原文】

景绕城既匝，百道俱攻，鸣鼓吹唇，喧声震地。纵火烧大司马、东西华诸门。羊侃使凿门上为窍，下水沃火；太子自捧银鞍，往赏战士；直阁将军朱思帅战士数人逾城出外洒水，久之方灭。贼又以长柯斧斫东掖门，门将开，羊侃凿扇为孔，以槊刺杀二人，斫者乃退。景据公车府，正德据左卫府，景党宋子仙据东宫，范桃棒据同泰寺。景取东宫妓数百，分给军士。东宫近城，景众登其墙射城内。至夜，景于东宫置酒奏乐，太子遣人焚之，台殿及所聚图书皆尽。景又烧乘黄厩、士林馆、太府寺。癸丑，景作木驴数百攻城，城上投石碎之。景更作尖项木驴，石不能破。羊侃使作雉尾炬，灌以膏蜡，丛掷焚之，俄尽。景又作登城楼，高十馀丈，欲临射城中。侃曰："车高堑虚，彼来必倒，可卧而观之。"及车动，果倒。

【译文】

　　侯景将城包围起来后，各处一齐攻城，他们敲着战鼓，吹起了口哨，喧嚣的声音震撼了大地。侯景叫人放火烧大司马门、东华门、西华门。羊侃派人在门上凿出洞，用水灌入其中浇灭火焰；太子亲自捧着银制的马鞍，前去赏给有功的将士；直阁将军朱思率战士数人翻墙出城洒水，过了很久火才被浇灭。叛军又用长柄斧子砍东掖门，门就要被砍开的时候，羊侃叫人在门扇上凿出小孔，用槊刺杀了两名敌人，砍门的士兵才退了回去。侯景占领了公车府，萧正德占领了左卫府，侯景的党羽宋子仙占领了东宫，范桃棒占领了同泰寺。侯景把东宫里的几百名歌女分给了他手下的官兵。东宫靠近台城，侯景的士兵登上了东宫城墙向台城内射箭。到了夜里，侯景在东宫摆设酒宴，奏起音乐。太子派人纵火烧东宫，东宫建筑和所聚图书都化为灰烬。侯景又派人去焚烧乘黄厩、士林馆以及太府寺。癸丑（二十七日），侯景制作了几百个木驴用来攻打皇城，城上的人向木驴投掷石头击碎了木驴。侯景又改制了一种尖顶的木驴，石头无法将它击碎。羊侃让人制作了一种像鸡尾形状的火炬，灌上油脂和蜡，然后聚集众多火炬，点上火一起投向木驴，木驴很快就被烧掉了。侯景又制造了一种攀登城楼的战车，战车高十多丈，想用它居高临下向城里射

侯景将建康城包围起来。

太子派人纵火烧东宫。

箭。羊侃说："战车高壕沟土虚，战车到了壕沟边一定会倒下，我们可以埋伏起来观看它。"等战车到了壕沟边，果然倒下了。

【原文】

景攻既不克，士卒死伤多，乃筑长围以绝内外，又启求诛朱异等。城中亦射赏格出外曰："有能送景首者，授以景位，并钱一亿万，布绢各万匹。"朱异、张绾议出兵击之，问羊侃，侃曰："不可。今出人若少，不足破贼，徒挫锐气；若多，则一旦失利，门隘桥小，必大致失亡。"异等不从，使千馀人出战；锋未及交，退走，争桥赴水死者大半。

【译文】

侯景攻城没有成功，死伤的士兵又很多，于是便修筑起一条长长的围子来隔断皇城内外的联系，同时又向梁武帝启奏请求诛杀朱异等人。皇城里也向城外射出悬赏所定的报酬条件，上面写道："有能把侯景首级送来的人，就把侯景的爵位授给他，并赏赐一亿万钱，一万匹布和一万匹绢。"朱异、张绾商议出兵攻打侯景，征询羊侃的意见，羊侃说："不可以现在出兵。如果出兵少，不能攻破贼兵，只会白白地挫伤自己的锐气；如果出兵多，一旦失利，城门狭窄、浮桥又小，一定会导致重大伤亡。"朱异等人不听从羊侃的劝告，派出一千多人出去与侯景交战；还没交锋，就退了回来，在争着过桥时掉进水中淹死了一大半。

【原文】

景声言上已晏驾，虽城中亦以为然。壬戌，太子请上巡城，上幸大司马门，城上闻跸声，皆鼓噪流涕，众心粗安。

【译文】

侯景造谣说梁武帝已经去世，就连城里的人也以为这是真的。壬戌（初五），太子请梁武帝巡视全城，梁武帝巡幸到大司马门时，城上的守军听到皇帝来了，都喧噪起来，流下了眼泪，军心这才稍稍安定下来。

【原文】

景初至建康，谓朝夕可拔，号令严整，士卒不敢侵暴。及屡攻不克，人心离沮。景恐援兵四集，一旦溃去；又食石头常平诸仓既尽，军中乏食；乃纵士卒掠夺民米及金帛子女。是后米一升至七八万钱，人相食，饿死者什五六。

【译文】

侯景刚到建康时，以为可以很快攻克建康，所以当初他的军队号令严格，仪容整齐，士兵们不敢侵扰凌暴百姓。等到屡攻不克，军心开始离散、沮丧。侯景担心救援建康的援兵从四面八方汇集到这里，自己的军队迟早会有溃退的一天；加上石头城中备用粮仓的粮食已经吃光了，军中缺粮；于是，侯景就放纵士卒掠夺百姓的粮食以及金银、丝织品和百姓的儿女。从这以后，米的价格一升涨到七八万钱，以致造成人吃人的情况，建康城饿死的人达到十分之五六。

【原文】

乙丑，景于城东、西起土山，驱迫士民，不限贵贱，乱加殴捶，疲羸者因杀以填山，号哭动地。民不敢窜匿，并出从之，旬日间，众至数万。城中亦筑土山以应之。太子、宣城王已下，皆亲负土，执畚锸，于山上起芙蓉层楼，高四丈，饰以锦罽。募敢死士二千人，厚衣袍铠，谓之"僧腾客"，分配二山，昼夜交战不息。会大雨，城内土山崩；贼乘之，垂入，苦战不能禁。羊侃令多掷火，为火城以断其路，徐于内筑城，贼不能进。

【译文】

乙丑（初八），侯景在城东、城西堆起土山，他驱赶、强迫老百姓去干活，不分贵贱，都乱加殴打。那些疲劳瘦弱的人就被杀死填入土山中，百姓的哭号声惊天动地。百姓不敢躲藏逃跑，都只得出来听命，十来天的时间，人数达到几万。建康城中也筑起土山对付侯景建造的土山。太子及宣城王以下的人都亲自背土，手握簸箕与铁锹，在土山上筑起了几层芙蓉高楼，楼高四丈，用彩帛和毳布饰起来。朝廷又招募了二千名敢于拼死战斗的士兵，给他们穿上厚厚的

侯景驱赶、强迫士民干活。

战袍和铠甲，称之为"僧腾客"，把这些战士分配在东土山和西土山上，他们日夜不停地与侯景的军队交战。这天正赶上大雨，城内的土山崩塌了；贼兵趁机从高处往城内坠下士兵，守军与贼兵浴血奋战，但也没能拦住贼兵。羊侃命令手下多投掷火把，形成一道火墙以切断贼兵的来路，接着在城内筑起城墙，侯景的军队无法攻进来。

【原文】

俄而景遣王伟入文德殿奉谒，上命褰帘开户引伟入，伟拜呈景启，称："为奸佞所蔽，领众入朝，惊动圣躬，今诣阙待罪。"上问："景何在？可召来。"景入见于太极东堂，以甲士五百人自卫。景稽颡殿下，典仪引就三公榻。上神色不变，问曰："卿在军中日久，无乃为劳！"景不敢仰视，汗流被面。又曰："卿何州人，而敢至此，妻子犹在北邪？"景皆不能对。任约从旁代对曰："臣景妻子皆为高氏所屠，唯以一身归陛下。"上又问："初渡江有几人？"景曰："千人。""围台城几人？"曰："十万。""今有几人？"曰："率土之内，莫非己有。"上俯首不言。

【译文】

没过多久，侯景派王伟到文德殿拜见梁武帝，梁武帝命人揭起帘幕，打开房门带王伟进来，王伟拜呈侯景文书，声称："我们受到奸佞的蒙蔽，带领人马进入朝堂，惊动了皇上，现在特地到宫中等候降罪。"梁武帝问道："侯景在什么地方？可以把他叫来。"侯景到太极殿东堂晋见梁武帝，带了五百多全副武装的兵士保护自己。侯景在大殿下面屈膝下拜，以额触地，典仪带他来到三公坐的榻前。梁武帝神色不变，问侯景道："你在军队里的时间很长，真是劳苦功高！"侯景不敢抬

侯景到太极殿东堂晋见梁武帝。

头正视梁武帝，汗流满面。梁武帝又问："你是哪个州的人，敢到这里来，妻儿还在北方吗？"对这些问题侯景都不能回答。任约在旁边代侯景答道："臣下侯景

的妻儿都被高氏杀光了，只有我单身一人投靠陛下。"梁武帝又问道："当初你渡江过来的时候有多少人？"侯景说道："一千人。""包围台城时有多少人？"回答说："十万人。""现在有多少人？"侯景回答："四海之内没有不属于我的人。"梁武帝低下头不再说话。

【原文】

景退，谓其厢公王僧贵曰："吾常跨鞍对陈，矢刃交下，而意气安缓，了无怖心；今见萧公，使人自慑，岂非天威难犯！吾不可以再见之。"于是悉撤两宫侍卫，纵兵掠乘舆、服御、宫人皆尽。收朝士、王侯送永福省，使王伟守武德殿，于子悦屯太极东堂。矫诏大赦，自加大都督中外诸军、录尚书事。

建康士民逃难四出。太子洗马萧允，至京口，端居不行，曰："死生有命，如何可逃！祸之所来，皆生于利；敬不求利，祸从何生！"

【译文】

侯景退出后，对他的厢公王僧贵说道："我平时在战场上跨鞍对阵，面临刀丛箭雨，心绪平稳如常，没有觉得害怕；今天见到萧公，让人从内心觉得惶恐惊惧，这岂不是天子的威严难以触犯吗！我不能再见到他了。"于是他将两宫侍卫全部撤掉，放纵士兵将车马、服饰、宫人抢掠一空。收捕朝士、王侯送到永福省，派王伟守卫武德殿，于子悦驻守在太极殿的东堂。侯景又假传圣旨大赦天下，加封自己为都督中外诸军、录尚书事。

建康的老百姓从四面逃出建康。太子洗马萧允来到京口，端坐不走，说："死生都是命中注定，怎么可以逃掉呢！所有的灾祸都是因追逐利益造成的，如果不追求利益，灾祸从哪里来呢！"

【原文】

上虽外为侯景所制，而内甚不平。景欲以宋子仙为司空，上曰："调和阴阳，安用此物！"景又请以其党二人为便殿主帅，上不许。景不能强，心甚惮之。太子入，泣谏，上曰："谁令汝来！若社稷有灵，犹当克复；如其不然，何事流涕！"景使其军士入直省中，或驱驴马，带弓刀，出入宫庭，上怪而问之，直阁将军周石珍对曰："侯丞相甲士。"上大怒，叱石珍曰："是侯景，何谓丞相！"左右皆惧。是后上所求多不遂志，饮膳亦为所裁节，忧愤成疾。太子以幼子大圜属湘东王绎，并剪爪发以寄之。五月丙辰，上卧净居殿，口苦，

159

索蜜不得，再曰："荷！荷！"遂殂。年八十六。景秘不发丧，迁殡于昭阳殿，迎太子于永福省，使如常入朝。王伟、陈庆皆侍太子，太子呜咽流涕，不敢泄声，殿外文武皆莫之知。

【译文】

梁武帝虽然表面上被侯景控制，但他的心里却非常不平。侯景想让宋子仙出任司空，梁武帝说："三公这个职位是负责调和阴阳的，怎么可以任用宋子仙这种人！"侯景又请求让他手下二人出任便殿主帅，梁武帝不同意。侯景不能强迫梁武帝，心里非常怕他。太子进来，流着泪劝告梁武帝，梁武帝说道："谁让你来的！如果国家的神灵还在，还可以恢复；如果不是这样，流泪又有什么用！"侯景派手下的士兵到几个省里值勤，有人赶着驴马，带着弓刀，在宫廷中出出进进。梁武帝觉得奇怪，问这是怎么回事，直阁将军周石珍回答说："这是侯丞相的卫兵。"梁武帝听了非常愤怒，斥责周石珍道："是侯景，为什么叫他丞相！"旁边的人都很害怕。从此以后梁武帝所提出的要求多数都不能满足，饮食也被侯景裁减，在忧虑与气愤交加的情况下病倒了。太子把幼子萧大圜托付给湘东王萧绎，并将剪下的头发与指甲寄给他。五月丙辰（初二），梁武帝躺在净居殿，嘴里发苦，要喝蜂蜜水却没人给他，连说两声："荷！荷！"就死去了。享年八十六岁。侯景封锁消息不发丧，将梁武帝的遗体收殓后移到昭阳殿，从永福省接来太子，叫他像平常一样入朝。王伟、陈庆都跟在太子身边，太子呜咽着泪流满面，不敢发出声音，殿堂外文武百官都不知道武帝死了。

【原文】

高祖之末，建康士民服食、器用，争尚豪华，粮无半年之储，常资四方委输。自景作乱，道路断绝，数月之间，人至相食，犹不免饿死，存者百无一二。贵戚、豪族皆自出采稆，填委沟壑，不可胜纪。

【译文】

梁武帝末年，建康城的官民在吃、穿、用方面都竞相崇尚豪华，家中没有超过半年的存粮，常常要靠各地运来粮食。自从侯景叛乱后，交通断绝，数月之间，建康就到了人吃人的地步，很多人这样还免不了被饿死，一百个人里面活下来的也不到一两个人。皇亲国戚、豪门大族都自己出去采野生的稻子，一时间因饿死倒毙在水沟和山谷中的不计其数。

陈纪

杨坚篡周

【原文】

太建十二年（庚子，公元 580 年）

周杨后性柔婉，不妒忌，四皇后及嫔、御等，咸爱而仰之。天元昏暴滋甚，喜怒乖度，尝谴后，欲加之罪。后进止详闲，辞色不挠，天元大怒，遂赐后死，逼令引诀，后母独孤氏诣阁陈谢，叩头流血，然后得免。

【译文】

太建十二年（庚子，公元 580 年）

北周杨皇后性格柔顺，不妒忌，其他四位皇后以及后宫中的九嫔、侍御等都爱戴并敬重她。天元皇帝越来越昏庸暴虐，喜怒无常，曾责备杨皇后，想强加给她罪名。杨皇后举止安详，言语态度没有屈服的表示，天元皇帝大怒，遂将杨皇后赐死，逼着她自杀，杨皇后的母亲独孤氏闻讯后，急忙到皇宫为杨皇后求情，以至叩头流血，杨皇后才得以幸免。

【原文】

后父大前疑杨坚，位望隆重，天元忌之，尝因忿谓后曰："必族灭尔家！"因召坚，谓左右曰："色动，即杀之。"坚至，神色自若，乃止。内史上大夫郑译，与坚少同学，奇坚相表，倾心相结。坚既为帝所忌，情不自安，尝在永巷，私于译曰："久愿出藩，公所悉也，愿少留意！"译曰："以公德望，天下归心。欲求多福，岂敢忘也！谨即言之。"

【译文】

杨皇后的父亲大前疑杨坚，地位尊崇，声望显赫，天元皇帝一直猜忌他，曾经发怒时对杨皇后说："我一定将你家灭族。"于是传令召杨坚进宫，对左右侍从说："要是他神色变了，立即杀死他。"杨坚到了以后，神色自若，天元皇帝就没有杀他。内史上大夫郑译，与杨坚是少时同学，对杨坚的相貌感到惊奇，诚心诚意与他结交。杨坚遭到天元皇帝的猜忌，心中忐忑不安，他曾经在长巷遇到郑译，悄悄地对郑译说：“一直想出朝镇守一方，这你是知道的，希望你能为我留意！”郑译说：“以你的德望，天下归心。我也想为将来求多福，岂敢遗忘您托付的事呢！我很快就向皇帝进言。”

【原文】

天元将遣译入寇，译请元帅。天元曰：“卿意如何？”对曰：“若定江东，自非懿戚重臣，无以镇抚，可令随公行，且为寿阳总管以督军事。”天元从之。己丑，以坚为扬州总管，使译发兵会寿阳。将行，会坚暴有足疾，不果行。

【译文】

天元皇帝准备派郑译率军南征陈朝，郑译请求朝廷任命元帅。天元皇帝问：“你认为谁合适？”郑译答道：“如果要平定江东，不用朝廷懿戚重臣，无法镇抚，可以让随公杨坚随军前往，担任寿阳总管以掌管军事。”天元皇帝答应了郑译的请求。己丑（初五），天元皇帝任命杨坚为扬州总管，令郑译调遣军队与杨坚到寿阳会合。将要出发时，适逢杨坚突然患上了脚病，结果没有成行。

【原文】

甲午夜，天元备法驾，幸天兴宫，乙未，不豫而还。小御正博陵刘昉，素以狡谄得幸于天元，与御正中大夫颜之仪并见亲信。天元召昉、之仪入卧内，欲属以后事，天元喑，不复能言。昉见静帝幼冲，以杨坚后父，有重名，遂与领内史郑译、御饰大夫柳裘、内史大夫杜

刘昉和大臣商议请杨坚辅政。

陵韦谟、御正下士朝那皇甫绩谋引坚辅政，坚固辞，不敢当；昉曰：“公若为，速为之；不为，昉自为也。”坚乃从之，称受诏居中侍疾。

【译文】

甲午（初十）夜，天元皇帝乘坐车驾，临幸天兴宫。乙未（十一日），因身体不适返回。小御正博陵人刘昉，一向以狡黠谄媚得到天元皇帝的宠爱，与御正中大夫颜之仪都为天元宣帝亲近和信任。天元皇帝召见刘昉、颜之仪到卧室，想向他们托付后事，但当时天元宣帝嗓子哑了，不能再说话。刘昉见静帝年幼，而杨坚是杨皇后的父亲，声名显赫，就和领内史郑译、御饰大夫柳裘、内史大夫杜陵人韦谟、御正下士朝那人皇甫绩商量请杨坚辅政。杨坚执意辞让，不敢奉命，刘昉说："您如果想干，就赶快接受任命；如果不想干，我自己出任此职。"杨坚这才答应，对外则宣称奉天元皇帝诏命，要他住进宫中侍候宣帝的疾病。

【原文】

是日，帝殂。秘不发丧。昉、译矫诏以坚总知中外兵马事。颜之仪知非帝旨，拒而不从。昉等草诏署讫，逼之仪连署，之仪厉声曰："主上升遐，嗣子冲幼，阿衡之任，宜在宗英。方今赵王最长，以亲以德，合膺重寄。公等备受朝恩，当思尽忠报国，奈何一旦欲以神器假人！之仪有死而已，不能诬罔先帝。"昉等知不可屈，乃代之仪署而行之。诸卫既受敕，并受坚节度。

刘昉、郑译假传诏命，颜之仪拒绝服从。

【译文】

当天，天元皇帝驾崩。宫中对外秘而不宣。刘昉、郑译又假传诏命，让杨坚总管朝野内外的军队。颜之仪知道这不是天元皇帝的命令，就拒绝服从诏命。刘昉等人草拟好诏书并署上自己的名字后，逼颜之仪共同签署，颜之仪厉声说："主上驾崩，继位的皇帝年幼，辅政的重任应该由宗室中有能力的人担任。如今赵王年纪最大，他既是宗室至亲，又有德行和才干，理当担负辅政重任。你们诸位备受朝廷恩惠，应当考虑怎样尽忠报国，怎么能就这样把天下的权柄授予他姓之人呢！我颜之仪宁死也不能欺骗先帝。"刘昉等人知道无法使颜之仪屈从，于是代替颜之仪签上名字，然后颁行诏书。军队各部既然都接到了天元皇帝的诏命，于是都听从杨坚的指挥。

【原文】

　　坚恐诸王在外生变，以千金公主将适突厥为辞，征赵、陈、越、代、滕五王入朝。坚索符玺，颜之仪正色曰："此天子之物，自有主者，宰相何故索之！"坚大怒，命引出，将杀之；以其民望，出为西边郡守。

【译文】

　　杨坚担心宗室诸王在外发动叛乱，就以千金公主将要嫁到突厥为借口，征召赵王宇文招、陈王宇文纯、越王宇文盛、代王宇文达、滕王宇文逌五王入朝。杨坚索要天元皇帝的兵符玺印，颜之仪严厉地拒绝道："符玺是天子使用的东西，自然有职掌机构掌管，宰相为什么索要这些呢？"杨坚大怒，命人将颜之仪拉出去，准备杀掉他；后来杨坚考虑到他很有民望，于是就派他到西边去做郡守。

【原文】

　　丁未，发丧。静帝入居天台，罢正阳宫。大赦，停洛阳宫作。庚戌，尊阿史那太后为太皇太后，李太后为太帝太后，杨后为皇太后，朱后为帝太后，其陈后、元后、尉迟后并为尼。以汉王赞为上柱国、右大丞相，尊以虚名，实无所综理。以杨坚为假黄钺、左大丞相，秦王贽为上柱国。百官总已以听于左丞相。

【译文】

　　丁未（二十三日），北周为天元皇帝发丧。静帝入住天台，下令废除正阳宫的名称。静帝又下令大赦天下，停止洛阳宫的修建。庚戌（二十六日），静帝下诏尊称阿史那太后为太皇太后，李太后为太帝太后，杨皇后为皇太后，朱皇后为帝太后。陈皇后、元皇后、尉迟皇后出家为尼。任命汉王宇文赞为上柱国、右大丞相，外示尊崇，实际上没有任何权力。任命杨坚为假黄钺、左大丞相，秦王宇文贽为上柱国。还下令朝中百官服从左丞相的命令。

【原文】

　　坚初受顾命，使邗国公杨惠谓御正下大夫李德林曰："朝廷赐令总文武事，经国任重。今欲与公共事，必不得辞。"德林曰："愿以死奉公。"坚大喜。始，刘昉、郑译议以坚为大冢宰，译自摄大司马，昉又求小冢宰。坚私问德林曰："欲何以见处？"德林曰："宜作大丞相、假黄钺、都督中外诸军事，不尔，无以压众心。"及发丧，即依此行之。以正阳宫为丞相府。

【译文】

杨坚最初受命辅政时，就派邘国公杨惠对御正下大夫李德林说："朝廷赐令让左丞相总管文武事宜，治理国家的责任重大。如今想和您一起谋划大事，您一定不要推辞。"李德林说："愿以死侍奉左丞相。"杨坚非常高兴。最初，刘昉、郑译商议，想让杨坚出任大冢宰，郑译自己担任大司马，刘昉又求担任小冢宰。杨坚私下问李德林："你说我应该怎么办？"李德林说："您应当担任大丞相、假黄钺、都督中外诸军事，不这样做，就不能镇服众心。"等到为天元皇帝办完丧事，杨坚就按照李德林所说的去做了，将正阳宫改为丞相府。

【原文】

时众情未壹，坚引司武上士卢贲置左右。将之东宫，百官皆不知所从。坚潜令贲部伍仗卫，因召公卿，谓曰："欲求富贵者宜相随。"往往偶语，欲有去就，贲严兵而至，众莫敢动。出崇阳门，至东宫，门者拒不纳，贲谕之，不去；瞋目叱之，门者遂却，

杨坚暗中令卢贲部署宿卫禁兵，然后召集公卿。

坚入。贲遂典丞相府宿卫。贲，辩之弟子也。以郑译为丞相府长史，刘昉为司马，李德林为府属，二人由是怨德林。

【译文】

当时将帅大臣尚未归心于杨坚，杨坚把司武上士卢贲安排在自己的身边。杨坚将要去东宫，百官都不知道该怎么办。杨坚暗中令卢贲部署宿卫禁兵，然后召集公卿，对他们说："想求取富贵的人请跟随我。"公卿大臣们窃窃私语，有的想

追随杨坚，有的想留在朝廷。这时，卢贲带着全副武装的禁卫来到，公卿大臣们谁也不敢离去。杨坚和百官出了崇阳门，来到东宫，但守门禁兵阻挡他们进入，卢贲说明情况，守门禁兵仍然不离开。于是卢贲瞪大眼睛，厉声喝令他们闪开，守门禁兵这才退下，杨坚进入东宫。卢贲从此负责掌管丞相府的警卫。卢贲是卢辩弟弟的儿子。杨坚任命郑译为丞相府长史，刘昉为司马，李德林为府属，郑译、刘昉二人从此怨恨李德林。

【原文】

内史下大夫勃海高颎明敏有器局，习兵事，多计略，坚欲引之入府，遣杨惠谕意。颎承旨，欣然曰："愿受驱驰。纵令公事不成，颎亦不辞灭族。"乃以为相府司录。

杨坚想让高颎进丞相府任职，派杨惠向高颎转达此意，高颎接受了邀请。

【译文】

内史下大夫勃海人高颎，聪明敏捷有度量，懂兵事，多谋略，杨坚想让他进丞相府任职，于是派杨惠向高颎转达此意。高颎接受了邀请，欣然回答说："愿为丞相奔走效力。即使杨公大事不成，高颎遭到灭族之祸也在所不辞。"于是杨坚就任命他为相府司录。

【原文】

时汉王赞居禁中，每与静帝同帐而坐。刘昉饰美妓进赞，赞甚悦之。昉因说赞曰："大王，先帝之弟，时望所归。孺子幼冲，岂堪大事！今先帝初崩，人情尚扰。王且归第，待事宁后，入为天子，此万全计也。"赞年少，性识庸下，以为信然，遂从之。

【译文】

当时汉王宇文赞住在宫中，每天都与静帝同帐而坐。刘昉把经过打扮的美貌歌女进献给宇文赞，宇文赞对此很高兴。刘昉于是乘机对宇文赞说："大王是先帝的弟弟，众望所归。天子年幼，岂能担当治理天下的大事！现在先帝刚刚去世，人心还不稳定。汉王不如暂时先回自己的府第，等待局势稳定后，就迎立您为天子，这方是万全之策。"宇文赞年轻，才识平庸低下，对刘昉的话信以为真，就听从了他的话出宫回府去了。

【原文】

坚革宣帝苛酷之政，更为宽大，删略旧律，作《刑书要制》，奏而行之；躬履节俭，中外悦之。

【译文】

杨坚执政后，废除了宣帝苛刻残暴的政令，改行宽大之政，删改旧律，制定《刑书要制》，上奏静帝后颁行天下；他提倡节俭，并身体力行，朝野内外都很敬服他。

【原文】

坚夜召太史中大夫庾季才，问曰："吾以庸虚，受兹顾命。天时人事，卿以为何如？"季才曰："天道精微，难可意察。窃以人事卜之，符兆已定。季才纵言不可，公岂复得为箕、颍之事乎！"坚默然久之，曰："诚如君言。"独孤夫人亦谓坚曰："大事已然，骑虎之势，必不得下，勉之！"

【译文】

杨坚夜里召见太史中大夫庾季才，问他说："我平庸没有才能，却得到了辅佐幼主的重任。无论从天时还是从人事来看，你以为我辅佐幼主这事怎么样呢？"庾季

独孤夫人劝杨坚努力辅佐幼主。

才回答说："天道精深微妙，很难全部看清楚。我只从人事方面来预测，觉得符命征兆已定。我即使说，天时和人事都对您不利，您难道会效仿尧帝时代的许由，逃往箕山，洗耳于颍水，而让天下吗？"杨坚沉默了很久，然后说："确实像你所说的那样。"夫人独孤氏也对杨坚说："事情已经到了这一步，骑虎难下，您就努力去做吧！"

隋军灭陈

【原文】

祯明二年（戊申，公元 588 年）

秦王俊督诸军屯汉口，为上流节度。诏以散骑常侍周罗睺都督巴峡缘江诸军事以拒之。

【译文】

祯明二年（戊申，公元588 年）

隋朝秦王杨俊督率各部军队进驻汉口，节度指挥上游各军。南陈后主诏令散骑常侍周罗睺负责指挥监督巴峡一带沿江的军事防务，以抵抗隋朝军队。

隋朝秦王杨俊督率各部军队进驻汉口。

【原文】

及隋军临江，间谍骤至，宪等殷勤奏请，至于再三。文庆曰："元会将逼，南郊之日，太子多从；今若出兵，事便废阙。"帝曰："今且出兵，若北边无事，因以水军从郊，何为不可！"又曰："如此则声闻邻境，便谓国弱。"后又以货动江总，总内为之游说，帝重违其意，而迫群官之请，乃令付外详议。总又抑宪等，由是议久不决。

【译文】

到了隋军进至长江北岸的时候，江南地区突然出现了大批密探，袁宪等人多次上奏禀报此事。施文庆对陈后主说："正月的大朝会即将来临，南郊大祀那天，太子势必要率领较多的军马；现在如果向京口、采石以及江面派遣军队和舰船，南郊大祀之事就得废省。"陈后主说："现在暂且派出军队，到时候如果北边战场无事，就顺便使用这支水军跟从到南郊，参加祭祀，又有什么不可以！"施文庆又回答说："这样做会被邻国知道，隋朝会认为我国弱小。"后来施文庆又用金银财物贿赂尚书令江总，于是江总进宫为施文庆游说，陈后主不好违背江总的意见，但又迫于群臣百官再三奏请，于是下令由朝廷百官大臣再仔细商议决定。江总又利用职权多方压制袁宪等人，所以长时间商议都没有作出决定。

【原文】

帝从容谓侍臣曰："王气在此。齐兵三来，周师再来，无不摧败。彼何为者邪！"都官尚书孔范曰："长江天堑，古以为限隔南北，今日虏军岂能飞渡邪！边将欲作功劳，妄言事急。臣每患官卑，虏若渡江，

陈后主每天不停地奏乐观舞，纵酒宴饮。

臣定作太尉公矣！"或妄言北军马死，范曰："此是我马，何为而死！"帝笑以为然，故不为深备，奏伎、纵酒、赋诗不辍。

【译文】

陈后主若无其事地对身边的侍卫说："帝王的气数在此地。自立国以来，北齐军曾经三次大举进犯，北周军也曾经两次大兵压境，无不遭到惨重失败。现在隋军又能把我怎么样呢？"都官尚书孔范附和说："长江是一道天堑，古人认为这是上天为了隔绝南方和北方而设的。现在敌军难道能飞渡不成？边镇的将帅想建立功勋，所以才谎报边事紧急。我常常担心自己现在的官职太低，如果敌军能越过长江，我一定会建功立业，荣升太尉的。"有人信口说隋军的马匹死了很多，孔范又说："这些军马都是我国的马，怎么会死亡呢！"陈后主听后大笑，认为孔范说得很对，所以根本不加以防备，每天不停地奏乐观舞，纵酒宴饮，赋诗取乐不止。

【原文】

是岁，吐谷浑裨王拓跋木弥请以千馀家降隋。隋主曰："普天之下，皆是朕臣，朕之抚育，俱存仁孝。浑贼悖狂，妻子怀怖，并思归化，自救危亡。然叛夫背父，不可收纳。又其本意正自避死，今若违拒，又复不仁。若更有音信，但宜慰抚，任其自拔，不须出兵应接。其妹夫及甥欲来，亦任其意，不劳劝诱也。"

【译文】

这一年，吐谷浑裨王拓跋木弥请求率领所属部落一千余家降附隋朝。隋文帝说："普天之下，都是朕的臣民，朕抚育苍生黎民，用的是仁孝之心。吐谷浑可汗夸吕昏聩狂暴，为政苛刻，以至连他的妻儿都心怀恐惧，都想归附我朝，拯求自己免遭屠戮。但背叛丈夫和父亲，有违忠孝，不能接纳他们。又因为他们的本意只是逃避死亡，现在如果拒绝了他们，又显得我大隋朝不仁不义。如果再有音信来，只应该加以慰勉安抚，听任他们自己率领所属部落前来归附，不要出兵接应。如果他的妹夫和外甥想来归附，也听任自便，不要进行劝诱。"

【原文】

高祖文皇帝上之上开皇九年（己酉，公元 589 年）

春，正月乙丑朔，陈主朝会群臣，大雾四塞，入人鼻，皆辛酸，陈主昏睡，至晡时乃寤。

【译文】

隋文帝开皇九年（己酉，公元 589 年）

春季，正月乙丑朔（初一），陈朝举行元旦朝会，陈后主朝会群臣百官时，大雾弥漫，吸入鼻孔，感到又辣又酸，陈后主昏睡过去，一直到黄昏才醒过来。

【原文】

是日，贺若弼自广陵引兵济江。先是弼以老马多买陈船而匿之，买弊船五六十艘，置于渎内。陈人觇之，以为内国无船。弼又请缘江防人每交代之际，必集广陵，于是大列旗帜，营幕被野，陈人以为隋兵大至，急发兵为备，既知防人交代，其众复散；后以为常，不复设备。又使兵缘江时猎，人马喧噪。故弼之济江，陈人不觉。韩擒虎将五百人自横江宵济采石，守者皆醉，遂克之。晋王广帅大军屯六合镇桃叶山。

【译文】

这天，隋吴州总管贺若弼从广陵率军渡过长江。起先，贺若弼卖掉军中老马，大量购买陈朝的船只，把这些船只藏匿起来，又买了五六十艘破旧的船，停泊在小河里。陈军观察到的都是破船，以为隋军没有好船。贺若弼又请求朝廷，沿江防守的兵士每次调防，让他们务必都集中在广陵，于是隋军大举旗帜，帐篷布满原野，陈朝以为是隋朝大军来了，急忙调兵遣将准备迎战，随后知道是隋朝士卒换防交接，就将已聚集的军队又解散了；后来陈朝对此习以为常，就不再加强戒备。贺若弼又时常派遣军队沿江打猎，人喊马嘶。所以贺若弼渡江时，陈朝守军竟没有发觉。庐州总管韩擒虎率领将士五百人从横江浦夜渡到采石，陈朝守军全都喝醉了酒，隋军轻而易举攻下了采石。晋王杨广统帅大军驻扎在六合镇桃叶山。

【原文】

丙寅，采石戍主徐子建驰启告变；丁卯，召公卿入议军旅。戊辰，陈主下诏曰："犬羊陵纵，侵窃郊畿，蜂虿有毒，宜时扫定。朕当亲御六师，廓清八表，内外并可戒严。"以骠骑将军萧摩诃、护军将军樊毅、中领军鲁广达并为都督，司空司马消难、湘州刺史施文庆并为大监军，遣南豫州刺史樊猛帅舟师出白下，散骑常侍皋文奏将兵镇南豫州。重立赏格，僧、尼、道士，尽令执役。

【译文】

丙寅（初二），陈朝采石镇戍主将徐子建携带告急文书飞骑赶赴都城，报告隋军已渡江的消息；丁卯（初三），陈后主召集公卿大臣进宫商议军务事宜。戊辰（初四），陈后主下诏说："隋军胆敢任意兴兵凌逼，侵犯占据我都城近郊，就好似蜂虿有毒，应及时扫灭。朕当亲自统帅大军，廓清天下，朝廷内外要实施戒备。"于是任命骠骑将军萧摩诃、护军将军樊毅、中领军鲁广达三人为都督，任命司空司马消难、湘州刺史施文庆二人为大监军，派南豫州刺史樊猛统帅水军从白下城出发，散骑常侍皋文奏统帅军队镇守南豫州。陈后主下令设立重赏，僧、尼、道士等出家人都让他们从军服役。

【原文】

庚午，贺若弼攻拔京口，执南徐州刺史黄恪。弼军令严肃，秋毫不犯，有军士于民间酤酒者，弼立斩之。所俘获六千馀人，弼皆释之，给粮劳遣，付以敕书，令分道宣谕。于是所至风靡。

【译文】

庚午（初六），贺若弼率军攻克京口，生擒南徐州刺史黄恪。贺若弼的军队纪律严明，秋毫无犯，有士卒在民间买酒的，贺若弼令立即将其斩首。所俘获的陈朝军队六千余人，贺若弼把他们全部释放了，发给资粮，好言安慰，遣返回乡，并

隋军所到之处，陈朝军队望风溃败。

付给他们隋文帝敕书，让他们分道宣传散发。因此，隋军所到之处，陈朝军队望风溃败。

【原文】

于是贺若弼自北道，韩擒虎自南道并进，缘江诸戍，望风尽走；弼分兵断曲阿之冲而入。陈主命司徒豫章王叔英屯朝堂，萧摩诃屯乐游苑，樊毅屯耆阇寺，鲁广达屯白土冈，忠武将军孔范屯宝田寺，己卯，任忠自吴兴入赴，仍屯朱雀门。

【译文】

在此时，隋将贺若弼率军从北道，韩擒虎率军从南道，两军齐头并进，夹攻建康，陈朝沿江镇戍要塞的守军都望风而逃；贺若弼分兵占领曲阿，隔断了陈朝援军的通道，自己率主力进逼建康。陈后主命令司徒、豫章王陈叔英率军守卫朝堂，萧摩诃率军驻守乐游苑，樊毅率军驻守耆阇寺，鲁广达率军驻守白土冈，忠武将军孔范率军驻守宝田寺。己卯（十五日），任忠率军自吴兴到京师，驻守朱雀门。

【原文】

辛未，贺若弼进据钟山，顿白土冈之东。晋王广遣总管杜彦与韩擒虎合军，步骑二万屯于新林。蕲州总管王世积以舟师出九江破陈将纪瑱于蕲口，陈人大骇，降者相继。晋王广上状，帝大悦，宴赐群臣。

【译文】

辛未，贺若弼率军占据钟山，驻扎在白土冈的东面。晋王杨广派遣总管杜彦和韩擒虎合军，共计步骑两万人驻扎在新林。隋蕲州总管王世积统帅水军出九江，在蕲口击败陈将纪瑱，陈朝将士大为惊恐，不断有将士向隋军投降。晋王杨广上表禀报军情，隋文帝非常高兴，于是宴请并赏赐百官群臣。

贺若弼占据钟山。

【原文】

时建康甲士尚十馀万人，陈主素怯懦，不达军士，唯日夜啼泣，台内处分，一以委施文庆。文庆既知诸将疾己，恐其有功，乃奏曰："此辈怏怏，素不伏官，迫此事机，那可专信！"由是诸将凡有启请，率皆不行。

【译文】

当时建康还有军队十余万人，但是陈后主生性怯懦软弱，又不懂军事，只是日夜哭泣，台城内的所有军情处置，全部交给施文庆办理。施文庆知道将帅们都恨自己，唯恐他们建立功勋，于是向陈后主上奏说："这些将士们平时总是心怀不满，一向不甘心服事陛下，现在到了危机时刻，怎么可以完全信任他们呢。"因此这些将帅们凡是有所启奏请求，绝大部分都不能获得批准。

【原文】

贺若弼之攻京口也，萧摩诃请将兵逆战，陈主不许。及弼至钟山，摩诃又曰："弼悬军深入，垒堑未坚，出兵掩袭，可以必克。"又不许。陈主召摩诃、任忠于内殿议军事，忠曰："兵法：客贵速战，主贵持重。今国家足兵足食，宜固守台城，缘淮立栅，北军虽来，勿与交战；分兵断江路，无令彼信得通。给臣精兵一万，金翅三百艘，下江径掩六合；彼大军必谓其渡江将士已被俘获，自然挫气。淮南土人与臣旧相知悉，今闻臣往，必皆景从。臣复扬声欲往徐州，断彼归路，则诸军不击自去。待春水既涨，上江周罗睺等众军必沿流赴援。

此良策也。"陈主不能从。明日，欻然曰："兵久不决，令人腹烦，可呼萧郎一出击之。"任忠叩头苦请勿战。孔范又奏："请作一决，当为官勒石燕然。"陈主从之，谓摩诃曰："公可为我一决！"摩诃曰："从来行陈，为国为身；今日之事，兼为妻子。"陈主多出金帛赋诸军以充赏。甲申，使鲁广达陈于白土冈，居诸军之南，任忠次之，樊毅、孔范又次之，萧摩诃军最在北。诸军南北亘二十里，首尾进退不相知。

【译文】

贺若弼进攻京口时，陈朝都督萧摩诃曾经请求率军迎战，陈后主不许。等到贺若弼的人马到了钟山，萧摩诃又上奏说："贺若弼孤军深入，立足未稳，如果乘此时出兵袭击，可保必胜。"陈后主还是不许。陈后主招集萧摩诃、任忠在宫中内殿商议军事，任忠说："兵法上说：来犯之军利在速战，守军利在坚持。现在国家兵足粮丰，应该固守台城，沿着秦淮河建立栅栏，隋军虽然来攻，不要与他们交战；分兵截断长江水路，让隋军音信无法相通。陛下可给我一万精兵，金翅战船三百艘，顺江而下，径直突袭六合镇；这样，隋朝大军一定会认为他们渡过江的将士已经被我们俘获，自然会挫败他们的锐气。淮南土著居民以前与我就互相熟悉，如今听说是我率军前往，必定会响应跟从。我再扬言将要率军进攻徐州，切断隋军的退路，这样，各路隋军就会不战自退。待到雨季春水涨了，上游周罗睺等军必定顺流而下赶来增援。这是一个很好的计策。"陈后主不听从。到了第二天，陈后主忽然说："与隋军长久相持不进行决战，令人心烦，可叫萧摩诃出兵攻打一下。"任忠向陈后主跪地叩头，苦苦请求不要出战。忠武将军孔范又上奏说："请求与隋军决一死战，我军必胜，我将为陛下在燕然山刻石立碑纪念战功。"陈后主听从了孔范的意见，对萧摩诃说："你可为我率军与隋军一决胜负！"萧摩诃说："从来作战都是为了国家与自己，今日与敌决战，兼为妻子儿女。"于是陈后主拿出很多金钱财物，分配给诸军用作奖赏。甲申（二十日），命令鲁广达在白土冈摆开阵势，在各军的最南边，由南往北，依次是任忠、樊毅、孔范，萧摩诃的军队在最北边。陈朝军队所摆开的阵势南北长达二十里，首尾进退彼此都不知晓。

【原文】

贺若弼将轻骑登山，望见众军，因驰下，与所部七总管杨牙、员明等甲士凡八千，勒陈以待之。陈主通于萧摩诃之妻，故摩诃初无战意；唯鲁广达以其徒力战，与弼相当。隋师退走者数四，弼麾下死者二百七十三人，弼纵

175

烟以自隐，窘而复振。陈兵得人头，皆走献陈主求赏，弼知其骄惰，更引兵趣孔范；范兵暂交即走，陈诸军顾之，骑卒乱溃，不可复止，死者五千人。员明擒萧摩诃，送于弼，弼命牵斩之，摩诃颜色自若，弼乃释而礼之。

【译文】

贺若弼率领轻骑登上钟山，望见陈朝的军马，于是骑马下山，与所部七位总管杨牙、员明等将领率兵士八千人，摆好阵势准备迎战。陈后主与萧摩诃的妻子私通，所以萧摩诃一开始就不想打这一仗；只有鲁广达率领部下拼死

陈朝诸军纷纷溃逃。

力战，与贺若弼的军队不相上下。隋军曾经四次被迫后退，贺若弼部下战死的有二百七十三人，后来贺若弼部下纵放烟火用来掩护，才摆脱困境重新振作起来。陈朝兵士获得隋军人头，纷纷跑去献给陈后主以求得奖赏，贺若弼看到陈朝军队骄傲轻敌，于是再次率军冲击孔范的军阵；孔范的兵士与隋军刚一交战即败走，陈朝诸军望见，骑兵、步卒大乱，纷纷溃逃，不可阻止，死了五千人。总管员明擒获萧摩诃，把他送交贺若弼，贺若弼命令推出去斩首，萧摩诃神色自若，贺若弼于是给他松绑并对他以礼相待。

【原文】

任忠驰入台，见陈主言败状，曰："官好住，臣无所用力矣！"陈主与之金两滕，使募人出战，忠曰："陛下唯当具舟楫，就上流众军，臣以死奉卫。"陈主信之，敕忠出部分，令宫人装束以待之，怪其久不至。时韩擒虎自新林进军，忠已帅数骑迎降于石子冈。领军蔡徵守朱雀航，闻擒虎将至，众惧而溃。忠引擒虎直入朱雀门，陈人欲战，忠挥之曰："老夫尚降，诸军何事！"众皆散走。于是城内文武百司皆遁，唯尚书仆射袁宪在殿中，尚书令江总等数人居省中。陈主谓袁宪曰："我从来接遇卿不胜馀人，今日但以追愧。非唯朕无德，亦是江东衣冠道尽。"

陈纪

【译文】

任忠驰马进入建康台城，谒见陈后主，述说了失败经过，说："陛下好自为之，我是无能为力了！"陈后主给他两串金子，让他再募兵出战，任忠说："陛下只有赶紧准备船只，前往上游会合周罗睺等人统领的大军，我拼死护送陛下。"陈后主相信了任忠，敕令他出外布置安排，又下令后宫宫女收拾行装，等待任忠，久等不至，觉得奇怪。当时韩擒虎率军从新林向台城进发，任忠已经率领部下数骑到石子冈去投降。当时陈朝领军将军蔡徵率军守卫朱雀桥，听说韩擒虎将到，手下惊惧害怕，都望风溃逃。任忠带领韩擒虎的人马径直进入朱雀门，还有一些陈军将士想进行抵抗，任忠对他们挥挥手说："我都投降了，你们还抵抗什么！"于是陈军全都逃散。此时，台城内文武大臣全都逃跑，只有尚书仆射袁宪在殿内，尚书令江总等数人在省府中。陈后主对袁宪感叹道："我从来待你不如别人好，今日只有你还留在我的身边，我对以前的事感到很惭愧。这不只是朕失德无道所致，也是江东士大夫的气节丧失净尽了。"

【原文】

陈主遑遽，将避匿，宪正色曰："北兵之入，必无所犯。大事如此，陛下去欲安之！臣愿陛下正衣冠，御正殿，依梁武帝见侯景故事。"陈主不从，下榻驰去，曰："锋刃之下，未可交当，吾自有计！"从宫人十馀出后堂景

陈后主与张贵妃、孔贵嫔逃入井中。

阳殿，将自投于井，宪苦谏不从；后阁舍人夏侯公韵以身蔽井，陈主与争，久之，乃得入。既而军人窥井，呼之，不应，欲下石，乃闻叫声；以绳引之，惊其太重，及出，乃与张贵妃、孔贵嫔同束而上。沈后居处如常。太子深年十五，闭阁而坐，舍人孔伯鱼侍侧，军士叩阁而入，深安坐，劳之曰："戎旅在途，不至劳也！"军士咸致敬焉。时陈人宗室王侯在建康者百馀人，陈主恐其为变，皆召入，令屯朝堂，使豫章王叔英总督之，又阴为之备，及台城失守，相帅出降。

177

【译文】

陈朝后主惊慌失措，想躲藏起来，袁宪严肃地说道："隋军进入皇宫后，必不会对陛下有所侵侮。事已至此，陛下还能躲到什么地方去！我请求陛下把衣服冠冕穿戴整齐，端坐正殿，依照当年梁武帝见侯景的做法。"陈后主没有听从，下了坐床飞

陈后主与张贵妃、孔贵嫔三人被隋军从井中拉出。

奔而去，说："兵刃之下，不能拿性命去冒险，我自有办法！"于是跟着十余个宫人逃出后堂景阳殿，要往井里跳，袁宪苦苦劝谏，陈后主不听。后阁舍人夏侯公韵用自己的身子挡住井口，陈后主极力相争，很长时间才得以跳进井里。不久，有隋军兵士向井里窥视，并大声喊叫，井下无人回应，士兵扬言要往下扔石头，这才听到井下有人呼叫，于是抛下绳索往上拉人，感到非常重，十分吃惊，直到把人拉上来，才看见是陈后主与张贵妃、孔贵嫔三人绑在一起上来了。而沈皇后仍像平常一样，毫不惊慌。皇太子陈深当时十五岁，关上阁门，安然端坐，太子舍人孔伯鱼在一旁侍奉，隋军兵士推门而入，陈深端坐不动，好言慰劳说："你们一路上鞍马劳顿，还不至于过于疲劳吧？"隋军兵士都纷纷向他致敬。当时陈朝宗室王侯在建康城中的人有一百多，陈后主恐怕他们发动政变，就把他们全都召进宫里，命令他们聚集在朝堂，派豫章王陈叔英监督他们，并暗中严加戒备。到台城失守以后，他们都相继出降。

【原文】

贺若弼乘胜至乐游苑，鲁广达犹督馀兵苦战不息，所杀获数百人，会日暮，乃解甲，面台再拜恸哭，谓众曰："我身不能救国，负罪深矣！"士卒皆流涕歔欷，遂就擒。诸门卫皆走，弼夜烧北掖门入，闻韩擒虎已得陈叔宝，呼视之，叔宝惶惧，流汗股栗，向弼再拜。弼谓之曰："小国之君当大国之卿，拜乃礼也。入朝不失作归命侯，无劳恐惧。"既而耻功在韩擒虎后，与擒虎相诟，挺刃而出；欲令蔡徵为叔宝作降笺，命乘骡车归己，事不果。弼置叔

宝于德教殿，以兵卫守。

【译文】

隋将贺若弼率军乘胜进入乐游苑，陈朝都督鲁广达仍督率残兵败将苦战不止，共杀死俘虏隋军数百人，赶上天色近晚，鲁广达方才放下武器，面向台城拜了三拜，失声痛哭，对部下说："我没有能够拯救国家，负罪深重啊！"部下兵士也都痛哭流涕，于是被隋军俘获。台城的宫门卫士都

陈叔宝向贺若弼跪拜叩头。

四散逃走，贺若弼率军在夜间焚烧北掖门而进入皇宫，得知韩擒虎已抓住了陈叔宝，就把他叫来亲自察看，陈叔宝非常害怕，汗流浃背，浑身战栗，向贺若弼跪拜叩头。贺若弼对他说："小国的君主见了大国的公卿大臣，按照礼节应该跪拜。阁下到了隋朝仍不失封归命侯，所以不必恐惧。"过后，贺若弼因功在韩擒虎后觉得很没面子，就与韩擒虎发生争吵，随后怒气冲冲地拔刀而出，准备让陈朝前吏部尚书蔡徵为陈叔宝起草降书，又下令陈叔宝乘坐骡车归附自己，但没有实现。于是贺若弼将陈叔宝置于德教殿内，派兵守卫。

【原文】

高颎先入建康，颎子德弘为晋王广记室，广使德弘驰诣所，令留张丽华，颎曰："昔太公蒙面以斩妲己，今岂可留丽华！"乃斩之于青溪。德弘还报，广变色曰："昔人云，'无德不报'，我必有以报高公矣！"

【译文】

高颎先进入建康，当时高颎的儿子高德弘是晋王府记室参军，杨广就派他驰马来见高颎，传令留下张丽华，高颎说："古时候姜太公吕尚蒙面斩了殷纣王的宠姬妲己，今天岂能留下张丽华！"于是在青溪将张丽华斩首。高德弘回去禀报杨广，杨广脸色大变说："古人云：'无德不报。'我一定要回报高公！"

【原文】

　　广以贺若弼先期决战，违军令，收以属吏。上驿召之，诏广曰："平定江表，弼与韩擒虎之力也。"赐物万段；又赐弼与擒虎诏，美其功。

【译文】

　　晋王杨广因为贺若弼率军与陈朝军队先期决战，违犯了军令，下令将他收捕送交执法官吏。隋文帝派驿使传令召贺若弼入朝，并对杨广下诏说："这次平定江表地区，全仗着贺若弼和韩擒虎二人之力。"于是下令赏赐贺若弼布帛等物一万匹。又赐给贺若弼和韩擒虎诏书，赞美他们二人的功绩。

唐纪

玄武门之变

【原文】

武德七年（甲申，公元624年）

初，齐王元吉劝太子建成除秦王世民，曰："当为兄手刃之！"世民从上幸元吉第，元吉伏护军宇文宝于寝内，欲刺世民，建成性颇仁厚，遽止之。元吉愠曰："为兄计耳，于我何有！"

【译文】

武德七年（甲申，公元624年）

当初，齐王李元吉劝太子李建成除掉秦王李世民，他说："我自当为兄长亲手杀掉他！"李世民跟随高祖李渊驾临李元吉的府第，李元吉派护军宇文宝埋伏在寝室内，准备刺杀李世民，李建成生性颇为仁爱宽厚，马上制止了他。李元吉恼怒地说："我这都是为兄长着想，对我有什么好处呢！"

【原文】

建成擅募长安及四方骁勇二千馀人为东宫卫士，分屯左、右长林，号长林兵。又密使右虞侯率可达志从燕王李艺发幽州突骑三百，置东宫诸坊，欲以补东宫长上，为人所告。上召建成责之，流可达志于巂州。

【译文】

太子李建成擅自招募了长安和各地的骁勇之士二千余人为东宫卫士，让他们分别驻扎在左、右长林门，号称长林兵。李建成又暗中让右虞侯率可达志从燕王李艺那里调来幽州三百精锐骑兵，将他们安置在东宫东面的各个坊市中，准备用这些骑兵补充东宫宿卫的军官。这件事被人告发，高祖召见李建成把他责备了一番，将可达志流放到巂州。

【原文】

杨文翰尝宿卫东宫，建成与之亲厚，私使募壮士送长安。上将幸仁智宫，命建成居守，世民、元吉皆从。建成使元吉就图世民，曰："安危之计，决在今岁。"又使郎将尔朱焕、校尉桥公山以甲遗文幹。二人至豳州，上变，告太子使文幹举兵，使表里相应。又有宁州人杜凤举亦诣宫言状。上怒，托他事，手诏召建成，令诣行在。建成惧，不敢赴。太子舍人徐师谟劝之据城举兵；詹事主簿赵弘智劝之贬损车服，屏从者，诣上谢罪，建成乃诣仁智宫。未至六十里，悉留其官属于毛鸿宾堡，以十馀骑往见上，叩头谢罪，奋身自掷，几至于绝。上怒不解，是夜，置之幕下，饲以麦饭，使殿中监陈福防守，遣司农卿宇文颖驰召文幹。颖至庆州，以情告之，文幹遂举兵反。上遣左武卫将军钱九陇与灵州都督杨师道击之。

【译文】

杨文幹曾经在东宫担任东宫侍卫，李建成亲近并厚待他，悄悄派他招募壮士送到长安。高祖准备去仁智宫，命令李建成留守京城长安，李世民、李元吉随驾。李建成让李元吉乘机除去李世民，他说："无论我们的打算是平安还是危险，就决定在今年了。"李建成又派郎将尔朱焕和

李建成亲近并厚待杨文幹。

校尉桥公山将盔甲送给杨文幹。二人到了豳州，就向皇帝禀报了太子的图谋，告发太子指使杨文幹起兵，让他与自己内外呼应。还有宁州人杜凤举也到仁智宫举报太子的事。高祖大怒，借口别的事，亲笔诏书传召李建成，让他到仁智宫来。李建成心里害怕，不敢前去。太子舍人徐师谟劝他占据长安城，发兵起事；詹事主簿赵弘智则劝他免去太子的车驾章服，屏除随从人员，单独进见皇帝去承认罪责，于是李建成决定前往仁智宫。还没走六十里的路程，李建成就将官属全部留在北魏毛鸿宾遗留下来的堡栅中，只带了十多个人骑马前去进见皇帝，向皇帝磕头请罪，以头碰地，撞得几乎晕死过去。高祖怒气仍未消除，这天夜里，高祖将太子安顿在幕下，给他麦饭充饥，并派殿中监陈福看守着他，又派司农卿宇文颖速去传召杨文幹。宇文颖到了庆州，将太子的情况告诉了杨文幹。于是，杨文幹起兵造反。高祖派左武卫将军钱九陇和灵州都督杨师道迎击。

【原文】

甲子，上召秦王世民谋之，世民曰："文幹竖子，敢为狂逆，计府僚已应擒戮，若不尔，正应遣一将讨之耳。"上曰："不然。文幹事连建成，恐应之者众。汝宜自行，还，立汝为太子。吾不能效隋文帝自诛其子，当封建成为蜀王。蜀兵脆弱，他日苟能事汝，汝宜全之；不能事汝，汝取之易耳！"

【译文】

甲子（二十六日），高祖召秦王李世民商议杨文幹叛乱的事，李世民说："杨文幹这小子竟然敢做这样狂妄谋逆的事，想来他幕府的僚属应当已经将他捉拿并杀掉了，如果不是这样，朝廷就应该派一员将领率兵讨伐他。"高祖说："不是这样的。

高祖召秦王李世民商议杨文幹叛乱的事。

杨文幹的事牵连着建成，恐怕响应的人会很多。你应该亲自出征讨伐，得胜回朝，我就立你为太子。我不能效法隋文帝去诛杀自己的儿子，到时候封建成为蜀王。蜀中兵力薄弱，这样的话，如果以后他能够侍奉你，你应该保全他的性命；如果他不肯侍奉你，你要制伏他也容易啊！"

【原文】

上以仁智宫在山中，恐盗兵猝发，夜，帅宿卫南出山外。行数十里，东宫官属将卒继至，皆令三十人为队，分兵围守之。明日，复还仁智宫。

【译文】

仁智宫建造在山中，高祖担心盗兵突然发难，便连夜率领担任警卫的军队从南面走出山来。走了数里地的时候，太子东宫所属的官员相继到来，高祖让大家一概以三十人为一队，将兵马分散开来，围绕并守卫着。第二天，高祖才又返回仁智宫。

【原文】

世民既行，元吉与妃嫔更迭为建成请，封德彝复为之营解于外，上意遂变，复遣建成还京师居守。惟责以兄弟不睦，归罪于太子中允王珪、左卫率韦挺、天策兵曹参军杜淹，并流于巂州。挺，冲之子也。初，洛阳既平，杜淹久不得调，欲求事建成。房玄龄以淹多狡数，恐其教导建成，益为世民不利，乃言于世民，引入天策府。

【译文】

李世民出征以后，李元吉与后宫妃嫔相继为李建成求情，封德彝又在外朝设法营救他，高祖的想法就改变了，重新派李建成返回长安驻守。高祖只是责备他与兄弟不和，将罪责推给了太子中允王珪、左卫率韦挺、天策兵曹参军杜淹，将他们一并流放到巂州。韦挺是韦冲的儿子。当初，洛阳平定以后，杜淹很久都不得调任，想侍奉李建成。房玄龄认为杜淹狡猾多计，担心他会教唆李建成，越发对李世民不利，便向李世民进言，将杜淹推荐到天策府任职。

【原文】

上校猎城南，太子、秦、齐王皆从，上命三子驰射角胜。建成有胡马，肥壮而喜蹶，以授世民曰："此马甚骏，能超数丈涧，弟善骑，试乘之。"世民乘以逐鹿，马蹶，世民跃立于数步之外，马起，复乘之，如是者三，顾谓宇文士及曰："彼欲以此见杀，死生有命，庸何伤乎！"建成闻之，因令妃嫔谮之于上曰："秦王自言，我有天命，方为天下主，岂有浪死！"上大怒，先召建成、元吉，然后召世民入，责之曰："天子自有天命，非智力可求。汝求之一何急邪！"世民免冠顿首，请下法司案验。上怒不解，会有司奏突厥入寇，上乃改容劳勉世民，命之冠带，与谋突厥。闰月己未，诏世民、元吉将兵出豳州以御突厥，上饯之于兰池。上每有寇盗，辄命世民讨之，事平之后，猜嫌益甚。

【译文】

高祖到城南设场围猎，太子李建成、秦王李世民、齐王李元吉都随同前往，高祖下令，让三人比赛骑马射猎，以决胜负。李建成有匹胡马，膘肥体壮，但是喜欢尥蹶子，李建成将这匹胡马交给李世民说："这匹马跑得很快，能跃过数丈宽的涧水，二弟善于骑马，骑上它试一试吧。"李世民骑马逐鹿，胡马忽然尥起后蹶，李世民跃身而起，跳到数步以外站稳，胡马站起来以后，李世民便再骑上去，这样连续好几次，李世民回头对宇文士及说："他想用这种方式来害我，可是死生有命，难道他能伤害我什么吗！"李建成听说了，就让妃嫔对高祖说李世民的坏话："秦王自己说，上天授命于我，将来要成为天下之主，怎么会这样白白死去呢！"高祖非常生气，先命人将李建成和李元吉二人召来，然后召李世民进见，责备他说："谁是天子，自然会有上天授命于他，不是人的智力所能够谋求的。你也未免太着急了吧！"李世民摘去王冠，伏地叩头谢罪，请求将自己交付执法部门调查。高祖仍然怒气不息，正在此时，有司上奏突厥入侵，高祖这才换了脸色，安慰勉励李世民，让他重新戴上王冠，系好腰带，和他商量对付突厥的事。闰七月，己未（二十一日），高祖颁诏让李世民、李元吉带兵由豳州出发前去抵御突厥，高祖在兰池为他们饯行。每当有战事，高祖总是让李世民前去讨伐敌人，待战事平息以后，高祖对李世民的猜忌就越发厉害了。

【原文】

秦王世民既与太子建成、齐王元吉有隙，以洛阳形胜之地，恐一朝有变，欲出保之，乃以行台工部尚书温大雅镇洛阳，遣秦府车骑将军荥阳张亮将左右王保等千馀人之洛阳，阴结纳山东豪杰以俟变，多出金帛，恣其所用。元吉告亮谋不轨，下吏考验，亮终无言，乃释之，使还洛阳。

【译文】

秦王李世民因为和太子李建成、齐王李元吉结下嫌隙，想到洛阳地势险要，担心将来一旦发生变故，就打算离京防守此地，于是就让行台工部尚书温大雅去镇守洛阳，派秦府车骑将军荥阳人张亮率亲信王保等千余人前往洛阳，暗中结识接纳山东豪杰，等待时势的变化，并拿出大量金银布帛，任由他们使用。李元吉告发张亮图谋不轨，张亮被交付法官考察验证，张亮最终什么也没讲，法官便释放了他，让他返回洛阳。

【原文】

建成夜召世民，饮酒而鸩之。世民暴心痛，吐血数升，淮安王神通扶之还西宫。上幸西宫，问世民疾，敕建成曰："秦王素不能饮，自今无得复夜饮。"因谓世民曰："首建大谋，削平海内，皆汝之功。吾欲立汝为嗣，汝固辞，且建成年长，为嗣日久，吾不忍夺也。观汝兄弟似不相容，同处京邑，必有纷竞，当遣汝还行台，居洛阳，自陕以东皆王之。仍命汝建天子旌旗，如汉梁孝王故事。"
世民涕泣，辞以不欲
远离膝下，上曰："天
下一家，东、西两都，
道路甚迩，吾思汝即
往，毋烦悲也。"将行，
建成、元吉相与谋曰：
"秦王若至洛阳，有
土地甲兵，不可复制；

李建成毒害李世民。

不如留之长安，则一匹夫耳，取之易矣。"乃密令数人上封事，言"秦王左
右闻往洛阳，无不喜跃，观其志趣，恐不复来"。又遣近幸之臣以利害说上。
上意遂移，事复中止。

【译文】

李建成在夜间叫来李世民，请他饮酒，借机在酒中下毒。李世民突然感到心痛，
吐了几口血，淮安王李神通扶他回到西宫。高祖到西宫探望李世民，询问他的病情，
下诏书给李建成说："秦王平素不善于饮酒，以后再不要与他夜间饮酒了。"高祖为
此又对李世民说："第一个提出反隋的谋略，并平定了海内，这些都是你的功劳。我
想立你为太子，你坚持推辞掉了，况且建成年长，又做了很长时间太子，我不忍心
废黜他的储位。看你们兄弟之间好像彼此不能相容，一起待在京城长安肯定要发生
纷争，我打算派你回行台，驻守洛阳，陕州以东都由你主持。让你建天子旌旗，一
如汉梁孝王开创的先例。"李世民哭泣着，以不愿意远离高祖膝下为理由，表示推辞，
高祖说："天下都是一家，西都和东都离得很近，我想念你了就去看你，你不用烦恼
悲伤。"秦王就要出发时，李建成和李元吉商议说："秦王如果到了洛阳，有土地和军队，
就无法再控制他了，不如将他留在长安，那他不过是个寻常人，制伏他也就容易了。"
于是，他们暗中让几个人密奏皇帝，说："秦王身边的人听说前往洛阳，无不欢喜雀跃，
察看李世民的意向，恐怕去了之后就不会再回来了。"又派皇帝亲近宠信的大臣以秦
王去留的得失利弊劝说高祖，高祖便改变了主意，李世民去洛阳的事就被半途搁置了。

【原文】

建成、元吉与后宫日夜谮诉世民于上，上信之，将罪世民。陈叔达谏曰："秦
王有大功于天下，不可黜也。且性刚烈，若加挫抑，恐不胜忧愤，或有不测之疾，

陛下悔之何及！"上乃止。元吉密请杀秦王，上曰："彼有定天下之功，罪状未著，何以为辞？"元吉曰："秦王初平东都，顾望不还，散钱帛以树私恩，又违敕命，非反而何！但应速杀，何患无辞！"上不应。

【译文】

李建成、李元吉与后宫嫔妃日夜不停地在高祖面前讲李世民的坏话，高祖信以为真，准备惩治李世民。陈叔达劝谏说："秦王为朝廷立下了巨大的功劳，是不能够废免的。况且他性情刚强严正，倘若加以压抑贬斥，恐怕经受不住内心的忧伤愤郁，一旦染上难以测知的疾病，到那时陛下可就后悔莫及了！"于是，高祖也就不再追究。李元吉秘密地向高祖奏请杀掉李世民，高祖说："秦王有平定天下的功劳，而他的罪状并不显著，用什么理由杀他呢？"李元吉说："秦王刚刚平定东都洛阳的时候，观望形势，不肯返回长安，广施财物树立个人的恩德，又违抗父皇的诏命，这不是造反又是什么！应该立刻处死他，何必担心找不到借口！"高祖没有回答他。

【原文】

秦府僚属皆忧惧不知所出。行台考功郎中房玄龄谓比部郎中长孙无忌曰："今嫌隙已成，一旦祸机窃发，岂惟府朝涂地，乃实社稷之忧，莫若劝王行周公之事以安家国。存亡之机，间不容发，正在今日！"无忌曰："吾怀此久矣，不敢发口。今吾子所言，正合吾心，谨当白之。"乃入言世民。世民召玄龄谋之，玄龄曰："大王功盖天地，当承大业！今日忧危，乃天赞也。愿大王勿疑。"乃与府属杜如晦共劝世民诛建成、元吉。

【译文】

秦府官员都担心害怕，不知如何是好。行台考功郎中房玄龄对比部郎中长孙无忌说："如今秦王和太子的嫌隙已经造成，一旦祸患暗中发动起来，不只是秦王府会受到损害，实在也是国家的忧患，不如劝秦王效法周公诛管、蔡之事，以安定皇室和国家。如今正是一触即发的危急关头，采取行动就在今天！"长孙无忌说："我早就有这样的想法了，只是不敢讲出来。如今你所说的话正合我意，让我去禀告秦王。"于是，长孙无忌进去告诉了李世民。李世民召房玄龄计议此事，房玄龄说："大王的功劳足以遮盖天地，应当继承大业！如今局势危急，正是上天帮助我们。希望您不要犹豫。"于是，房玄龄和秦王府的属官杜如晦共同劝李世民诛杀李建成、李元吉。

【原文】

建成、元吉以秦府多骁将，欲诱之使为己用，密以金银器一车赠左二副护军尉迟敬德，并以书招之曰："愿迂长者之眷，以敦布衣之交。"敬德辞曰："敬德，蓬户瓮牖之人，遭隋末乱离，久沦逆地，罪

李元吉、李建成想收买尉迟敬德，被他拒绝了。

不容诛。秦王赐以更生之恩，今又策名藩邸，唯当杀身以为报。于殿下无功，不敢谬当重赐。若私交殿下，乃是贰心，徇利忘忠，殿下亦何所用！"建成怒，遂与之绝。敬德以告世民，世民曰："公心如山岳，虽积金至斗，知公不移。相遗但受，何所嫌也！且得以知其阴计，岂非良策！不然，祸将及公。"既而元吉使壮士夜刺敬德，敬德知之，洞开重门，安卧不动，刺客屡至其庭，终不敢入。元吉乃谮敬德于上，下诏狱讯治，将杀之，世民固请，得免。又谮左一马军总管程知节，出为康州刺史。知节谓世民曰："大王股肱羽翼尽矣，身何能久！知节以死不去，愿早决计。"又以金帛诱右二护军段志玄，志玄不从。建成谓元吉曰："秦府智略之士，可惮者独房玄龄、杜如晦耳。"皆谮之于上而逐之。

【译文】

李建成、李元吉认为秦府有很多骁勇善战的将领，想要收买过来以为己用，于是就私下里将一车金银器物送给左二副护军尉迟敬德，并且写信给他，对他说："我希望得到您的顾念，以加深我们之间的布衣之交。"尉迟敬德辞谢道："敬德出身贫苦，遭逢隋末乱世，一直到现在沦落到抗拒朝廷的境地里，实在是罪大恶极，罪不容诛。秦王赐予我重生的恩德，如今又成为秦王府的属下，只能以死来报答秦王的知遇之恩。敬德没有为殿下立过尺寸之功，不敢凭空接受殿下如此丰厚的赏赐。如果我私下和殿下交往，就是对秦王怀有二心，因贪图财利而忘掉忠义，殿下要这种人又有什么用处呢！"李建成大怒，便与他断绝了往来。尉迟敬德把此事告诉了李世民，李世民说："您的心就像山岳般坚定，即使成斗的黄金

尉迟敬德将李建成、李元吉想要收买他的事告诉李世民。

放在眼前，您的心也不会动摇的。如果太子再送礼物，您就收下，这有什么值得猜疑的呢！而且这样做还可以知道他们的阴谋，岂不是一个上好的计策！不然的话，祸事就要降临到您的头上了。"不久，李元吉派壮士夜里行刺尉迟敬德，尉迟敬德得知这一消息后，将重重门户都打开，自己安然躺着不动，刺客数次到了他的庭院里，最终还是没敢进屋。于是，李元吉就在高祖面前诬陷尉迟敬德，高祖下诏将尉迟敬德下狱并审讯拷打，想要处死他，由于李世民一直为他求情，尉迟敬德才得以幸免。李元吉又诬陷左一马军总管程知节，高祖将他外放为康州刺史。程知节对李世民说："辅佐大王的人都被调走了，大王自身又怎么能够长久呢！知节宁死不离开京城，希望大王及早决定下来。"李元吉又用金银布帛引诱右二护军段志玄，段志玄不肯从命。李建成对李元吉说："在秦府有谋略的人物中，值得畏惧的只有房玄龄、杜如晦而已。"李建成与李元吉在高祖面前说他们的坏话，让高祖把他们赶走。

【原文】

世民腹心唯长孙无忌尚在府中，与其舅雍州治中高士廉、右候车骑将军三水侯君集及尉迟敬德等，日夜劝世民诛建成、元吉。世民犹豫未决，问于灵州大都督李靖，靖辞；问于行军总管李世勣，世勣辞。世民由是重二人。

【译文】

李世民的亲信只有长孙无忌还在秦王府中，他和他的舅舅雍州治中高士廉、右候车骑将军三水侯君集及尉迟敬德等人，日夜劝说李世民诛杀李建成和李元吉。李世民犹豫不决，向灵州大都督李靖问计，李靖推辞了；又问行军总管李世勣，李世勣也推辞了。从此，李世民便器重他们二人。

【原文】

会突厥郁射设将数万骑屯河南，入塞，围乌城，建成荐元吉代世民督诸军北征，上从之，命元吉督右武卫大将军李艺、天纪将军张瑾等救乌城。元吉请尉迟敬德、程知节、段志玄及秦府右三统军秦叔宝等与之偕行，简阅秦王帐下精锐之士以益元吉军。率更丞王晊密告世民曰："太子语齐王：'今汝得秦王骁将精兵，拥数万之众，吾与秦王饯汝于昆明池，使壮士拉杀之于幕下，奏云暴卒，主上宜无不信。吾当使人进说，令授吾国事。敬德等既入汝手，宜悉坑之，孰敢不服！'"世民以晊言告长孙无忌等，无忌等劝世民先事图之。世民叹曰："骨肉相残，古今大恶。吾诚知祸在朝夕，欲俟其发，然后以义讨之，不亦可乎！"敬德曰："人情谁不爱其死！今众人以死奉王，乃天授也。祸机垂发，而王犹晏然不以为忧，大王纵自轻，如宗庙社稷何！大王不用敬德之言，敬德将窜身草泽，不能留居大王左右，交手受戮也！"无忌曰："不从敬德之言，事今败矣。敬德等必不为王有，无忌亦当相随而去，不能复事大王矣！"世民曰："吾所言亦未可全弃，公更图之。"敬德曰："王今处事有疑，非智也；临难不决，非勇也。且大王素所畜养勇士八百馀人，在外者今已入宫，擐甲执兵，事势已成，大王安得已乎！"

【译文】

适逢突厥郁射设率领数万骑兵屯驻黄河以南，侵入边关，包围了乌城，李建成便推荐李元吉代替李世民率军北征突厥，高祖答应了，让李元吉督率右武卫大将军李艺、天纪将军张瑾等人前去援救乌城。李元吉请求让尉迟敬德、程知节、段志玄及秦府右三统军秦叔宝等人与他一同出征，检阅并挑选秦王帐下精锐之士编入李元吉军中，来增强李元吉的军力。率更丞王晊秘密禀告李世民说："太子对齐王说：'现在你得到秦王手下的骁将精兵，拥有数万人马，我同秦王在昆明池为你饯行，让勇士就在帐幕里摧折他的肋骨，将他杀死，上奏说他暴病身亡，皇上该不会不相信。我会让人进言，请陛下将国事交与我。敬德等人既然到你手中，你就全部活埋了他们，谁还敢不服呢！'"李世民将王晊的话告诉

尉迟敬德劝秦王李世民先发制人。

了长孙无忌等人，长孙无忌等人劝李世民先发制人。李世民叹息道："骨肉相残，是自古以来最大的恶行。我也知道早晚会有祸事，但一直想等他们先动手，然后再用有负道义的罪名讨伐他们，这不也是可以的吗！"尉迟敬德说："作为人之常情，谁能舍生死去呢！如今众人甘心冒着生命危险拥戴大王，这是上天所授。祸患随时都会发生，而大王仍旧态度安然，不以此事为忧，大王即使不把自己的生命看得那么重要，又怎么对得起宗庙社稷呢！如果大王不肯采用我的主张，敬德就将藏身于民间，不能再留在大王身边，拱手等着别人来杀我！"长孙无忌说："如果大王不肯听从尉迟敬德的主张，事情现在便已经败了。尉迟敬德等人不会再跟随大王，无忌也会随之离开，不能再侍奉大王了！"李世民说："我所说的意见也不能够完全舍弃，您再计议一下吧。"尉迟敬德说："如今大王处理此事犹有疑虑，这是不智；面临危难不能决断，这是不勇。况且，大王平时畜养的八百多名勇士，凡是在外面的，现在也已经进入宫中，他们穿好盔甲，手执兵器，起事的形势已经形成，大王怎么能够制止得住呢！"

【原文】

世民访之府僚，皆曰："齐王凶戾，终不肯事其兄。比闻护军薛实尝谓齐王曰：'大王之名，合之成"唐"字，大王终主唐祀。'齐王喜曰：'但除秦王，取东宫如反掌耳。'彼与太子谋乱未成，已有取太子之心。乱心无厌，何所不为！若使二人得志，恐天下非复唐有。以大王之贤，取二人如拾地

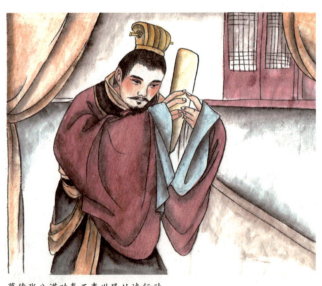

幕僚张公谨劝秦王李世民从速行动。

芥耳，奈何徇匹夫之节，忘社稷之计乎！"世民犹未决，众曰："大王以舜为何如人？"曰："圣人也。"众曰："使舜浚井不出，则为井中之泥，涂廪不下，则为廪上之灰，安能泽被天下，法施后世乎！是以小杖则受，大杖则走，盖所存者大故也。"世民命卜之，幕僚张公谨自外来，取龟投地，曰："卜以决疑；今事在不疑，尚何卜乎！卜而不吉，庸得已乎！"于是定计。

【译文】

李世民就此事向秦王府僚属询问，大家都说："齐王凶暴乖张，终究是不肯侍奉自己的兄长的。近来听说护军薛实曾经对齐王说：'大王之名，合起来可以成为一个"唐"字，看来大王最终是要主持大唐祭祀的。'齐王欢喜地说：'只要能够除掉秦王，再除东宫就易如反掌了。'李元吉和太子共同谋事还未成功，就已经有了夺取储位的心思。他作乱的心思没有满足的时候，什么事做不出来呢！假使太子和齐王如愿以偿了，恐怕天下就不再归大唐所有。以大王的贤明，捉拿这两个人如捡取草芥一样容易，怎么能为了信守平常人的节操，而忘记社稷大事呢！"李世民仍犹豫未决。众人说："大王认为舜是什么样的人呢？"李世民说："是圣人。"众人说："假如舜挖井的时候没能逃出来，他便化为井中的泥土了，假如他在粉刷粮仓的时候没能下来，就成为仓库上面的灰烬了，还怎么能够使自己的恩泽遍及天下，法度流传后世呢！所以，虞舜在遭到父亲用小棍棒笞打的时候便忍受了，在遭到父亲用大棍棒笞打的时候便逃走，这恐怕是因为虞舜心里所想的是大事啊。"李世民让人占卜一下这样做是否顺利，恰好幕僚张公谨从外面进来，他拿起占卜用的龟甲扔到地上说："占卜是用来决定疑难之事的，如今的事根本没有疑问，还占卜什么呢！如果占卜得到的结果是不吉的，难道就不采取行动了吗！"于是秦王做了决定。

【原文】

己未，太白复经天。傅奕密奏："太白见秦分，秦王当有天下。"上以其状授世民。于是世民密奏建成、元吉淫乱后宫，且曰："臣于兄弟无丝毫负，今欲杀臣，似为世充、建德报仇雠。臣今枉死，永违君亲，魂归地下，实耻见诸贼！"上省之，愕然，报曰："明当鞫问，汝宜早参。"

【译文】

己未（初三），金星再次白天出现在天空正南方的午位。傅奕密奏道："太白在秦地上空出现，这是秦王应当拥有天下的征兆。"高祖把傅奕的密状交给了李世民。于是，李世民向高祖奏陈李建成与李元吉淫乱后宫，并且说："儿臣丝毫没有对不起哥哥与弟弟的地方，如今他们想要杀死儿臣，好像是要为王世充、窦建德报仇。儿臣要是枉死，永远离开陛下和亲人，魂魄回到地下，实在羞于见到经我手除灭的那些贼人。"高祖有所醒悟，惊讶不已，答复道："明天我会审问此事，你最好及早前来朝参。"

【原文】

庚申，世民帅长孙无忌等人，伏兵于玄武门。张婕妤窃知世民表意，驰语建成。建成召元吉谋之，元吉曰："宜勒宫府兵，托疾不朝，以观形势。"建成曰："兵备已严，当与弟入参，自问消息。"乃俱入，趣玄武门。上时已召裴寂、萧瑀、陈叔达等，欲按其事。

【译文】

庚申（初四），李世民率长孙无忌等人进宫，在玄武门埋伏好士兵。张婕妤私下里得知李世民上表的大意，派人前去告诉李建成。李建成召李元吉商议，李元吉说："我们应该率领东宫与府中的兵力，称病不去上朝，看看形势再说。"李建成说："我们的兵力已经布置严密了，我还是应该和你一同入朝，亲自打听消息。"于是二人一起入朝，向玄武门走来。当时，高祖已经召裴寂、萧瑀、陈叔达等人入宫，准备查问这件事情了。

【原文】

建成、元吉至临湖殿，觉变，即跋马东归宫府。世民从而呼之，元吉张弓射世民，再三不彀，世民射建成，杀之。尉迟敬德将七十骑继至，左右射元吉坠马。世民马逸入林下，为木枝所絓，坠不能起。元吉遽至，夺弓将扼之，敬德跃马叱之。元吉步欲趣武德殿，敬德追射，杀之。翊卫车骑将军冯翊冯立闻建成死，叹曰："岂有生受其恩而死逃其难乎！"乃与副护军薛万彻、屈咥直府左车骑万年谢叔方帅东宫、齐府精兵二千驰趣玄武门。张公谨多力，独闭关以拒之，不得入。云麾将军敬君弘掌宿卫后，屯玄武门，挺身出战，所亲止之曰："事未可知，且徐观变，俟兵集，成列而战，未晚也。"君弘不从，与中郎将吕世衡大呼而进，皆死之。君弘，显隽之曾孙也。守门兵与万彻等力战良久，万彻鼓噪欲攻秦府，将士大惧，尉迟敬德持建成、元吉首示之，宫府兵遂溃。万彻与数十骑亡入终南山。冯立既杀敬君弘，谓其徒曰："亦足以少报太子矣！"遂解兵，逃于野。

【译文】

李建成、李元吉来到临湖殿的时候，察觉有变故，立即勒转马头向东，准备返回东宫和齐王府。李世民跟在后面招呼他们，李元吉张弓射李世民，一连两三次，怎么也没将弓拉满，李世民射中李建成，杀死了他。尉迟敬德带领七十人相继赶到，左右把李元吉射下马来。
李世民的马跑到林子里，
被树枝挂住，李世民坠
马倒在地上，不能起来。
李元吉突然赶到，夺过
弓来，想要掐死李世民，
尉迟敬德骑马赶到，大
声呵斥李元吉。李元吉
打算步行逃往武德殿，
尉迟敬德追上去，将他

李世民射杀李建成。

射死了。翊卫车骑将军冯翊人冯立得知李建成死去的消息，叹息道："怎么能活
着时蒙受人家的恩惠，人家一死便逃避人家的祸难吗！"于是就和副护军薛万彻、
屈咥直府左车骑万年人谢叔方率领东宫、齐府二千精兵骑马赶往玄武门。张公谨
膂力过人，独自关上宫门阻挡东宫、齐府兵，使他们不能进来。云麾将军敬君弘
掌管宿卫军，驻扎在玄武门，他挺身而起，准备和冯立交战，手下阻止他说："事
情未见分晓，姑且慢慢观察事态的发展变化，等军队都到了以后，再结成阵列出
战也不晚。"敬君弘不肯听，便与中郎将吕世衡大声呼喊着出战，结果都战死了。
敬君弘是敬显隽的曾孙。把守玄武门的士兵与薛万彻等人奋力交战，持续了很长
时间，薛万彻擂鼓呼喊着，准备攻打秦王府，秦府的将士们大为惊惧，这时，尉
迟敬德提着李建成和李元吉的头颅给薛万彻等人看，东宫和齐王府的人马就溃散
了。薛万彻带数十骑逃进终南山。冯立杀了敬君弘后，对手下人说："这样也足
够报答太子的了！"于是解散人马，落荒而逃。

【原文】

上方泛舟海池，世民使尉迟敬德入宿卫，敬德擐甲持矛，直至上所。上大惊，
问曰："今日乱者谁邪？卿来此何为？"对曰："秦王以太子、齐王作乱，
举兵诛之，恐惊动陛下，遣臣宿卫。"上谓裴寂等曰："不图今日乃见此事，
当如之何？"萧瑀、陈叔达曰："建成、元吉本不预义谋，又无功于天下，
疾秦王功高望重，共为奸谋。今秦王已讨而诛之，秦王功盖宇宙，率土归心，
陛下若处以元良，委之国务，无复事矣！"上曰："善！此吾之夙心也。"
时宿卫及秦府兵与二宫左右战犹未已，敬德请降手敕，令诸军并受秦王处分，
上从之。天策府司马宇文士及自东上阁门出宣敕，众然后定。上又使黄门侍郎

裴矩至东宫晓谕诸将卒，皆罢散。上乃召世民，抚之曰："近日以来，几有投杼之惑。"李世民跪而吮上乳，号恸久之。

【译文】

当时高祖正泛舟海池，李世民派尉迟敬德入宫守卫，尉迟敬德身披铠甲，手执长矛，径直来到高祖所在的地方。高祖很震惊，问他说："今日作乱的是谁？你来这里干什么？"尉迟敬德答道："由于太子和齐王作乱，秦王起兵诛杀了他们，秦王担心惊动陛下，所以派臣担任警卫。"高祖对裴寂等人说："想不到今天竟然会出现这种事情，现在该怎么办？"萧瑀和陈叔达说："李建成与李元吉本来就没有参与起兵反隋之事，又没有为天下立下功劳，他们嫉妒秦王功勋大、威望高，所以共同策划邪恶的阴谋。如今秦王既然已经讨伐诛杀了二人，加上秦王的功绩布满天下，百姓都诚心归向他，如果陛下立他为太子，将国家政务交托给他，就不会再发生事端了。"高祖说："好！这正是我一直以来的想法啊。"当时，宫廷宿卫、秦王府的兵马和东宫以及齐府的将士仍在激战，尉迟敬德请高祖颁布亲笔敕令，命令各军都由秦王统领，高祖答应了。天策府司马宇文士及从东上阁门出来宣布敕令，然后局势渐渐平息下来。高祖又派黄门侍郎裴矩到东宫开导各个将士，将他们罢兵解散。于是，高祖召见李世民，抚慰他说："近来，我几乎出现了曾母误听曾参杀人而丢开织具逃走的疑惑。"李世民跪下来，伏在高祖的胸前，放声痛哭了很长时间。

【原文】

建成子安陆王承道、河东王承德、武安王承训、汝南王承明、钜鹿王承义，元吉子梁郡王承业、渔阳王承鸾、普安王承奖、江夏王承裕、义阳王承度皆坐诛，仍绝属籍。

李世民绝除李元吉、李建成的子嗣。

【译文】

李建成的儿子安陆王李承道、河东王李承德、武安王李承训、汝南王李承明、钜鹿王李承义，李元吉的儿子梁郡王李承业、渔阳王李承鸾、普安王李承奖、江夏王李承裕、义阳王李承度等人都因为受到牵连而被杀，还在宗室的名册上除去他们的名字。

【原文】

初，建成许元吉以正位之后，立为太弟，故元吉为之尽死。诸将欲尽诛建成、元吉左右百馀人，籍没其家，尉迟敬德固争曰："罪在二凶，既伏其诛，若及支党，非所以求安也！"乃止。是日，下诏赦天下。凶逆之罪，止于建成、元吉，自馀党与，

李世民接受了尉迟敬德的建议不再追究其他人责任。

一无所问。其僧、尼、道士、女冠并宜依旧。国家庶事，皆取秦王处分。

【译文】

当初，李建成答应李元吉在自己即位以后，将他立为皇太弟，所以李元吉为李建成尽死效力。各位将领准备将李建成和李元吉手下的一百多名亲信全部诛除，将他们的家产没收充公，尉迟敬德再三争辩说："罪过都在两个元凶身上，如今他们已经受到死刑的处罚了，倘若还要牵连他们的党羽，就不是殿下谋求安定天下的本愿了！"秦王接受了他的建议不再追究。当天，高祖颁诏大赦天下。叛逆的罪名只加在建成和李元吉二人身上，对其余党羽一概不问。那些僧人、女尼、男女道士依照原先颁布的诏令处理。国家的各项政务，全部由秦王处置。

【原文】

辛酉，冯立、谢叔方皆自出。薛万彻亡匿，世民屡使谕之，乃出。世民曰："此皆忠于所事，义士也。"释之。

【译文】

辛酉（初五），冯立和谢叔方都自动出来。薛万彻逃亡躲避起来以后，李世民多次让人晓示他，薛万彻就出来了。李世民说："这些人都忠于自己所侍奉的人，真是义士啊！"于是免除了他们的罪。

【原文】

癸亥，立世民为皇太子。又诏："自今军国庶事，无大小悉委太子处决，然后闻奏。"

【译文】

癸亥（初七），高祖立李世民为皇太子。又颁布诏书说："从今以后，军队和国家的各项事务，无论大小，都交给太子处决，然后再上奏。"

【原文】

臣光曰：立嫡以长，礼之正也。然高祖所以有天下，皆太宗之功；隐太子以庸劣居其右，地嫌势逼，必不相容。向使高祖有文王之明，隐太子有泰伯之贤，太宗有子臧之节，则乱何自而生矣！既不能然，太宗始欲俟其先发，

礼制的正常法则是将嫡长子立为太子。

然后应之，如此，则事非获已，犹为愈也。既而为群下所迫，遂至蹀血禁门，推刃同气，贻讥千古，惜哉！夫创业垂统之君，子孙之所仪刑也，彼中、明、肃、代之传继，得非有所指拟以为口实乎！

【译文】

司马光说：将嫡长子立为太子，是礼制的正常法则。然而，高祖之所以拥有天下，完全是倚仗李世民的功劳。太子李建成天资平庸，却位居李世民之上，所处的地位居于尴尬的境地，易生嫌猜，所拥有的权力相互威胁，兄弟二人势必不能相容。假如高祖有周文王的明智，太子李建成有泰伯的贤德，太宗有子臧那样的节操，变乱又会从哪里生出来呢！既然不能如此，那么太宗这才打算等待李建成首先发难，然后采取相应的行动，这样说，太宗也是迫不得已才这样做的，尚且算是做得较好的了。接着，秦王被各位下属施加压力，于是导致宫廷门前发生了流血事件，手刃兄弟，引起后世人的嘲笑，多么可惜啊！一般说来，创立基业传给后世的君主，是子孙后代效仿的楷模，后来中宗、玄宗、肃宗、代宗帝位传承的情形，岂不是对太宗的指顾与效法中找到借口的吗！

贞观治道

【原文】

武德九年（丙戌，公元 626 年）

丙午，上与群臣论止盗。或请重法以禁之，上哂之曰："民之所以为盗者，由赋繁役重，官吏贪求，饥寒切身，故不暇顾廉耻耳。朕当去奢省费，轻徭薄赋，选用廉吏，使民衣食有馀，则自不为盗，安用重法邪！"自是数年之后，海内升平，路不拾遗，外户不闭，商旅野宿焉。

上又尝谓侍臣曰："君依于国，国依于民。刻民以奉君，犹割肉以充腹，腹饱而身毙，君富而国亡。故人君之患，不自外来，常由身出。夫欲盛则费广，费广则赋重，赋重则民愁，民愁则国危，国危则君丧矣。朕常以此思之，故不敢纵欲也。"

【译文】

武德九年（丙戌，公元 626 年）

丙午（二十一日），唐太宗李世民和群臣讨论如何平息盗贼。有人请求设严格的法令来禁止，太宗微微笑了笑说："百姓之所以成为盗贼，是因为赋役繁重，官吏贪污求贿，民众饥寒交集，所以才不顾廉耻了。朕应当绝弃奢侈浪费，轻徭薄赋，任用清廉的官员，让百姓衣食有余，他们就不会做盗贼了，何必用严刑重法呢！"自此过了几年后，天下太平，路不拾遗，外面的大门都不用关闭，商旅之人可以在荒郊野外露宿。

太宗又曾经对身边的大臣说："君主依靠国家，国家依仗百姓。欺压百姓来侍奉君主，就像割肉用来充饥一样，肚子饱了人却死了，君主富有了国家却要灭亡了。因此人君最担心的，不是外患，而是国家内部出现问题。欲望多了花费就大，花费大了赋税就重，赋税重则百姓愁苦，百姓愁苦则国家就危险了，国家危险君主也就难以自保了。朕经常思考这些，所以不敢放纵自己的欲望。"

【原文】

上厉精求治，数引魏徵入卧内，访以得失。徵知无不言，上皆欣然嘉纳。

上遣使点兵，封德彝奏："中男虽未十八，其躯干壮大者，亦可并点。"上从之。敕出，魏徵固执以为不可，不肯署敕，至于数四。上怒，召而让之曰："中男壮大者，乃奸民诈妄以避征役，取之何害，而卿固执至此！"对曰："夫兵在御之得其道，不在众多。陛下取其壮健，以道御之，足以无敌于天下，何必多取细弱以增虚数乎！且陛下每云：'吾以诚信御天下，欲使臣民皆无欺诈。'今即位未几，失信者数矣！"上愕然曰："朕何为失信？"对曰："陛下初即位，下诏云：'逋负官物，悉令蠲免。'有司以为负秦府国司者，非官物，征督如故。陛下以秦王升为天子，国司之物，非官物而何！又曰：'关中免二年租调，关外给复一年。'既而继有敕云：'已役已输者，以来年为始。'散还之后，方复更征，百姓固已不能无怪。今既征得物，复点为兵，何谓以来年为始乎！又陛下所与共治天下者在于守宰，居常简阅，咸以委之，至于点兵，独疑其诈，岂所谓以诚信为治乎！"上悦曰："向者朕以卿固执，疑卿不达政事，今卿论国家大体，诚尽其精要。夫号令不信，则民不知所从，天下何由而治乎！朕过深矣！"乃不点中男，赐徵金瓮一。

【译文】

　　太宗励精图治，多次将魏徵带入卧室，询问他施政的得失。魏徵知无不言，太宗都欣然采纳。太宗派人征兵，封德彝奏道："未成丁的男子虽然未满十八，但是其中身材健壮的也可以征募。"太宗同意了。敕令传出后，魏徵坚持认为不可，不肯签署，以致往返四次。太宗发怒，召见魏徵责问道："未成丁的男子中身材壮大的，都是狡猾的百姓虚报年龄欺骗官府，妄图用这种方法逃避征役，征募这

唐太宗询问魏徵他施政的得失。

些人又有什么害处，而你却这么固执己见！"魏徵答道："军队在于统领得法，而不在人数众多。陛下征发成丁男子中身体健壮的，用合适的方法带领，便足以无敌于天下，又何必多征尚未成丁的男子以增加虚数呢！何况陛下经常说：'我以诚信治理天下，欲使臣下百姓都没有欺诈行

为。'如今陛下即位没多久，却已经失信好几次了！"太宗吃惊地问道："朕怎么失信了？"魏徵答道："陛下刚即位时，就下诏说：'百姓所欠朝廷的赋税，全部免除。'有关部门认为欠秦王府库租税的，不属于官家财物，照旧征收。陛下从秦王升为天子，秦王府库之物不是朝廷之物又是什么呢！又下诏：'关中免二年租调，关外免一年的赋税徭役。'不久又有敕令说：'当年已经征发徭役和已经交纳赋税的，从第二年开始。'把百姓上交的赋税散还以后，又再征收，这样百姓不能没有责怪之意。如今已经征收赋役，还指派中男为兵，还谈什么从下一年开始免除呢！还有，辅佐陛下共同治理天下的都是这些地方官员，各方面要接受陛下的监督，日常公务陛下都交托给他们，可是到了征兵的时候，却怀疑他们欺骗，这难道是以诚信为治国之道吗！"太宗高兴地说："以前朕觉得你固执，怀疑你不通达政务，如今见你议论国家大政方针，确实是说到了它的精要。朝廷政令没有诚信，则百姓不知道应当遵行什么，国家如何能得到治理呢！朕的过失很严重啊！"于是不再征募未成丁的男子，赏赐魏徵一件金瓮。

【原文】

上闻景州录事参军张玄素名，召见，问以政道，对曰："隋主好自专庶务，不任群臣。群臣恐惧，唯知禀受奉行而已，莫之敢违。以一人之智决天下之务，借使得失相半，乖谬已多，下谀上蔽，不亡何待！陛下诚能谨择群臣而分任以事，高拱穆清而考其成败以施刑赏，何忧不治！又，臣观隋末乱离，其欲争天下者不过十馀人而已，其馀皆保乡党、全妻子，以待有道而归之耳。乃知百姓好乱者亦鲜，但人主不能安之耳。"上善其言，擢为侍御史。

【译文】

太宗听说了景州录事参军张玄素的名声，召见他，向他询问为政之道，张玄素答道："隋朝皇帝喜欢自己把持所有事务，不委任给群臣。群臣内心恐惧，只知道奉命加以执行，没有敢违抗的。以一人的智慧决定天下事，即使能够做到得失参半，乖谬失误之处已经很多了，加上君主被下面阿谀奉承所蒙蔽，国家不灭亡还等什么！陛下如果能够谨慎地选择群臣，让他们各司其职，自己安坐在朝廷上，清和静穆，考查臣下的成败而施以刑法或者赏赐，如果能够这样，还担心国家治理不好吗！而且，我留心到隋末乱世，其中想要争夺天下的不过十余人，其余大部分都想保全乡里和妻子儿女，等待有道的君主出现而诚心归附。于是知道百姓很少有人喜欢乱世的，只不过君主不能使他们安定罢了。"太宗欣赏他的言论，提拔他为侍御史。

【原文】

上令封德彝举贤，久无所举。上诘之，对曰："非不尽心，但于今未有奇才耳！"上曰："君子用人如器，各取所长，古之致治者，岂借才于异代乎？正患己不能知，安可诬一世之人！"德彝惭而退。

御史大夫杜淹奏"诸司文案恐有稽失，请令御史就司检校"。上以问封德彝，对曰："设官分职，各有所司。果有愆违，御史自应纠举；若遍历诸司，搜摘疵颣，太为烦碎。"淹默然。上问淹："何故不复论执？"对曰："天下之务，当尽至公，善则从之，德彝所言，真得大体，臣诚心服，不敢遂非。"上悦曰："公等各能如是，朕复何忧！"

【译文】

太宗让封德彝推荐贤才，过了很久也没有人选。太宗质问他是怎么回事，封德彝回答说："不是臣不尽心，只是如今没有杰出的人才！"太宗说："君子用人如用器物，各取其长处，古代国家达到大治的，难道依靠的是从别的时代借来的人才吗？应当忧虑自己不能识别人才，怎么能冤枉天下所有的人呢！"封德彝惭愧地退下了。

太宗让封德彝推荐贤才。

御史大夫杜淹上奏道："各部门文件案宗恐有稽延错漏，请求下令让御史到各部门检查核对。"太宗问封德彝，封德彝回答道："设立不同的官职，各有分工。如果各部门真的有过失，御史自当纠察检举；如果让御史查遍各部门，搜摘出各种毛病，实在是太烦琐。"杜淹沉默不语。太宗问杜淹："为什么不加争辩呢？"杜淹答道："处理天下事务，应当尽心尽力，务求公正，听到好的意见就要接受，德彝讲的话深得大体，臣心悦诚服，不敢有所非议。"太宗很高兴，说："各位如果都能做到这样，朕还有什么忧虑的呢！"

【原文】

初，隋末丧乱，豪桀并起，拥众据地，自相雄长。唐兴，相帅来归，上皇为之割置州县以宠禄之，由是州县之数，倍于开皇、大业之间。上以民少吏多，思革其弊。二月，命大加并省，因山川形便，分为十道：一曰关内，二曰河南，三曰河东，四曰河北，五曰山南，六曰陇右，七曰淮南，八曰江南，九曰剑南，十曰岭南。

【译文】

起初，隋朝末年天下大乱，英雄豪杰蜂拥而起，拥兵占据地盘，各自称雄一方。唐兴起后，各路豪杰相继归附，高祖为他们分置州县，施以恩宠，由于这一原因导致州县的数目大大超过隋朝开皇、大业年间。太宗认为官多民少，想革除这一弊端。二月，下令对这些州县大力合并，依山川地势条件，将全国分为十个区域单位：一关内，二河南，三河东，四河北，五山南，六陇右，七淮南，八江南，九剑南，十岭南。

【原文】

有上书请去佞臣者，上问："佞臣为谁？"对曰："臣居草泽，不能的知其人，愿陛下与群臣言，或阳怒以试之。彼执理不屈者，直臣也；畏威顺旨者，佞臣也。"上曰："君，源也；臣，流也。浊其源而求其流之清，不可得矣。君自为诈，何以责臣下之直乎！朕方以至诚治天下，见前世帝王好以权谲小数接其臣下者，常窃耻之。卿策虽善，朕不取也。"

【译文】

有大臣上书给唐太宗请求去除奸佞的人，太宗问上书的人："奸佞小人是谁？"上书者回答说："臣下居住在边荒野地，不能准确地知道谁是奸佞小人，希望陛下和大臣们说，或者佯装大怒来测试大臣们。那些坚持真理不肯屈服的人，是正直的大臣；那些害怕权势顺从旨意的大臣，便是奸佞之人。"太宗说："君主，是水的源头；臣子，是水的支流。源泉浑浊而要求水流清澈，是不可能的。君主自己都做欺诈的事，怎么能要求臣子们的行为正直呢！朕正用诚信来治理天下，看到以前的帝王喜欢用狡诈的伎俩来对待臣下，私下常常认为这是可耻的。你所说的方法虽然很好，朕不能采纳啊。"

【原文】

上问公卿以享国久长之策，萧瑀言："三代封建而久长，秦孤立而速亡。"上以为然，于是始有封建之议。

【译文】

太宗向公卿大臣询问使国运长久的办法，萧瑀说："夏、商、周分封诸侯而统治时间长久，秦国孤立专制便迅速灭亡了。"太宗认为有道理，于是有了分封诸侯王的想法。

【原文】

上神采英毅，群臣进见者，皆失举措。上知之，每见人奏事，必假以辞色，冀闻规谏。尝谓公卿曰："人欲自见其形，必资明镜；君欲自知其过，必待忠臣。苟其君愎谏自贤，其臣阿谀顺旨，君既失国，臣岂能独全！如虞世基

进见的人看到唐太宗时，都手足失措。

等谄事炀帝以保富贵，炀帝既弑，世基等亦诛。公辈宜用此为戒，事有得失，无毋尽言！"

【译文】

太宗神情、风采英武刚毅，进见的人看到他时，都手足失措。太宗知道后，每每见人上朝奏事，都对他们和颜悦色，希望听到大臣的规谏之言。太宗曾经对公卿说："人要想看见自己的样子，一定要借助于镜子；君主想要知道自己的过失，就一定要善待忠正耿直的大臣。如果君王刚愎自用，认为只有自己才最聪明正确，不听劝告，大臣阿谀逢迎，这样君主就会失去国家，君主亡了国，大臣又岂能独自保全！就像虞世基等人逢迎侍奉隋炀帝以此来保全自身的富贵，隋炀帝被杀以后，虞世基等人也被处死。各位应当把这些当作前车之鉴，处事总有得失，你们要把听到想到的话都说出来。"

【原文】

上谓公卿曰："昔禹凿山治水而民无谤讟者，与人同利故也。秦始皇营宫室而人怨叛者，病人以利己故也。夫靡丽珍奇，固人之所欲，若纵之不已，则危亡立至。朕欲营一殿，材用已具，鉴秦而止。王公已下，宜体朕此意。"

由是二十年间，风欲素朴，衣无锦绣，公私富给。

【译文】

太宗对公卿说："从前大禹凿山治水而百姓没有怨言，是因为大禹治水的事是与民利益攸关的缘故。秦始皇营造宫室而百姓怨声载道、图谋反叛，是因为秦始皇损害老百姓的利益以利他自己的缘故。华丽的奇珍异宝，本是每个人都想得到的，假如放纵自己不知适可而止，那么国家的危亡立刻就到了。朕想要建造一个宫殿，材料费用已经齐备，有鉴于秦的灭亡，建造宫殿的事便停止了。亲王公卿以下，应当体会朕的这个想法。"从此二十年间，民风更加质朴淳厚，穿的衣服不用锦绣，官府与百姓都很富足。

【原文】

上谓黄门侍郎王珪曰："国家本置中书、门下以相检察，中书诏敕或有差失，则门下当行驳正。人心所见，互有不同，苟论难往来，务求至当，舍己从人，亦复何伤！比来或护己之短，遂成怨隙，或苟避私怨，知非不正，顺一人之颜情，为兆民之深患，此乃亡国之政也。炀帝之世，内外庶官，务相顺从。当是之时，皆自谓有智，祸不及身。及天下大乱，家国两亡，虽其间万一有得免者，亦为时论所贬，终古不磨。卿曹各当徇公忘私，勿雷同也！"

【译文】

太宗对黄门侍郎王珪说："朝中本来设置中书省、门下省，是用来相互监督检察，中书省起草诏令制敕如有差误，门下省当予以纠驳指正。每个人的见解都各有不同，如果往来辩论，务求准确恰当，放弃个人见解从善如流，又有什么不好呢！近来有的人对自己的短处不能正确处理，于是产生仇怨隔阂，有的人为了避免私人之间的怨恨，明明知道其所作所为错误却也不加指正，顺从顾及某个人的情面，造成万民的灾患，这是亡国的政治。隋炀帝在位时，内外官吏都相互顺从。在那个时候，都自认为有智慧，祸患殃及不到自身。等到天下大乱，家庭与国家俱亡，虽然这中间偶然有得以幸免的，也要被舆论所针砭，永远难以磨灭。你们每个人都应徇公忘私，不要犯同样的错误！"

【原文】

上谓侍臣曰："吾闻西域贾胡得美珠，剖身以藏之，有诸？"侍臣曰："有之。"上曰："人皆知彼之爱珠而不爱其身也。吏受赇抵法，与帝王徇奢欲而亡国者,何以异于彼胡之可笑邪!"魏徵曰:"昔鲁哀公谓孔子曰:'人有好忘者,徙宅而忘其妻。'孔子曰:'又有甚者,桀、纣乃忘其身。'亦犹是也。"上曰:"然。朕与公辈宜戮力相辅,庶免为人所笑也!"

【译文】

太宗对亲近的大臣说:"我听说西域有一个胡族的商人得到一颗宝珠,割开身上的肉来藏这颗宝珠,有这么回事吗?"大臣答道:"有这么回事。"太宗说:"人们都知道这个人爱珍珠而不爱惜自己的身体。有些官吏受贿贪赃受刑,帝王追求奢华而遭致国家灭亡,这些与胡族商人的可笑有什么区别呢!"魏徵说:"从前鲁哀公对孔子说:'有的人非常健忘,搬家而忘记自己的妻子。'孔子说:'还有比这严重的,夏桀、商纣均贪恋身外之物而忘记了自己的身体。'也是像这样啊。"太宗说:"对。朕与你们应当同心合力,相互辅助,以免被后人耻笑!"

【原文】

上谓房玄龄曰:"官在得人,不在员多。"命玄龄并省,留文武总六百四十三员。

【译文】

太宗对房玄龄说:"任用官吏最重要的是用人得当,而不在于人多。"命房玄龄裁减合并官职,只留下文武官员总计六百四十三人。

【原文】

上问魏徵曰:"人主何为而明,何为而暗?"对曰:"兼听则明,偏信则暗。昔尧清问下民,故有苗之恶得以上闻;舜明四目,达四聪,故共、鲧、骓兜不能蔽也。秦二世偏信赵高,以成望夷之祸;梁武帝偏信朱异,以取台城之辱;隋炀帝偏信虞世基,以致彭城阁之变。是故人君兼听广纳,则贵臣不得拥蔽,而下情得以上通也。"上曰:"善!"

【译文】

太宗问魏徵:"君主怎样做叫明,怎样做叫暗?"魏徵回答说:"能广泛听取各方面的意见,就是明,偏听偏信,就是暗。从前尧帝明晰地向下面民众了解情况,所以才能知道有苗的恶行;舜帝耳听四面,眼观八方,所以共工、鲧、骓兜都不能蒙蔽他。秦二世偏信赵高,导致在望夷宫被赵高所杀;梁武帝偏信朱异,招致台城下臣的羞辱;隋炀帝偏信虞世基,死于扬州的彭城阁兵变。所以人君善于听取各方面意见，则亲贵大臣就无法阻塞言路，下面的情况得以反映上来。"太宗说："好啊！"

【原文】

上谓黄门侍郎王珪曰："开皇十四年大旱，隋文帝不许赈给，而令百姓就食山东，比至末年，天下储积可供五十年。炀帝恃其富饶，侈心无厌，卒亡天下。但使仓廪之积足以备凶年，其馀何用哉！"

唐太宗与黄门侍郎王珪讨论国库存粮的事。

【译文】

太宗对黄门侍郎王珪说："隋朝开皇十四年天下大旱，隋文帝不准赈济百姓，而让百姓自己到关东地区寻找食物，等到了隋文帝末年，全国储备的粮食可供五十年食用。隋炀帝依仗着富足的粮食，奢侈无度，最后导致国家灭亡了。只要使仓库中的粮食足以应对灾年就可以了，多余的又有何用呢！"

【原文】

二月，上谓侍臣曰："人言天子至尊，无所畏惮。朕则不然，上畏皇天之监临，下惮群臣之瞻仰，兢兢业业，犹恐不合天意，未副人望。"魏徵曰："此诚致治之要，愿陛下慎终如始，则善矣。"

【译文】

二月，太宗对亲近的大臣说："人们都说君主最尊贵，最崇高，行事无所顾忌。然而朕并不是这样，上怕皇天的监督，下惧群臣的仰望，兢兢业业，唯恐不符合上天的旨意，不能满足百姓的期望。"魏徵说："这的确是达到治世的要旨，希望陛下能慎终就像开始时那样，那就好了。"

【原文】

上谓房玄龄等曰："为政莫若至公。昔诸葛亮窜廖立、李严于南夷，亮卒而立、严皆悲泣，有死者，非至公能如是乎！又高颎为隋相，公平识治体，隋之兴亡，系颎之存没。朕既慕前世之明君，卿等不可不法前世之贤相也！"

【译文】

太宗对房玄龄等人说："处理政务没有比大公无私更重要的了。以前诸葛亮流放廖立、李严到南夷之地，诸葛亮死的时候，廖立悲痛万分，李严哀伤而死，如果不是大公无私能这样吗！再如高颎为隋朝丞相，公正无私，颇识治国之本，隋朝的兴亡，与高颎的生死休戚相关。朕既然仰慕前代的明君，你们也不可不效法历史上的贤相啊！"

【原文】

上谓侍臣曰："古语有之：'赦者小人之幸，君子之不幸。''一岁再赦，善人喑哑。'夫养稂莠者害嘉谷，赦有罪者贼良民，故朕即位以来，不欲数赦，恐小人恃之轻犯宪章故也！"

【译文】

唐太宗对亲近的大臣言说轻易宽赦有罪之人的危害。

太宗对亲近的大臣说："古语说道：'宽赦是小人的幸事，是君子的不幸。''一年中两次大赦，善良的人都会哑口不言。'养杂草则对好谷子有害，宽赦有罪的人则使善良的百姓遭殃，所以自从朕即位以来，不想屡次发布赦令，唯恐小人靠着赦令而不顾忌法令轻易犯罪！"

【原文】

上曰："为朕养民者，唯在都督、刺史，朕常疏其名于屏风，坐卧观之，得其在官善恶之迹，皆注于名下，以备黜陟。县令尤为亲民，不可不择。"乃命内外五品已上，各举堪为县令者，以名闻。

【译文】

太宗说："为朕养护百姓的，唯有都督、刺史这些地方官，朕常常将他们的名字写在屏风上，坐卧的时候都看得到，了解了他们在任上做的好事和坏事，都一一注于他们的名下，以此作为他们升迁和降职时的依据。县令尤其与百姓亲近，不可不认真选择。"于是下令朝廷内外五品以上官员，各荐举能胜任县令职位的人，将名字奏报上来。

【原文】

丁巳，上谓房玄龄、杜如晦曰："公为仆射，当广求贤人，随才授任，此宰相之职也。比闻听受辞讼，日不暇给，安能助朕求贤乎！"因敕"尚书细务属左右丞，唯大事应奏者，乃关仆射"。

【译文】

丁巳（十六日），太宗对房玄龄、杜如晦说："你们身为仆射，应当广求天下贤才，根据他们的才能授予官职，这是宰相的职责。近来听说你们受理辞讼案情，日不暇给，怎么能帮助朕求得贤才呢！"于是下令"尚书省的日常事务交给尚书左右丞掌管，只有应当奏明的大事，才由左右仆射处理"。

【原文】

玄龄明达政事，辅以文学，夙夜尽心，惟恐一物失所。用法宽平，闻人有善，若己有之，不以求备取人，不以己长格物。与杜如晦引拔士类，常如不及。至于台阁规模，皆二人所定。上每与玄龄谋事，必曰："非如晦不能决。"及如晦至，卒用玄龄之策。盖玄龄善谋，如晦能断故也。二人深相得，同心徇国，故唐世称贤相者，推房、杜焉。玄龄虽蒙宠待，或以事被谴，辄累日诣朝堂，稽颡请罪，恐惧若无所容。

【译文】

房玄龄明敏通晓政务，又有文才，日夜尽心，唯恐一件事情处理不好有所失误。他用法宽大平和，听到别人的长处，就像他自己所有一样，待人不求全责备，不以自己的长处要求别人。与杜如晦一起引荐人才，常常不及杜如晦的样子。至于尚书省的制度程式，都由二人商议决定。太宗每次与房玄龄商议政事，一定要说："非杜如晦不能决定。"等到杜如晦来，最后总是采用房玄龄的建议。这是因为房玄龄善于谋略，杜如晦长于决断的缘故。二人相处彼此投合，同心为国出力，所以唐朝被称为贤相的，首推房、杜二人。房玄龄虽然多蒙太宗宠爱，有时因某件事受责备，总是一连数日到朝堂内，磕头请罪，惶恐敬畏得好像无地自容。

【原文】

乙丑，上问房玄龄、萧瑀曰："隋文帝何如主也？"对曰："文帝勤于为治，每临朝，或至日昃，五品已上，引坐论事，卫士传餐而食；虽性非仁厚，亦励精之主也。"上曰："公得其一，未知其二。文帝不明而喜察。不明则照有不通，喜察则多疑于物，事皆自决，不任群臣。天下至广，一日万机，虽复劳神苦形，岂能一一中理！群臣既知主意，唯取决受成，虽有愆违，莫敢谏争，此所以二世而亡也。朕则不然。择天下贤才，寘之百官，使思天下之事，关由宰相，审熟便安，然后奏闻。有功则赏，有罪则刑，谁敢不竭心力以修职业，何忧天下之不治乎！”因敕百司：“自今诏敕行下有未便者，皆应执奏，毋得阿从，不尽己意。”

【译文】

乙丑（初二），太宗问房玄龄、萧瑀道：“隋文帝作为一代君主怎么样呢？”回答说：“隋文帝勤于治理朝政，每次监朝听政，有时要到日落西山的时候，五品以上的官员，围坐在一起商议朝政，卫士都要传递食物来吃饭；虽然品性不算仁厚，也可称为是励精图治

唐太宗问房玄龄、萧瑀对隋文帝的评价。

的君主。”太宗说：“你们只知其一，不知其二。文帝不贤明却喜欢细致深刻地观察，不贤明则观察事情往往不能通达，喜欢细致深刻地观察事物往往对事物多有疑心，所有的事务都自行决定，不信任群臣。天下如此之大，日理万机，虽然一再伤身劳神处理政事，怎么能每一件事都切中要领！群臣已经知道隋文帝的意思，便只有按照他的意思办，即使主上出现过失，也没人敢争辩谏议，所以到了第二代隋朝就灭亡了。朕则不是这样。选拔天下贤能之士，分别充任文武百官，让他们思考国家大事，汇总到宰相那里，经过宰相深思熟虑后，然后上奏到朕这里。有功就奖赏，有罪就处罚，谁还敢不尽心竭力各司其职，何愁天下治理不好呢！”因而敕令各部门：“今后诏敕文书有不当之处，都应该执意禀奏，不要阿谀顺从，不充分发表自己的见解。”

【原文】

诸宰相侍宴，上谓王珪曰：“卿识鉴精通，复善谈论，玄龄以下，卿宜悉加品藻，且自谓与数子何如？”对曰：“孜孜奉国，知无不为，臣不如玄龄。才兼文武，出将入相，臣不如李靖。敷奏详明，出纳惟允，臣不如温彦博。处繁治剧，众务毕举，臣不如戴胄。耻君不及尧、舜，以谏争为己任，臣不如魏徵。至于激浊扬清，嫉恶好善，臣于数子，亦有微长。”上深以为然，众亦服其确论。

【译文】

众位宰相陪太宗饮宴，太宗对王珪说："你精通鉴别人才，又善于言辞，房玄龄以下的官员，你要详细地加以品评，而且衡量一下自己与他们相比如何。"王珪答道："勤勉努力地为国出力，知道的没有不去做的，我不如房玄龄。文武全才，出将入相，我不如李靖。议事详尽周到，传达诏令，反映群臣意见，都平允恰当，我不如温彦博。将繁重的事务处理得井井有条，我不如戴胄。唯恐君王赶不上尧、舜，以进谏为己任，我不如魏徵。至于辨别清浊，嫉恶奖善，我与他们相比，是臣略有所长的地方。"太宗非常赞同，众人也钦佩他的说法。

【原文】

上之初即位也，尝与群臣语及教化，上曰："今承大乱之后，恐斯民未易化也。"魏徵对曰："不然。久安之民骄佚，骄佚则难教；经乱之民愁苦，愁苦则易化。譬犹饥者易为食，渴者易为饮也。"上深然之。封德彝非之曰："三代以还，人渐浇讹，故秦任法律，汉杂霸道，盖欲化而不能，岂能之而不欲邪！魏徵书生，未识时务，若信其虚论，必败国家。"徵曰："五帝、三王不易民而化，昔黄帝征蚩尤，颛顼诛九黎，汤放桀，武王伐纣，皆能身致太平，岂非承大乱之后邪！若谓古人淳朴，渐至浇讹，则至于今日，当悉化为鬼魅矣，人主安得而治之！"上卒从徵言。

【译文】

太宗刚刚即位的时候，曾经和群臣讨论教化，太宗说："如今刚经过一场大劫乱，我担心百姓不容易教化。"魏徵回答说："不是这样的。长久安定的百姓容易骄逸，骄逸则难以教化；经过战乱的百姓易于忧患，忧患倒容易接受教化。这如同饥饿的人容易吃得下食物，口渴了的人容易喝得下水一样。"太宗深表赞同。封德彝不同意这种观点，说道："夏、商、周三代以后，人心逐渐浮薄诈伪，所以秦朝专用法律，汉代除了采用王道的同时还同时加以霸道，都是因为想教化百姓而不能收效，哪里是有能力做却不想去做呢！魏徵一介书生，不识时务，如果相信他的空谈，必然败坏国家。"魏徵说："五帝、三王不是换掉百姓而施教化，昔日黄帝征伐蚩尤，颛顼诛杀九黎，成汤放逐夏桀，武王伐纣，都能够亲身努力造就太平盛世，这些难道不是承接大乱之后的缘故吗！如果说上古人淳朴，后代渐渐变得浮薄奸诈，那么到了今天，人早就全部化为鬼魅了，人主哪里还有天下治理！"太宗最后接受了魏徵的意见。

【原文】

元年，关中饥，米斗直绢一匹。二年，天下蝗。三年，大水。上勤而抚之，民虽东西就食，未尝嗟怨。是岁，天下大稔，流散者咸归乡里，米斗不过三、四钱，终岁断死刑才二十九人。东至于海，南及五岭，皆外户不闭，行旅不赍粮，取给于道路焉。上谓长孙无忌曰："贞观之初，上书者皆云：'人主当独运威权，不可委之臣下。'又云：'宜震耀威武，征讨四夷。'唯魏徵劝朕'偃武修文，中国既安，四夷自服'。朕用其言。今颉利成擒，其酋长并带刀宿卫，部落皆袭衣冠，徵之力也，但恨不使封德彝见之耳！"徵再拜谢曰："突厥破灭，海内康宁，皆陛下威德，臣何力焉！"上曰："朕能任公，公能称所任，则其功岂独在朕乎！"

【译文】

贞观元年（公元627年），关中闹饥荒，一斗米值一匹绢。贞观二年（公元628年），全国遭受蝗灾。贞观三年（公元629年），发大水。太宗勤勉听政，抚慰百姓，百姓虽然东乞西讨，却不曾嗟叹怨恨。到了贞观四年（公元630年），天下丰收，流散在外的都回到了家乡，每斗

唐太宗将贞观年间天下大治的功劳归功于大臣的辅佐。

米不过三四钱，一年内被判死刑的才二十九人。东面到大海，南面到五岭，治安好到外门不关，出外旅行可以不必携带干粮，在路上就可以得到需要的物品。太宗对长孙无忌说："贞观初年，上书的大臣都说：'君王应当独自运用权威，不能委任给臣下。'又说：'应当炫耀武力，征讨四夷。'只有魏徵劝朕说'停止战备，提倡文教，只要中原安定，四夷自然臣服'。朕采纳了他的意见。如今突厥颉利可汗成了俘虏，其部族首领成为朝廷的带刀宿卫，其族人都改穿我们的衣服，戴我们的帽子，这都是魏徵的功劳，只恨没能让封德彝见到这些啊！"魏徵再拜辞让说："突厥灭亡，天下太平，都是陛下的威德，我又做了什么呢！"太宗说："朕能够任用你，你能够胜任这一职位，那么天下太平的功劳岂是朕一个人的！"

中宗复辟

【原文】

圣历二年（己亥，公元 699 年）

太后春秋高，虑身后太子与诸武不相容。壬寅，命太子、相王、太平公主与武攸暨等为誓文，告天地于明堂，铭之铁券，藏于史馆。

【译文】

圣历二年（己亥，公元 699 年）

武则天年事已高，她担心死后太子李显与武氏诸人不能相容。壬寅（十八日），命太子李显、相王李旦、太平公主与武攸暨等一起拟定互不伤害的誓词，在明堂祭告天地，将誓言记刻在铁券上，收藏于史馆中。

【原文】

太后春秋高，政事多委张易之兄弟。邵王重润与其妹永泰郡主、主婿魏王武延基窃议其事。易之诉于太后，九月壬申，太后皆逼令自杀。延基，承嗣之子也。

武则天虽然年事已高，政务多有委托，但对于潜在威胁丝毫不放松警惕。

【译文】

武则天年事已高，朝廷政事多让张易之兄弟去处理。邵王李重润和他的妹妹永泰郡主、永泰郡主的丈夫魏王武延基一起私下议论这件事。张易之知道后告诉了武则天，九月壬申（初三），武则天逼迫邵王等人自杀。武延基，是武则天的侄子武承嗣之子。

【原文】

神龙元年（乙巳，公元 705 年）

太后疾甚，麟台监张易之、春官侍郎张昌宗居中用事，张柬之、崔玄晖与中台右丞敬晖、司刑少卿桓彦范、相王府司马袁恕己谋诛之。柬之谓右羽林卫大将军李多祚曰："将军今日富贵，谁所致也？"多祚泣曰："大帝也。"柬之曰："今大帝之子为二竖所危，将军不思报大帝之德乎！"多祚曰："苟利国家，惟相公处分，不敢顾身及妻子。"因指天地以自誓。遂与定谋。

【译文】

神龙元年（乙巳，公元 705 年）

武则天病重，麟台监张易之、春官侍郎张昌宗在宫中把持朝政。张柬之、崔玄晖与中台右丞敬晖、司刑少卿桓彦范、相王府司马袁恕己商量要除掉张易之和张昌宗。张柬之对右羽林卫大将军李多祚说："将军今日富贵，是谁给的？"李多祚流泪说道："高宗皇帝。"张柬之说："现在高宗皇帝的儿子受到张易之兄弟的迫害，难道将军不想报答大帝的恩德吗！"李多祚说："只要有利于国家，一切都听您的安排，我不敢只考虑自身和妻儿的安危。"于是指天发誓，就与张柬之定下了计谋。

【原文】

初，柬之与荆府长史阌乡杨元琰相代，同泛江，至中流，语及太后革命事，元琰慨然有匡复之志。及柬之为相，引元琰为右羽林将军，谓曰："君颇记江中之言乎？今日非轻授也。"柬之又用彦范、晖及右散骑侍郎李湛皆为

张柬之与杨元琰曾一同泛舟于长江之中，二人都有匡复唐室的志向。

左、右羽林将军，委以禁兵。易之等疑惧，乃更以其党武攸宜为右羽林大将军，易之等乃安。

【译文】

当初，张柬之与荆州都督府长史阌乡人杨元琰互相对调职务，二人一同泛身于

长江之中，当小船漂到江心时，谈到了武则天以周代唐的事，杨元琰慷慨激昂，有匡复唐室的志向。等到张柬之入朝做了宰相后，便推荐杨元琰担任右羽林将军，对他说："您大概还记得我们当初在江心泛舟时所说的话吧？今天这项任命可不是随便给您的呀。"张柬之还任用了桓彦范、敬晖以及右散骑侍郎李湛，都让他们担任左、右羽林将军，委任他们掌管禁兵。这件事引起了张易之等人的怀疑和忧虑，于是张柬之又改换他们的党羽武攸宜为右羽林大将军，张易之等人才放了心。

【原文】

俄而姚元之自灵武至，柬之、彦范相谓曰："事济矣！"遂以其谋告之。彦范以事白其母，母曰："忠孝不两全，先国后家可也。"时太子于北门起居，彦范、晖谒见，密陈其策，太子许之。

【译文】

不久，姚元之自灵武回到洛阳，张柬之、桓彦范交谈说："事情成了！"于是把商量好的计谋告诉了姚元之。桓彦范将此事告诉了母亲，母亲说："忠孝不能两全，应当先考虑国家，然后再考虑自家，你这样做是对的。"当时太子李显住在洛阳宫的北门，桓彦范、敬晖前往拜见太子，秘密地把他们的计策告诉太子，太子允许他们这样去做。

【原文】

癸卯，柬之、玄暐、彦范与左威卫将军薛思行等帅左右羽林兵五百馀人至玄武门，遣多祚、湛及内直郎、驸马都尉安阳王同皎诣东宫迎太子。太子疑，不出，同皎曰："先帝以神器付殿下，横遭幽废，人神同愤，二十三年矣。今天诱其衷，北门、南牙，同心协力，以诛凶竖，复李氏社稷，愿殿下暂至玄武门以副众望。"太子曰："凶竖诚当夷灭，然上体不安，得无惊怛！诸公更为后图。"李湛曰："诸将相不顾家族以徇社稷，殿下奈何欲纳之鼎镬乎！请殿下自出止之。"太子乃出。

【译文】

癸卯（二十二日），张柬之、崔玄暐、桓彦范和左威卫将军薛思行等人率领左右羽林兵五百余人来到玄武门，派李多祚、李湛和内直郎、驸马都尉安阳王同皎到东宫迎接太子李显。太子疑虑，不肯出宫，王同皎说："先帝将国家交付给殿下，殿下无故遭到幽禁废黜，这是人神共愤的事，到如今已经二十三年了。如今上天教人向善，赐予了这样的机会，北门禁军和南牙廷臣同心协力，就在今日诛除奸佞小人，恢复李氏的江山社稷，希望殿下暂到玄武门，以满足大家的期望。"太子说："奸佞小人确实应当诛灭，但是圣上圣体欠安，你们这样做圣上能不受惊吗！诸公还是以后再作打算吧。"李湛说："诸将相不顾身家性命和家族安危而扶保社稷，殿下为什么非要让他们面临鼎镬的酷刑呢！如果殿下要阻止大家，请您自己出去跟大家说。"太子这才出来。

【原文】

同皎扶抱太子上马，从至玄武门，斩关而入。太后在迎仙宫，柬之等斩易之、昌宗于庑下，进至太后所寝长生殿，环绕侍卫。太后惊起，问曰："乱者谁邪？"对曰："张易之、昌宗谋反，臣等奉太子令诛之，恐有漏泄，故不敢以闻。称兵宫禁，罪当万死！"太后见太子曰："乃汝邪？小子既诛，可还东宫。"彦范进曰："太子安得更归！昔天皇以爱子托陛下，今年齿已长，久居东宫，天意人心，久思李氏。群臣不忘太宗、天皇之德，故奉太子诛贼臣。愿陛下传位太子，以顺天人之望！"李湛，义府之子也。太后见之，谓曰："汝亦为诛易之将军邪？我于汝父子不薄，乃有今日！"湛惭不能对。又谓崔玄暐曰："他人皆因人以进，惟卿朕所自擢，亦在此邪？"对曰："此乃所以报陛下之大德。"

【译文】

王同皎将太子扶抱到马上，大家跟随太子来到玄武门，斩断门闩进入宫中。当时武则天在迎仙宫，张柬之等在高堂之下的厢房中斩杀了张易之、张昌宗，然后进到武则天居住的长生殿，围绕着她的床第侍立卫护。武则天吃惊地坐起来，问道："作乱的是谁？"众人回答道："张易之、张昌宗谋反，臣等奉太子令诛杀了他们，怕事情会泄露，所以不敢事先奏知陛下。在皇宫禁地举兵诛杀逆贼，惊动天子，臣等罪该万死！"武则天看见了太子，说："这事是你让干的吗？既然奸人已经杀掉了，你可以回东宫去了。"桓彦范上前说："太子怎么可以再回去？当年高宗皇帝将爱子托付给陛下，如今太子年纪已大，一直在东宫当太子，天意人心，都希望李家重掌天下。群臣不忘太宗皇帝和高宗皇帝的恩德，所以尊奉太子诛灭犯上作乱的逆臣。希望陛下将帝位传给太子，以顺天意和人心。"李湛是李义府的儿子。武则天发现了他，对他说："你也是杀张易之的将军吗？我待你们父子不薄，想不到也有今天！"李湛惭愧不能对答。武则天又对崔玄暐说："别人都是经由他人举荐后提拔的，只有你是朕亲手提拔的，你怎么也在这里？"崔玄暐答道："我这样做正是为了报答陛下对我的大恩大德。"

【原文】

于是收张昌期、同休、昌仪等，皆斩之，与易之、昌宗枭首天津南。是日，袁恕己从相王统南牙兵以备非常，收韦承庆、房融及司礼卿崔神庆系狱，皆易之之党也。

张同休、张昌仪等人全部被斩首。

【译文】

接下来张柬之等收捕张昌期、张同休、张昌仪等人，将他们全部斩首，和张易之、张昌宗一起于天津桥南枭首示众。这一天，为防范突然事变的发生，袁恕己跟随相王李旦统领南牙兵马，收捕韦承庆、房融及司礼卿崔神庆入狱，这些人都是张易之的党羽。

【原文】

甲辰，制太子监国，赦天下。以袁恕己为凤阁侍郎、同平章事，分遣十使赍玺书宣慰诸州。乙巳，太后传位于太子。

【译文】

甲辰（二十三日），武则天颁布制书，决定由太子李显代行处理国政，大赦天下。任命袁恕己为凤阁侍郎、同平章事，分别派出十使臣携带玺书前往各州进行安抚工作。乙巳（二十四日），武则天将帝位传给太子李显。

【原文】

丙午，中宗即位。赦天下，惟张易之党不原。其为周兴等所枉者，咸令清雪，子女配没者皆免之。相王加号安国相王，拜太尉、同凤阁鸾台三品，太平公主加号镇国太平公主。皇族先配没者，子孙皆复属籍，仍量叙官爵。

【译文】

丙午（二十五日），唐中宗李显即皇帝位。中宗下诏大赦天下，只有张易之的党羽不在赦免之列。那些被周兴等人冤枉的人，都加以昭雪，他们的子女中如有被发配流放或者被没入官府做奴婢的都予以赦免。唐中宗还加相王李旦的封号为安国相王，并任命他为太尉、同凤阁鸾台三品；加太平公主封号为镇国太平公主。此外，皇族先前被发配或没入官府为奴的，子孙都恢复宗籍，并且根据情况酌情封授官爵。

【原文】

丁未，太后徙居上阳宫，李湛留宿卫。戊申，帝帅百官诣上阳宫，上太后尊号曰则天大圣皇帝。

二月辛亥，帝帅百官诣上阳宫问太后起居，自是每十日一往。

甲寅，复国号曰唐。郊庙、社稷、陵寝、百官、旗帜、服色、文字皆如永淳以前故事。复以神都为东都，北都为并州，老君为玄元皇帝。

【译文】

丁未（二十六日），武则天迁到上阳宫居住，李湛留下负责警卫。戊申（二十七日），唐中宗带领文武百官到上阳宫，上武则天尊号为则天大圣皇帝。

二月辛亥（初一），唐中宗带领文武百官到上阳宫去向武则天请安，问候她的日常生活状况；从此唐中宗每十天前来问候一次。

甲寅（初四），唐中宗下诏恢复大唐国号，并规定郊庙、社稷、陵寝、百官、旗帜、服色、文字等都恢复唐高宗永淳年间以前的旧制。恢复神都的旧名为东都，恢复北都的旧名为并州，老君仍称为玄元皇帝。

【原文】

太后之迁上阳宫也，太仆卿、同中书门下三品姚元之独呜咽流涕。桓彦范、张柬之谓曰："今日岂公涕泣时邪！恐公祸由此始。"元之曰："元之事则天皇帝久，乍此辞违，悲不能忍。且元之前日从公诛奸逆，人臣之义也；今日别旧君，亦人臣之义也，虽获罪，实所甘心。"是日，出为亳州刺史。

甲子，立妃韦氏为皇后，赦天下。追赠后父玄贞为上洛王、母崔氏为妃。

【译文】

武则天迁到上阳宫的时候，只有太仆卿、同中书门下三品姚元之一人痛哭流涕。桓彦范、张柬之对他说："今天哪里是您悲哀哭泣的日子啊！恐怕从今您就要大祸临头了。"姚元之回答说："元之侍奉则天皇帝的时间很长，现在突然要分手了，悲痛难忍。况且元之前几天追随诸公诛灭恶逆之徒，是尽做臣子的本分啊；今天辞别旧主，也同样是在尽做臣子的本分。即使因此而获罪，我也心甘情愿。"这天，姚元之被任命为亳州刺史。

甲子（十四日），唐中宗立妃子韦氏为皇后，大赦天下。又追赠韦后之父韦玄贞为上洛王，追赠韦后之母崔氏为上洛王妃。

韦后乱政

【原文】

景云元年（庚戌，公元710年）

初，则天之世，长安城东隅民王纯家井溢，浸成大池数十顷，号隆庆池。相王子五王列第于其北，望气者言："常郁郁有帝王气，比日尤盛。"乙未，上幸隆庆池，结彩为楼，宴侍臣，泛舟戏象以厌之。

定州人郎岌上言："韦后、宗楚客将为逆乱。"韦后白上杖杀之。

【译文】

景云元年（庚戌，公元710年）

早先，在武则天时期，长安城东边的居民王纯家的井中往外溢水，溢出的水渐渐形成一个占地数十顷的大池塘，被称为隆庆池。相王李旦的五个被封为王的儿子都把宅第并排建在隆庆池北面，善于观气的人说："这里常常有旺盛的帝

隆庆池用彩色绸布结成美丽的楼台。

王之气，近来这种帝王之气尤为强盛。"乙未（十四日），唐中宗来到隆庆池，用彩色绸布结成美丽的楼台，在这里大宴群臣，并在池中泛舟戏象，以此来抑制这里的帝王之气。

定州人郎岌上书说："韦后、宗楚客将要谋逆作乱。"韦后告诉中宗之后让人用杖将郎岌打死。

【原文】

五月丁卯，许州司兵参军偃师燕钦融复上言："皇后淫乱，干预国政，

宗族强盛；安乐公主、武延秀、宗楚客图危宗社。"上召钦融面诘之。钦融顿首抗言，神色不挠；上默然。宗楚客矫制令飞骑扑杀之，投于殿庭石上，折颈而死，楚客大呼称快。上虽不穷问，意颇怏怏不悦，由是韦后及其党始忧惧。

【译文】

五月丁卯（十七日），许州司兵参军偃师人燕钦融又进言说："皇后淫乱，干预国政，韦氏宗族强盛；安乐公主、武延秀、宗楚客图谋危害大唐的宗庙社稷。"中宗召燕钦融当面诘问他。燕钦融以头叩地，高声辩解，神色毫不屈服，中宗默然。宗楚客假传中宗诏令，让飞骑捕杀燕钦融，将燕钦融摔在宫殿堂前石上，燕钦融折

中宗与韦皇后曾是患难夫妻。

断头颈而死，宗楚客大叫痛快。中宗虽然没有追究，但心里却非常不高兴，从此以后韦后和她的党羽们开始有些担忧害怕。

【原文】

散骑常侍马秦客以医术，光禄少卿杨均以善烹调，皆出入宫掖，得幸于韦后，恐事泄被诛。安乐公主欲韦后临朝，自为皇太女，乃相与合谋，于饼馂中进毒。六月壬午，中宗崩于神龙殿。

【译文】

散骑常侍马秦客擅长医术，光禄少卿杨均擅长烹调，二人都凭借技艺出入宫廷，得到韦后的宠幸，马、杨二人担心事情泄露被杀。安乐公主想要韦后临朝主持政事，自己可以做皇太女，于是一起合谋杀掉唐中宗，他们在进献的馅饼中下毒。六月壬午（初二），唐中宗在神龙殿驾崩。

【原文】

韦后秘不发丧，自总庶政。癸未，召诸宰相入禁中，征诸府兵五万人屯京城，

使驸马都尉韦捷、韦灌、卫尉卿韦璿、左千牛中郎将韦锜、长安令韦播、郎将高嵩等分领之。璿,温之族弟;播,从子;嵩,其甥也。中书舍人韦元徼巡六街。又命左监门大将军兼内侍薛思简等将兵五百人驰驿戍均州,以备谯王重福。以刑部尚书裴谈、工部尚书张锡并同中书门下三品,仍充东都留守。吏部尚书张嘉福、中书侍郎岑羲、吏部侍郎崔湜并同平章事。

【译文】

韦后秘不发丧,自己总揽了朝廷的大小事务。癸未(初三),韦后召诸位宰相入宫,征调五万府兵驻扎在长安城中,派驸马都尉韦捷、韦灌、卫尉卿韦璿、左千牛中郎将韦锜、长安令韦播、郎将高嵩等人分别统领。韦璿是韦温的族弟;韦播是韦温的侄子;高嵩是韦温的外甥。韦后命中书舍人韦元负责巡察长安六街。又命左监门大将军兼内侍薛思简等人带兵五百迅速赶往均州戍守,以防备谯王李重福。韦后任命刑部尚书裴谈与工部尚书张锡为同中书门下三品,让他们仍然担任东都留守。韦后又任命吏部尚书张嘉福、中书侍郎岑羲、吏部侍郎崔湜三人为同平章事。

【原文】

太平公主与上官昭容谋草遗制,立温王重茂为皇太子,皇后知政事,相王旦参谋政事。宗楚客密谓韦温曰:"相王辅政,于理非宜。且于皇后,嫂叔不通问,听朝之际,何以为礼!"遂帅诸宰相表请皇后临朝,罢相王政事。苏瑰曰:"遗诏岂可改邪!"温、楚客怒,瑰惧而从之,乃以相王为太子太师。

【译文】

太平公主与上官昭容商议起草唐中宗遗诏,立温王李重茂为太子,由韦皇后掌管政事,相王李旦参谋政事。宗楚客私下里对韦温说:"相王辅政,在情理上讲不通。再者,对皇后来说,相王与韦后是叔嫂关系,不应互相问候,如果两人在一起处理朝廷政务,上朝的时候,又如何恪守礼的规范呢!"于是宗楚客率领宰相们一同上表,请求韦皇后临朝主持政事,免去相王李旦参谋政事的职务。苏瑰质问道:"先帝的遗诏怎么可以随意更改呢!"韦温和宗楚客大怒,苏瑰害怕便顺从了他们,于是任命相王李旦为太子太师。

【原文】

甲申,梓宫迁御太极殿,集百官发丧,皇后临朝摄政,赦天下,改元唐隆。

进相王旦太尉，雍王李守礼为豳王，寿春王成器为宋王，以从人望。命韦温总知内外守捉兵马事。

【译文】

甲申（初四），韦后将唐中宗的灵柩迁到太极殿，召集文武百官为中宗发丧，并宣布由她自己临朝摄政，大赦天下，改年号为唐隆。韦后将相王李旦晋升为太尉，改封雍王李守礼为豳王，寿春王李成器为宋王，以顺应人们的愿望。韦后又任命韦温全面主持内外守捉兵马事务。

【原文】

相王子临淄王隆基，先罢潞州别驾，在京师，阴聚才勇之士，谋匡复社稷。初，太宗选官户及蕃口骁勇者，著虎文衣，跨豹文鞯，从游猎，于马前射禽兽，谓之百骑。则天时稍增为千骑，隶左右羽林。中宗谓之万骑，置使以领之。隆基皆厚结其豪杰。

【译文】

相王李旦的儿子临淄王李隆基，之前被免去潞州别驾的职务，他在京师私下招集智勇双全之士，谋划匡复大唐社稷。当初，唐太宗选官户和少数民族中的骁勇善战之士，让他们身穿绘有虎皮花纹的衣服，骑在备有绘着豹皮花纹马鞍的骏马上，跟随自己游猎，让他们在马前射杀飞禽走兽，这些人称之为百骑。武则天时逐渐增到千骑，隶属于禁军中的左右羽林军。唐中宗时称为万骑，设置官员统领。李隆基与万骑中的杰出之士都有深交。

【原文】

兵部侍郎崔日用素附韦、武，与宗楚客善，知楚客谋，恐祸及己，遣宝昌寺僧普润密诣隆基告之，劝其速发。隆基乃与太平公主及公主子卫尉卿薛崇暕、苑总监赣人钟绍京、尚衣奉御王崇晔、前朝邑尉刘幽求、利仁府折

李隆基说：不要将诛除韦后集团的事告诉相王。

冲麻嗣宗谋先事诛之。韦播、高嵩数榜捶万骑，欲以立威，万骑皆怨。果毅葛福顺、陈玄礼见隆基诉之，隆基讽以诛诸韦，皆踊跃请以死自效。万骑果毅李仙凫亦预其谋。或谓隆基当启相王，隆基曰："我曹为此以徇社稷，事成福归于王，不成以身死之，不以累王也。今启而见从，则王预危事；不从，将败大计。"遂不启。

【译文】

兵部侍郎崔日用一向依附韦后及武氏，与宗楚客有交情，他知道了宗楚客的阴谋，担心牵连到自己，便派宝昌寺僧人普润秘密地去向李隆基报告，劝李隆基尽快发难。李隆基就与太平公主及其子卫尉卿薛崇暕、西京苑总监赣县人钟绍京、尚衣奉御王崇晔、前任朝邑尉刘幽求、利仁府折冲麻嗣宗等人谋划先行举兵发难，铲除韦氏集团。韦播、高嵩多次杖打万骑兵，想借此树立自己的威严，万骑将士都很怨恨。果毅葛福顺和陈玄礼进见李隆基，向李隆基诉说此事，李隆基暗示他们应当诛除韦后集团，两个人听后都慷慨激昂地表示愿效死力。万骑果毅李仙凫也参与了谋划。有人建议李隆基应当把这件事告诉他的父亲相王李旦，李隆基回答说："我们做这些事，不惜牺牲以报效社稷，事情成功之后是我父相王的福分，万一事情失败了我们为宗庙牺牲也就是了，不必因此连累相王。如果告诉了他，他允许这样做，就等于让相王也参预这种危险的事；若是他不允许这样做，那我们的计划就失败了。"于是李隆基没有把这件事告诉相王李旦。

【原文】

庚子，晡时，隆基微服与幽求等入苑中，会钟绍京廨舍。绍京悔，欲拒之，其妻许氏曰："忘身徇国，神必助之。且同谋素定，今虽不行，庸得免乎！"绍京乃趋出拜谒，隆基执其手与坐。时羽林将士皆屯玄武门，逮夜，葛福顺、李仙凫皆至隆基所，请号而行。向二鼓，天星散落如雪，刘幽求曰："天意如此，时不可失！"福顺拔剑直入羽林营，斩韦璇、韦播、高嵩以徇，曰："韦后鸩杀先帝，谋危社稷，今夕当共诛诸韦，马鞭以上皆斩之。立相王以安天下。敢有怀两端助逆党者，罪及三族。"羽林之士皆欣然听命。乃送璇等首于隆基，隆基取火视之，遂与幽求等出苑南门，绍京帅丁匠二百馀人，执斧锯以从，使福顺将左万骑攻玄德门，仙凫将右万骑攻白兽门，约会于凌烟阁前，即大噪，福顺等共杀守门将，斩关而入。隆基勒兵玄武门外，三鼓，闻噪声，帅总监及羽林兵而入，诸卫兵在太极殿宿卫梓宫者，闻噪声，皆被甲应之。韦后惶惑走入飞骑营，有飞骑斩其首献于隆基。安乐公主方照镜画眉，军士斩之。斩武延秀于肃章门外，斩内将军贺娄氏于太极殿西。

【译文】

庚子（二十日），傍晚，李隆基穿着便服与刘幽求等人进入禁苑中，在钟绍京的官舍集合。钟绍京后悔了想要拒绝，他的妻子许氏说："为了国家大事而不顾自身安危，必定得到神灵的庇佑。而且你一直与他们共同谋划这事，即使你不去亲自参加，难道就能免除祸患吗！"钟

御林军将士攻打唐宫宫门以诛灭韦后及其死党。

绍京听完后赶忙出来拜见李隆基，李隆基拉着他的手与他一起坐下。当时羽林将士都驻扎在玄武门，等到夜色降临，葛福顺、李仙凫都来到李隆基这里，请他颁发起事的标志并下达命令。将近二更，天上的星星散落如雪，刘幽求说道："天意如此，机不可失！"葛福顺拔剑直入羽林营，斩杀韦璿、韦播、高嵩，将其示众，说："韦后毒杀先帝，谋危社稷，今晚与各位一同诛灭韦后及其死党，凡是长得高过马鞭的人一律杀死。然后拥立相王以安定天下。敢怀有二心帮助逆党的，诛灭三族。"羽林将士都欣然从命。于是将韦璿等人的首级送到李隆基处，李隆基举火看过之后，便与刘幽求等人一同走出禁苑南门，钟绍京带领丁匠二百余人，手持斧锯在后面跟随。李隆基派葛福顺带左万骑攻打玄德门，李仙凫带右万骑攻打白兽门，约定在凌烟阁前会合，于是大声鼓噪，葛福顺等人杀掉守门的兵将，攻入宫中。李隆基率兵守在玄武门外，三更时分，听见鼓噪声，李隆基率总监及羽林兵进入宫中，那些在太极殿宿卫中宗灵柩的南牙士兵们听到鼓噪声，都穿上盔甲响应李隆基等人。韦后惶惑中逃入飞骑营，有个飞骑将士斩下韦后首级献给李隆基。安乐公主正在对镜画眉，被士兵斩杀。将武延秀斩首于肃章门外，将内将军贺娄氏斩首于太极殿西。

【原文】

初，上官昭容引其从母之子王昱为左拾遗，昱说昭容母郑氏曰："武氏，天之所废，不可兴也。今婕好附于三思，此灭族之道也，愿姨思之！"郑氏

以戒昭容，昭容弗听。及太子重俊起兵诛三思，索昭容，昭容始惧，思昱言，自是心附帝室，与安乐公主各树朋党。及中宗崩，昭容草遗制立温王，以相王辅政，宗、韦改之。及隆基入宫，昭容执烛帅宫人迎之，以制草示刘幽求。幽求为之言，隆基不许，斩于旗下。

【译文】

当初，上官昭容举荐她的姨母之子王昱为左拾遗，王昱劝说昭容的母亲郑氏说："武氏，是上天废弃的家族，是不可能再复兴了。如今婕妤依附武三思，这是自取灭族，希望姨母仔细考虑一下！"郑氏于是用这些道理告诫上官昭容，上官昭容不肯听。等到太子李重俊起兵讨伐武三思，四处搜捕上官昭容，上官昭容才开始害怕，想起王昱的话，自此上官昭容才倾心依附唐中宗，与安乐公主各自结成帮派。到中宗驾崩后，上官昭容起草遗诏将温王李重茂立为太子，由相王辅政；宗楚客和韦温改掉遗诏的内容。等到李隆基率军进入宫中时，上官昭容率领宫人手执灯笼相迎，把原先起草的诏书拿给刘幽求看。刘幽求为她向李隆基求情，李隆基没有答应，将上官昭容斩于旗下。

【原文】

时少帝在太极殿，刘幽求曰："众约今夕共立相王，何不早定！"隆基遽止之，捕索诸韦在宫中及守诸门，并素为韦后所亲信者皆斩之。比晓，内外皆定。辛巳，隆基出见相王，叩头谢不先启之罪。相王抱之泣曰："社稷宗庙不坠于地，汝之力也。"遂迎相王入辅少帝。

相王李旦流着泪抱住李隆基称赞他。

【译文】

当时少帝李重茂在太极殿，刘幽求对众人说道："大家都约好今晚拥立相王为帝，为什么不早些定下来呢！"李隆基急忙阻止了他，下令搜捕在宫中和把守宫中各门的韦氏族人，平常得到韦后信任重用的人全部斩杀。等到天将要亮的时候，宫内外均已平定。辛巳（二十一日），李隆基出宫拜见相王，为自己事先没有启奏相王而叩头请罪。相王李旦流着泪抱住李隆基说："社稷宗庙得以保全，全是你的功劳啊！"李隆基随后率军迎接相王入宫辅佐少帝。

【原文】

闭宫门及京城门，分遣万骑收捕诸韦亲党。斩太子少保、同中书门下三品韦温于东市之北。相王奉少帝御安福门，慰谕百姓。

【译文】

李隆基下令将京城各门及所有宫门关闭，派万骑兵分头搜捕韦氏亲属及党羽。将太子少保、同中书门下三品韦温斩首于东市之北。相王李旦侍奉少帝来到安福门，安抚百姓。

【原文】

是日，赦天下，云："逆贼魁首已诛，自馀支党一无所问。"以临淄王隆基为平王，兼知内外闲厩，押左右厢万骑。薛崇暕赐爵立节王。以钟绍京守中书侍郎，刘幽求守中书舍人，并参知机务。麻嗣宗行右金吾卫中郎将。武氏宗属，诛死流窜殆尽。

【译文】

这一天，少帝颁诏赦免天下，诏书说："图谋叛逆的罪魁祸首已伏诛，其余有牵连的人一概不追究。"封临淄王李隆基为平王，并且让他主持内外闲厩事务，掌管左右厢万骑兵。薛崇暕赐爵立为节王。任命钟绍京署理中书侍郎职务，刘幽求署理中书舍人职务，二人均有参预商讨军国大事的资格。任命麻嗣宗署理右金吾卫中郎将职务。至此时，武氏家族成员，几乎全被诛杀或者流放了。

李林甫为相

【原文】

开元十四年（丙寅，公元726年）

夏，四月壬子，隐甫、融及御史中丞李林甫共奏弹说："引术士占星，徇私僭侈，受纳贿赂。"敕源乾曜及刑部尚书韦抗、大理少卿明珪与隐甫等同于御史台鞫之。林甫，叔良之曾孙。

【译文】

开元十四年（丙寅，公元726年）

夏季，四月壬子（初四），崔隐甫、宇文融和御史中丞李林甫，一起上书弹劾张说："请来术士观星象以测吉凶，为了私情放弃原则，做不合法的事，奢侈过度，收受贿赂。"唐玄宗命源乾曜和刑部尚

崔隐甫、宇文融和李林甫一起上书弹劾张说。

书韦抗、大理少卿明珪与崔隐甫等人一起在御史台审讯张说。李林甫是李叔良的曾孙。

【原文】

开元二十二年（甲戌，公元734年）

吏部侍郎李林甫，柔佞多狡数，深结宦官及妃嫔家，伺候上动静，无不知之，由是每奏对，常称旨，上悦之。时武惠妃宠幸倾后宫，生寿王清，诸子莫得为比，太子浸疏薄。林甫乃因宦官言于惠妃，愿尽力保护寿王；惠妃德之，阴为内助，由是擢黄门侍郎。五月戊子，以裴耀卿为侍中，张九龄为中书令，林甫为礼部尚书、同中书门下三品。

【译文】

开元二十二年（甲戌，公元 734 年）

吏部侍郎李林甫，伪善谄媚又擅长狡诈的权术，与宦官及后宫妃嫔结交很深，让他们暗中伺察玄宗的举动，对他的一举一动无不了解，因此每次上朝奏事，都能符合皇帝的心意，深受玄宗的喜爱。当时武惠妃在后宫的嫔妃中最受玄宗的宠爱，生有一子为寿王李清，也深得玄宗的喜欢，其余皇子的宠幸程度没有比过他的，太子和皇帝的关系也日渐疏远。李林甫于是通过宦官告诉武惠妃，表示愿意尽力保护寿王。武惠妃很感激他，就暗中帮助他，因此李林甫很快就升为黄门侍郎。五月戊子（二十八日），玄宗任命裴耀卿为侍中，张九龄为中书令，李林甫为礼部尚书、同中书门下三品。

【原文】

初，上欲以李林甫为相，问于中书令张九龄，九龄对曰："宰相系国安危，陛下相林甫，臣恐异日为庙社之忧。"上不从。时九龄方以文学为上所重，林甫虽恨，犹曲意事之。侍中裴耀卿与九龄善，林甫并疾之。是时，上在位岁久，渐肆奢欲，怠于政事。而九龄遇事无细大皆力争；林甫巧伺上意，日思所以中伤之。

【译文】

当初，玄宗想用李林甫为宰相，询问中书令张九龄的意见，张九龄答回答说："宰相一身关系到朝廷安危，陛下如果用林甫为宰相，臣担心他以后会成为朝廷的祸患。"玄宗不听。当时张九龄正因为文学才能为玄宗器重，李林甫虽然怨恨他，但表面上还不得不奉承他。侍中裴耀卿与张九龄关系密切，所以也受到李林甫的嫉恨。这时，玄宗在位日久，渐渐地放纵欲望，对政务也开始懈怠了。而张九龄遇到事情，觉得有不对之处，无论大小，都要与玄宗争论；李林甫小心观察玄宗的心思，每天都在考虑如何陷害中伤张九龄。

【原文】

上之为临淄王也，赵丽妃、皇甫德仪、刘才人皆有宠，丽妃生太子瑛，德仪生鄂王瑶，才人生光王琚。及即位，幸武惠妃，丽妃等爱皆弛；惠妃生寿王瑁，宠冠诸子。太子与瑶、琚会于内第，各以母失职有怨望语。驸马都尉杨洄尚咸宜公主，常伺三子过失以告惠妃。惠妃泣诉于上曰："太子阴结党与，将害妾母子，亦指斥至尊。"上大怒，以语宰相，欲皆废之。九龄曰："陛下践阼垂三十年，太子诸王不离深宫，日受圣训，天下之人皆庆陛下享国久长，子孙蕃昌。今三子皆已成人，不闻大过，陛下奈何一旦以无根之语，喜怒之际，尽废之乎！且太子天下本，不可轻摇。昔晋献公听骊姬之谗杀申生，三世大乱。汉武帝信江充之诬罪戾太

李林甫一有机会就在玄宗面前说张九龄的坏话。

子，京城流血。晋惠帝用贾后之谮废愍怀太子，中原涂炭。隋文帝纳独孤后之言黜太子勇，立炀帝，遂失天下。由此观之，不可不慎。陛下必欲为此，臣不敢奉诏。"上不悦。林甫初无所言，退而私谓宦官之贵幸者曰："此主上家事，何必问外人！"上犹豫未决。惠妃密使官奴牛贵儿谓九龄曰："有废必有兴，公为之援，宰相可长处。"九龄叱之，以其语白上，上为之动色，故讫九龄罢相，太子得无动。林甫日夜短九龄于上，上浸疏之。

【译文】

玄宗为临淄王的时候，赵丽妃、皇甫德仪、刘才人都受到宠爱，赵丽妃生了太子李瑛，皇甫德仪生了鄂王李瑶，刘才人生了光王李琚。玄宗即帝位后，又宠幸武惠妃，赵丽妃等人都被冷落。武惠妃生寿王李瑁，李瑁受到的宠爱超过了其他皇子。太子与李瑶、李琚在内廷住所聚会，因为各自生母的境遇而出言抱怨。驸马都尉杨洄娶了咸宜公主，经常探察三位皇子的过失告诉武惠妃。武惠妃哭泣着告诉玄宗说："太子暗中结党，想要谋害臣妾母子，他们还指责陛下。"玄宗听后大怒，把此事告诉了宰相，想要废掉太子和鄂王、光王。张九龄说："陛下登基将近三十年，太子诸王都没有离开过深宫，得以经常听到陛下的教导，天下人都庆幸陛下治理得方，在位长久，子孙昌盛。如今三位皇子都已年长成人，没听说有什么大的过失，陛下怎么能因无根的传言，以一时的喜怒，把他们全部废掉呢！何况太子为天下的根本，不可轻易动摇。春秋时代晋献公听信骊姬的谗言杀太子申生，引起晋国三世大乱。汉武帝因为相信江充的诬告降罪戾太子，使京城发生了流血事件。晋惠帝听了贾后无中生有的话废掉了愍怀太子，使五胡乱华，中原涂炭。隋文帝听信了独孤皇后的话，废掉了太子杨勇而立隋炀帝，以致失掉了天下。

可见废黜太子之事不可不慎重。陛下一定要这样做,则臣难以遵命。"玄宗不高兴。李林甫起初并没有说什么,退朝后私下对玄宗宠信的宦官说:"这是陛下的家事,何必问外人!"玄宗犹豫不决。武惠妃秘密派官奴牛贵儿对张九龄说:"有废必有立,太子废立之时,如果您能够加以援手,就可以长做宰相。"张九龄斥责了牛贵儿,并把这些话告诉了玄宗,玄宗听了为之变色,所以一直到张九龄罢相,太子的地位也没有动摇。李林甫一有机会就在玄宗面前说张九龄的坏话,所以玄宗逐渐疏远了张九龄。

【原文】

林甫引萧炅为户部侍郎。炅素不学,尝对中书侍郎严挺之读"伏腊"为"伏猎"。挺之言于九龄曰:"省中岂容有'伏猎侍郎'!"由是出炅为岐州刺史,故林甫怨挺之。九龄与挺之善,欲引以为相,尝谓之曰:"李尚书方承恩,足下宜一造门,与之款昵。"挺之素负气,薄林甫为人,竟不之诣。林甫恨之益深。挺之先娶妻,出之,更嫁蔚州刺史王元琰,元琰坐赃罪下三司按鞫,挺之为之营解。林甫因左右使于禁中白上。上谓宰相曰:"挺之为罪人请属所由。"九龄曰:"此乃挺之出妻,不宜有情。"上曰:"虽离乃复有私。"

【译文】

李林甫引荐萧炅为户部侍郎。萧炅一向不学无术,曾经在中书侍郎严挺之面前把"伏腊"读为"伏猎"。严挺之对张九龄说:"尚书省怎么能容有'伏猎侍郎'呢!"于是萧炅被调出京城,外放为岐州刺史,为此李林甫怨恨严挺之。张九龄与严挺之关系很好,想要推荐严挺之为宰相,曾经对他说:"李尚书正受到皇上的器重,你应该去登门拜望,与他和睦相处。"严挺之素来傲气,看不起李

严挺之为王元琰说情,李林甫乘机让左右的人到宫中告诉了玄宗。

林甫的为人,竟不去拜访。李林甫就更加恨他。严挺之先前娶的妻子,被休掉后改嫁给蔚州刺史王元琰。王元琰因为贪污钱财罪交付御史大夫、中书省和门下省三司衙门审问,严挺之为他说情。李林甫就乘机让左右的人到宫中告诉了玄宗。玄宗对宰相说:"严

挺之在有关官吏面前为罪人说情是有私人原因的。"张九龄说："王元琰娶的是严挺之休掉的妻子，不可能有私情。"玄宗说："虽然已离婚，但还有私情。"

【原文】

于是上积前事，以耀卿、九龄为阿党；壬寅，以耀卿为左丞相，九龄为右丞相，并罢政事。以林甫兼中书令，仙客为工部尚书、同中书门下三品，领朔方节度如故。严挺之贬洺州刺史，王元琰流岭南。

玄宗认定裴耀卿、张九龄结为朋党。

【译文】

于是玄宗联想到以前的事，认定裴耀卿、张九龄结为朋党；壬寅（二十七日），任命裴耀卿为左丞相，张九龄为右丞相，二人同时罢免参加政事。任命李林甫兼中书令，牛仙客为工部尚书、同中书门下三品，依兼领朔方节度使。严挺之贬为洺州刺史，王元琰流放到岭南。

【原文】

上即位以来，所用之相，姚崇尚通，宋璟尚法，张嘉贞尚吏，张说尚文，李元纮、杜暹尚俭，韩休、张九龄尚直，各其所长也。九龄既得罪，自是朝廷之士，皆容身保位，无复直言。

【译文】

玄宗即皇帝位以来，所任用的丞相中，姚崇主张通变，宋璟提倡法制，张嘉贞重视吏治，张说擅长文学，李元纮、杜暹崇尚节俭，韩休、张九龄则个性直率，这些人都各有所长。张九龄得罪被贬斥以后，朝廷中的百官从此都明哲保身，没有再直言的了。

【原文】

李林甫欲蔽塞人主视听，自专大权，明召诸谏官谓曰："今明主在上，群臣将顺之不暇，乌用多言！诸君不见立仗马乎？食三品料，一鸣辄斥去。

悔之何及！"补阙杜琎尝上书言事，明日，黜为下邽令。自是谏争路绝矣。

【译文】

李林甫想要堵塞住玄宗的视听，自己独揽大权，于是公开召集谏官们明确地对他们说："如今明主在上，群臣顺从皇帝都顾不过来，哪里用得着多说话呢！你们难道没有看见那些立在正殿下面作为仪仗用的马吗？平时吃的是三品等级的食料，在仪仗中如果嘶鸣叫唤就立刻被拉下去，到时候后悔也来不及了。"补阙杜琎曾经向玄宗上书谈论政事，第二天就被贬为下县令。从此谏争之路断绝了。

【原文】

夏，四月辛酉，监察御史周子谅弹牛仙客非才，引谶书为证。上怒，命左右撵于殿庭，绝而复苏；仍杖之朝堂，流瀼州，至蓝田而死。李林甫言，"子谅，张九龄所荐也。"甲子，贬九龄荆州长史。

唐玄宗责罚周子谅并将他流放瀼州。

【译文】

夏季，四月辛酉（十七日），监察御史周子谅弹劾牛仙客，说他非宰相之才，并引谶书中的谶语为证。玄宗大怒，命令左右的人在朝堂猛打周子谅，周子谅被打昏了又苏醒过来，然后又在朝堂用棍棒毒打，并流放瀼州。周子谅走到蓝田就死了。李林甫说："周子谅是张九龄推荐的人。"甲子（二十日），贬张九龄为荆州长史。

【原文】

李林甫为相，凡才望功业出己右及为上所厚、势位将逼己者，必百计去之；尤忌文学之士，或阳与之善，啖以甘言而阴陷之。世谓李林甫"口有蜜，腹有剑"。

【译文】

李林甫为宰相后，凡是才能、声望、功业超过自己以及受到玄宗宠信，在权位上对自己构成威胁的，一定想方设法除去；尤其忌恨因文学才能而进官的士人，有时候表面装出友好的样子，说些动听的话，而暗中却加以陷害。世人都说李林甫是"口蜜腹剑"。

【原文】

上尝陈乐于勤政楼，垂帘观之。兵部侍郎卢绚谓上已起，垂鞭按辔，横过楼下。绚风标清粹，上目送之，深叹其蕴藉。林甫常厚以金帛赂上左右，上举动必知之，乃召绚子弟谓曰："尊君素望清崇，今交、广藉才，圣上欲以尊君为之，可乎？若惮远行，则当左迁；不然，则以宾、詹分务东洛，亦优贤之命也，何如？"绚惧，以宾、詹为请。林甫恐乖众望，乃除华州刺史。到官未几，诬其有疾，州事不理，除詹事、员外同正。

【译文】

玄宗曾经在勤政楼排列乐舞，正在垂帘观看。兵部侍郎卢绚以为玄宗已离开，于是就提鞭按辔，从楼下穿过。卢绚风度清雅，玄宗目送卢绚远去，感叹卢绚含蓄不露的气质。李林甫常常用金钱贿赂玄宗身边的人，玄宗的一举一动，李林甫都了如指掌。于是他就召来卢绚的儿子说："你父亲素来有名望，现今交州、广州需要有才能的人去治理，皇上想令你父亲去，可以吗？如果害怕远行，就要降官；否则，只有以太子宾客或詹事的身份在东都任官。这也算是对贤者比较好的任命了，你看怎么样？"卢绚听后，十分害怕，于是就主动奏请担任太子宾客或詹事。李林甫又恐怕违背众望，就任命卢绚为华州刺史。到官没多长时间，又诬陷说卢绚有病，不理州事，任命他为詹事、员外同正。

【原文】

初，太子之立，非林甫意。林甫恐异日为己祸，常有动摇东宫之志，而坚，又太子之妃兄也。皇甫惟明尝为忠王友，时破吐蕃，入献捷，见林甫专权，意颇不平。时因见上，乘间微劝上去林甫，林甫知之，使杨慎矜密伺其所为。会正月望夜，太子出游，与坚相见，坚又与惟明会于景龙观道士之室。慎矜发其事，以为坚戚里，不应与边将狎昵。林甫因奏坚与惟明结谋，欲共立太子。坚、惟明下狱，林甫使慎矜与御史中丞王鉷、京兆府法曹吉温共鞫之。上亦疑坚与惟明有谋而不显其罪，癸酉，下制，责坚以干进不已，贬缙云太守，惟明以离间君臣，贬播川太守；仍别下制戒百官。

【译文】

当初，李亨被立为太子，并非李林甫的意思。李林甫害怕以后对自己不利，一直有动摇太子地位的想法。而韦坚又是太子韦妃的哥哥。皇甫惟明在太子为忠王时，曾经是太子的朋友，当时打败吐蕃，入朝奏捷献俘，看到李林甫专权，心里愤愤不平，当时趁着进见玄宗的机会，

唐玄宗将韦坚贬为缙云太守。

劝玄宗罢黜李林甫。李林甫知道这件事后，就让杨慎矜暗中伺察皇甫惟明的行为。逢正月十五日夜，太子出游，与韦坚相见，韦坚又与皇甫惟明在景龙观道士房中会面。杨慎矜告发此事，认为韦坚是皇戚，不应该与边将过分亲密。李林甫乘机上奏说韦坚与皇甫惟明合谋，想推太子登基。韦坚和皇甫惟明下狱，李林甫让杨慎矜和御史中丞王铁、京兆府法曹吉温共同审问。玄宗也怀疑韦坚与皇甫惟明结谋，但没有确凿的证据，癸酉（二十一日），下制书指责韦坚过度热衷谋求官职地位，贬为缙云太守，皇甫惟明因为离间君臣间的关系，贬为播川太守。又另下制书，以戒百官。

【原文】

以门下侍郎、崇玄馆大学士陈希烈同平章事。希烈，宋州人，以讲《老》、《庄》得进，专用神仙符瑞取媚于上。李林甫以希烈为上所爱，且柔佞易制，故引以为相，凡政事一决于林甫，希烈但给唯诺。故事，宰相午后六刻乃出。林甫奏，今太平无事，已时即还第，军国机务皆决于私家，主书抱成案诣希烈书名而已。

【译文】

玄宗任命门下侍郎、崇玄馆大学士陈希烈同平章事。陈希烈是宋州人，因为善于讲《老子》、《庄子》而受到重用，又专门用神仙符瑞等道法讨好玄宗。李林

甫看到陈希烈受到玄宗的宠爱，而且柔顺奸佞，容易控制，所以就引荐他为宰相。从此一切政事都由李林甫决定，陈希烈只是点头而已。按照旧例，宰相在午后六刻就可以离开，李林甫上奏说，现在天下太平无事，宰相巳时就可回家，军国大事都可以在自己家里决定。于是管理文书的官吏只是把办成的方案找陈希烈签名就可以了。

【原文】

李林甫屡起大狱，别置推事院于长安。以杨钊有掖廷之亲，出入禁闼，所言多听，乃引以为援，擢为御史。事有微涉东宫者，皆指摘使之奏劾，付罗希奭、吉温鞫之。钊因得逞其私志，所挤陷诛夷者数百家，皆钊发之。幸太子仁孝谨静，张垍、高力士常保护于上前，故林甫终不能间也。

【译文】

李林甫屡次制造冤案，在长安另设审判案子的推事院。因杨钊与杨贵妃的关系，能够随便出入宫廷，玄宗常常采纳他的话，李林甫就网罗杨钊为自己的党羽，升任杨钊为御史。案件有一点涉及太子

李岫认为父亲结怨太多。

的，都挑出来让杨钊上奏弹劾，又指使罗希奭与吉温审问。因此杨钊得以施展他的野心，被陷害和杀掉的达数百家，都是杨钊揭发的。幸好太子仁孝谨慎，张垍与高力士又常常在玄宗面前保护他，所以李林甫终究不能离间玄宗和太子的关系。

【原文】

林甫子岫为将作监，颇以满盈为惧，尝从林甫游后园，指役夫言于林甫曰："大人久处钧轴，怨仇满天下，一朝祸至，欲为此得乎！"林甫不乐曰："势已如此，将若之何！"

先是，宰相皆以德度自处，不事威势，驺从不过数人，士民或不之避。林甫自以多结怨，常虞刺客，出则步骑百馀人为左右翼，金吾静街，前驱在数百步外，公卿走避；居则重关复壁，以石瓷地，墙中置板，如防大敌，一夕屡徙床，虽家人莫知其处。宰相驺从之盛，自林甫始。

【译文】

李林甫的儿子李岫为将作监，对父亲的权势过大十分畏惧，有一次与李林甫游后园，指着那些做工的民夫对李林甫说："您久为宰相，树敌结怨太多，一朝祸至，想要像这些民夫一样，恐怕也不能！"李林甫听后不高兴地说："大势已经这样了，有什么办法呢！"

先前，宰相都以德行处世，不炫耀威权，侍从不过几个人，所经过的地方，老百姓也不用回避。李林甫认为自己结怨太多，常常怕有刺客，出门时有步骑百余人在左右两边保护，让金吾卫的士卒赶走街上的人，走在前面数百步保护，王公卿士都要回避；所居住的地方重门复壁，用石头砌地，墙中置木板，如防大敌，一夜多次转换住处，就是他的家人也不知道他住在什么地方。唐朝的宰相随从人数增多，从李林甫开始。

【原文】

上晚年自恃承平，以为天下无复可忧，遂深居禁中，专以声色自娱，悉委政事于林甫。林甫媚事左右，迎合上意，以固其宠；杜绝言路，掩蔽聪明，以成其奸；妒贤疾能，排抑胜己，以保其位；屡起大狱，诛逐贵臣，以张其势。自皇太子以下，畏之侧足。凡在相位十九年，养成天下之乱，而上不之寤也。

【译文】

玄宗晚年仗着天下太平，认为没有可忧愁的事了，于是安居深宫之中，一心沉湎于声色犬马，寻求欢娱，把政事都交给李林甫。李林甫巴结讨好玄宗身边的人，迎合玄宗心意来巩固自己受宠信的地位；杜绝堵塞向玄宗进谏的门路，蒙蔽玄宗，以施展自己的奸滑权术；妒忌贤能，排斥压抑才能胜过自己的人，以此来保住他的相位；多次制造冤假错案，杀戮驱逐朝中大臣，以扩大自己的势力。皇太子以下的人，没有不怕他的。李林甫当宰相共十九年，造成了天下大乱的局势，而玄宗始终没有醒悟。

安史之乱

【原文】

开元二十四年（丙子，公元 736 年）

安禄山者，本营州杂胡，初名阿荦山。其母，巫也；父死，母携之再适突厥安延偃。会其部落破散，与延偃兄子思顺俱逃来，故冒姓安氏，名禄山。又有史窣干者，与禄山同里闬，先后一日生。及长，相亲爱，皆为互市牙郎，以骁勇闻。张守珪以禄山为捉生将，禄山每与数骑出，辄擒契丹数十人而返。狡猾，善揣人情，守珪爱之，养以为子。

【译文】

开元二十四年（丙子，公元 736 年）

安禄山本是营州地方的混血胡人，原名叫阿荦山。他的母亲是一个女巫；他父亲死后，母亲携带着他又嫁给了突厥人安延偃。正赶上突厥部落败散，他就与安延偃哥哥的儿子安思顺一起逃到幽州，于是冒姓安氏，名叫禄山。还有一个名叫史窣干的混血

安禄山本是营州地方的混血胡人，后来做了互市牙郎。

胡人，与安禄山原来是街坊邻居，两人生日相差一天。等长大后，二人成为朋友，都做了互市牙郎，以勇敢而闻名。张守珪任安禄山为捉生将，安禄山每次带领数名骑兵出去，总是能擒获数十名契丹人回来。再加上安禄山为人狡猾，善于揣摸人的心思，所以深受张守珪的喜爱，就把他认为养子。

【原文】

开元二十九年（辛巳，公元 741 年）

平卢兵马使安禄山，倾巧，善事人，人多誉之。上左右至平卢者，禄山皆厚赂之，由是上益以为贤。御史中丞张利贞为河北采访使，至平卢，禄山曲事利贞，乃至左右皆有赂。利贞入奏，盛称禄山之美。八月乙未，以禄山为营州都督，充平卢军使，两蕃、勃海、黑水四府经略使。

【译文】

开元二十九年（辛巳，公元741年）

平卢兵马使安禄山性格巧诈，善于讨人喜欢，所以人们都称誉他。唐玄宗身边的人到了平卢，安禄山都用重金收买他们，因此唐玄宗更加认为安禄山是贤能之士。御史中丞张利贞担任河北采访使，到了平卢，安禄山对张利贞刻意阿谀逢迎，以至张利贞身边的人都受到安禄山的贿赂。张利贞入朝上奏，极力夸耀安禄山。八月乙未（十七日），唐玄宗任命安禄山为营州都督，兼任平卢军使，两蕃、勃海、黑水四府经略使。

安禄山对张利贞刻意阿谀逢迎。

【原文】

天宝元年（壬午，公元742年）

壬子，分平卢别为节度，以安禄山为节度使。

三载（甲申，公元744年）

三月己巳，以平卢节度使安禄山兼范阳节度使，以范阳节度使裴宽为户部尚书。礼部尚书席建侯为河北黜陟使，称禄山公直；李林甫、裴宽皆顺旨称其美。三人皆上所信任，由是禄山之宠益固不摇矣。

【译文】

天宝元年（壬午，公元742年）

壬子（初六），唐玄宗分平卢另为节度镇，任命安禄山为节度使。

三载（甲申，公元744年）

三月己巳（初五），唐玄宗任命平卢节度使安禄山兼任范阳节度使，任范阳节度使裴宽为户部尚书。礼部尚书席建侯为河北黜陟使，称赞安禄山公正无私；李林甫、裴宽都顺着皇上的意思称颂安禄山。席建侯、李林甫、裴宽这三个人都是唐玄宗所信任的大臣，由此安禄山愈加受到唐玄宗的宠信，其地位稳固不可动摇。

【原文】

六载（丁亥，公元 747 年）

戊寅，以范阳、平卢节度使安禄山兼御史大夫。

禄山体充肥，腹垂过膝，尝自称腹重三百斤。外若痴直，内实狡黠。常令其将刘骆谷留京师伺朝廷指趣，动静皆报之；或应有笺表者，骆谷即为代作通之。岁献俘虏、杂畜、奇禽、异兽、珍玩之物，不绝于路，郡县疲于递运。

禄山在上前，应对敏给，杂以诙谐，上尝戏指其腹曰："此胡腹中何所有？其大乃尔！"对曰："更无馀物，正有赤心耳！"上悦。

【译文】

六载（丁亥，公元 747 年）

戊寅，唐玄宗任命范阳、平卢节度使安禄山兼任御史大夫。

安禄山身体肥胖，大腹便便，过了膝盖，曾自称腹重三百斤。他外表看似老实憨厚，内心实际上狡猾诡诈。他经常命令他的部将刘骆谷留在京师，刺探朝廷的动向，朝廷的一举一动都得向他报告；如果有事应当向皇上奏表，刘骆谷就替他代写上奏唐玄宗。安禄山每年都向朝廷献俘虏、杂畜、奇禽、异兽和珍宝玩物，一路不绝，沿途郡县都因转运这些东西而疲乏。

安禄山在唐玄宗面前应对敏捷，常常夹杂着诙谐幽默的语言，唐玄宗曾经指着安禄山的肚子开玩笑说："你这个胡人肚子里都有什么？竟如此大！"安禄山回答说："臣下的肚子里没有其他东西，只有对陛下您的一片赤心！"唐玄宗听后十分高兴。

【原文】

又尝命见太子，禄山不拜。左右趣之拜，禄山拱立曰："臣胡人，不习朝仪，不知太子者何官？"上曰："此储君也，朕千秋万岁后，代朕君汝者也。"禄山曰："臣愚，向者惟知有陛下一人，不知乃更有储君。"不得已，然后拜。上以为信然，益爱之。上尝宴勤政楼，百官列坐楼下，独为禄山于御座东间设金鸡障，置榻使坐其前，仍命卷帘以示荣宠。命杨铦、杨锜、贵妃三姊皆与禄山叙兄弟。禄山得出入禁中，因请为贵妃儿。上与贵妃共坐，禄山先拜贵妃。上问何故，对曰："胡人先母而后父。"上悦。

239

【译文】

唐玄宗又曾经让安禄山去见太子，安禄山见到太子不下拜。左右的人催促他下拜，安禄山却拱手站立说："臣下是胡人，不熟悉朝廷中的礼仪，不知道太子是什么官？"唐玄宗说："这位太子就是将来的皇上，朕去世以后，代替朕作为君主统治你们的人就是他。"安禄山说："臣下愚笨，过去只知有陛下您一人，不知还有太子。"没有办法，说完后拜见了太子。玄宗相信安禄山说的这些话更加宠爱他。唐玄宗曾经在勤政楼上设宴，百官都坐在楼下，单独为安禄山在自己座位的东边设置了用金鸡羽毛装饰而成的障子，还设置了床榻，让安禄山坐在床榻前面，并命令卷起帘子以示恩宠。又命令杨铦、杨锜和杨贵妃姐妹三人都与安禄山叙兄弟之情。安禄山得以自由出入宫中，便乘机上奏请求做杨贵妃的儿子。唐玄宗与杨贵妃一起坐着，安禄山先拜杨贵妃。唐玄宗问他这是为什么，安禄山回答说："我们胡人的习惯是先母而后父。"玄宗听后十分高兴。

【原文】

李林甫以王忠嗣功名日盛，恐其入相，忌之。安禄山潜蓄异志，托以御寇，筑雄武城，大贮兵器，请忠嗣助役，因欲留其兵。忠嗣先期而往，不见禄山而还，数上言禄山必反，林甫益恶之。

【译文】

李林甫因为王忠嗣功绩名声一天比一天高，恐怕他入朝担任宰相，就忌恨他。安禄山暗中蓄谋反叛，假称要抵御外族入侵，修筑雄武城，大量储备武器。又请求王忠嗣率领部下来帮助筑城，打算乘机将他的兵马留下。王忠嗣先期前往雄武，没有见到安禄山就回去了，多次上言说安禄山一定会反叛，李林甫更加忌恨王忠嗣。

【原文】

自唐兴以来，边帅皆用忠厚名臣，不久任，不遥领，不兼统，功名著者，往往入为宰相。其四夷之将，虽才略如阿史那社尔、契苾何力犹不专大将之任，皆以大臣为使以制之。及开元中，天子有吞四夷之志，为边将者十馀年不易，始久任矣；皇子则庆、忠诸王，宰相则萧嵩、牛仙客，始遥领矣；盖嘉运、王忠嗣专制数道，始兼统矣。李林甫欲杜边帅入相之路，以胡人不知书，乃奏言："文臣为将，怯当矢石，不若用寒畯胡人；胡人则勇决习战，寒族则孤立无党，陛下诚以恩治其心，彼必能为朝廷尽死。"上悦其言，始用安禄山。

至是，诸道节度使尽用胡人，精兵咸戍北边，天下之势偏重，卒使禄山倾覆天下，皆出于林甫专宠固位之谋也。

【译文】

从唐朝建立以来，边防将帅用的都是忠厚名臣，不让久任，不让在朝中只担任职名不亲往任职，不让同时兼任数职，功名显著的常常入朝为宰相。那些四方少数民族的将领，虽然才略像阿史那社尔、契苾何力那样的名将，仍然不让他们单独为一方大将，都任命朝中大臣为使职来辖制他们。到了开元年间，天子有吞并周边的想法，为此为边将的人十多年都不换，边将开始久任了；皇子中则有庆王、忠王等人，宰相中则有萧嵩、牛仙客等人，开始遥领边将之职；盖嘉运与王忠嗣等一人统领数道之兵，开始兼任数职统领军队了。李林甫想要杜绝边将入朝为宰相的路，以胡人没有文化为由，就上奏说："文臣为将帅，怯懦不敢作战，不如用出身低贱的胡人；胡人都勇敢善战，出身低贱则孤立没有党援，陛下如果真能用恩惠笼络他们的心，他们一定能够为朝廷尽力死战。"唐玄宗对李林甫的话很感兴趣，就开始重用安禄山。到了这时，各道节度使几乎都是用胡人，精兵强将都戍守在北方边疆，形成里轻外重的局面，最后使安禄山得以发动叛乱，几乎推翻唐朝的天下，这都是因为李林甫追求专宠以巩固其宰相地位的阴谋导致的。

【原文】

七载（戊子，公元748年）

六月庚子，赐安禄山铁券。

九载（庚寅，公元750年）

五月乙卯，赐安禄山爵东平郡王。唐将帅封王自此始。

十载（辛卯，公元751年）

上命有司为安禄山治第于亲仁坊，敕令但穷壮丽，不限财力。既成，具幄帟器皿，充牣

唐玄宗命令大臣为安禄山在亲仁坊建造宅第。

其中，有帖白檀床二，皆长丈，阔六尺；银平脱屏风，帐方丈六尺；于厨厩之物皆饰以金银，金饭罂二，银淘盆二，皆受五斗，织银丝筐及笊篱各一。他物称是。虽禁中服御之物，殆不及也。上每令中使为禄山护役，筑第及造储偫赐物，常戒之曰："胡眼大，勿令笑我。"

禄山入新第，置酒，乞降墨敕请宰相至第。是日，上欲于楼下击球，遽为罢戏，命宰相赴之。日遣诸杨与之选胜游宴，侑以梨园教坊乐。上每食一物稍美，或后苑校猎获鲜禽，辄遣中使走马赐之，络绎于路。

【译文】

七载（戊子，公元748年）

六月庚子（初一），唐玄宗赐给安禄山享有特权的铁制契书。

九载（庚寅，公元750年）

五月乙卯（二十八日），唐玄宗赐给安禄山东平郡王爵位。唐朝将帅封王从此开始了。

十载（辛卯，公元751年）

唐玄宗命令主管建造的大臣为安禄山在亲仁坊建造宅第，并下敕书说不管耗费多少钱财，越壮丽越好。宅第造成后，又装饰了各种帷帐，放置了很多器物，宅屋都放满了。其中有帖白檀香木床两个，都是长一丈，宽六尺；用银平脱工艺制成的屏风，长宽一丈六尺；厨房和马厩中所用的物品都用金银装饰，其中有金饭罂两个，银淘盆两个，都能装五斗粮；还有织银丝筐和笊篱各一个。其他器物还有许多。即使是宫禁中皇上所使用的器物，恐怕都比不上这里的。唐玄宗命令宦官监工，在建造宅第和制作屋中所用的器物时，唐玄宗常常告诫他们说："胡人大方，不要让人笑我小气。"

安禄山住进新建的宅第后，设置酒宴，并请求玄宗降下敕书让宰相至宅第赴宴。这一天，唐玄宗原来准备在楼下打马球，却立刻取消了游戏，命令宰相去赴会。又每天让杨家的人与安禄山选择风景优美的地方游玩宴会，并让梨园弟子和教坊乐队陪伴。唐玄宗每吃到一种鲜美的食物，或者在后苑中猎获了鲜禽，都要派宦官骑马赐给安禄山，以至走马络绎不绝于路。

【原文】

安禄山求兼河东节度。二月丙辰，以河东节度使韩休珉为左羽林将军，以禄山代之。

户部郎中吉温见禄山有宠，又附之，约为兄弟。

禄山既兼领三镇，赏刑己出，日益骄恣。自以曩时不拜太子，见上春秋高，颇内惧，又见武备堕驰，有轻中国之心。孔目官严庄、掌书记高尚因为之解图谶，劝之作乱。

禄山养同罗、奚、契丹降者八千馀

安禄山率领范阳、河东、平卢三镇兵马六万讨伐契丹。

人，谓之"曳落河"。曳落河者，胡言壮士也。及家僮百馀人，皆骁勇善战，一可当百。又畜战马数万匹，多聚兵仗，分遣商胡诣诸道贩鬻，岁输珍货数百万。私作绯紫袍、鱼袋，以百万计。

【译文】

安禄山请求兼任河中节度使。二月丙辰（初二），唐玄宗任命河东节度使韩休珉为左羽林将军，由安禄山代韩休珉任河东节度使。

户部郎中吉温见安禄山受到唐玄宗的宠信，又依附安禄山，与他结拜为兄弟。

安禄山兼任范阳、平卢、河东三镇节度使，赏罚由自己做主，日益骄横放纵。自认为过去见太子没有下拜，如今唐玄宗年事已高，内心十分恐惧。又看到唐朝的武备松弛，有轻视中原朝廷之心。孔目官严庄和掌书记高尚借机为他讲解预卜吉凶祸福的图谶，劝他起兵反叛。

安禄山豢养了同罗、奚、契丹投降来的八千多士兵，称为"曳落河"。曳落河，胡语的意思是壮士。还有家奴一百多人，这些人个个骁勇善战，可以以一当百。又畜养战马数万匹，大量地聚集军械装备，分派胡商到各地去做买卖，每年输送珍宝货物，价值数百万缗钱。暗中制作绯色、紫色的袍子和金鱼袋等，数以百万计。

【原文】

安禄山将三道兵六万以讨契丹，以奚骑二千为向导。过平卢千馀里，至土护真水，遇雨。禄山引兵昼夜兼行三百馀里，至契丹牙帐，契丹大骇。时久雨，弓弩筋胶皆弛，大将何思德言于禄山曰："吾兵虽多，远来疲弊，实不可用，不如按甲息兵以临之，不过三日，虏必降。"禄山怒，欲斩之，思德请前驱效死。思德貌类禄山，虏争击，杀之，以为已得禄山，勇气增倍。奚复叛，与契丹合，夹击唐兵，杀伤殆尽。射禄山，中鞍，折冠簪，失履，独与麾下二十骑走；会夜，追骑解，得入师州。归罪于左贤王哥解、河东兵马使鱼承仙而斩之。

【译文】

安禄山率领范阳、河东、平卢三镇兵马六万讨伐契丹，以奚族骑兵二千作为向导。过了平卢一千多里，到了土护真水，遇到大雨。安禄山率兵昼夜兼程行军三百余里，来到契丹大本营，契丹十分惊骇。当时大雨连绵，弓箭和弩机的筋胶都因淋雨而松弛，大将何思德对安禄山说："我们虽然兵多，但远道而来士卒疲劳不堪，士卒无法战斗，不如暂时休兵，只与敌人对阵，这样用不了三天，敌人必定投降。"安禄山大怒，要杀何思德，何思德请求愿为先锋以效死力。何思德长相像安禄山，契丹人争着攻打他，杀了他，以为已经杀了安禄山，士气大盛。这时奚族也背叛了唐军，与契丹合兵，前后夹击唐军，唐军死伤殆尽。敌兵用箭射安禄山，射中了安禄山的马鞍，还折断了帽簪，丢掉了鞋子，仅与部下二十个骑兵逃走。正赶上天黑，追击的骑兵松懈下来，安禄山才得以逃入师州城。安禄山把战败的罪过归咎于左贤王哥解和河东兵马使鱼承仙，杀了他们。

【原文】

甲申，以平卢兵马使史思明兼北平太守，充卢龙军使。

哥舒翰素与安禄山、安思顺不协，上常和解之，使为兄弟。是冬，三人俱入朝，上使高力士宴之于城东。禄山谓翰曰："我父胡，母突厥，公父突厥，母胡，族类颇同，何得不相亲？"

哥舒翰与安禄山不和。

翰曰："古人云，狐向窟嗥不祥，为其忘本故也。兄苟见亲，翰敢不尽心！"

禄山以为讥其胡也，大怒，骂翰曰："突厥敢尔！"翰欲应之，力士目翰，翰乃止，阳醉而散，自是为怨愈深。

【译文】

甲申（十二日），唐玄宗任命平卢兵马使史思明兼任北平太守，担任卢龙军使。

哥舒翰一向和安禄山、安思顺不和，唐玄宗经常为他们调解，让他们结拜为兄弟。这年冬天，三人一起上朝，玄宗让高力士在长安城东设宴招待他们。席间安禄山对哥舒翰说："我的父亲是胡人，母亲是突厥人，明公您的父亲是突厥人，母亲是胡人，我们的族类十分相近，为什么不互相亲善呢？"哥舒翰说："古人说，狐狸向着自己的洞窟嗥叫不吉祥，这是因为忘本的缘故。老兄如果能与我亲善，我怎敢不尽心呢！"安禄山认为哥舒翰讥讽他是胡人，极为愤怒，骂哥舒翰："你这个突厥人竟敢无礼！"哥舒翰要回应他，高力士用眼示意哥舒翰，哥舒翰就没再理会安禄山，假装喝醉了酒便散了席，从此两人积的怨恨更深了。

【原文】

杨国忠使人说安禄山诬李林甫与阿布思谋反，禄山使阿布思部落降者诣阙，诬告林甫与阿布思约为父子。上信之，下吏按问；林甫婿谏议大夫杨齐宣惧为所累，附国忠意证成之。时林甫尚未葬，二月癸未，制削林甫官爵，子孙有官者除名，流岭南及黔中，给随身衣及粮食，自馀赀产并没官；近亲及党与坐贬者五十馀人。剖林甫棺，抉取含珠，褫金紫，更以小棺如庶人礼葬之。己亥，赐陈希烈爵许国公，杨国忠爵魏国公，赏其成林甫之狱也。

【译文】

杨国忠派人劝说安禄山，让他诬告李林甫与阿布思谋反，安禄山让阿布思部落投降的人到朝廷，诬告说李林甫与阿布思曾经结为父子。玄宗相信了，就派人去调查。李林甫的女婿谏议大夫杨齐宣怕牵连自己，就按照杨国忠的意图证明说有此事。当时李林甫还没有埋葬，二月癸未（十一日），玄宗下制书削去李林甫的官爵，子孙中有官职的被罢免，流放到岭南和黔中，只给随身穿的衣服和所吃的粮食，其余的家产全部没收。李林甫的亲戚和党羽被贬官的有五十余人。剖开李林甫的棺材，取出口中所含的珍珠，脱下金紫色衣服，换了一个小棺材，按照一般平民的礼仪埋葬了他。己亥（二十七日），玄宗赐陈希烈许国公爵位，赐杨国忠魏国公爵位，以奖赏他们揭发和处置李林甫案件一事。

【原文】

安禄山以李林甫狡猾逾己，故畏服之。及杨国忠为相，禄山视之蔑如也，由是有隙。国忠屡言禄山有反状，上不听。

杨国忠欲厚结翰共排安禄山，奏以翰兼河西节度使。秋，八月戊戌，赐翰爵西平郡王。翰表侍御史裴冕为河西行军司马。

【译文】

安禄山因为李林甫的狡猾超过自己，所以因畏惧他而服从。到杨国忠为宰相，安禄山觉着他没有什么了不起，看不起他，因此二人有矛盾。杨国忠多次说安禄山有谋反的迹象，玄宗不听。

杨国忠想和哥舒翰深交，共同对付安禄山，就奏请玄宗任命哥舒翰兼任河西节度使。秋季，八月戊戌（三十日），玄宗赐哥舒翰为西平郡王。哥舒翰上表奏请任命侍御史裴冕为河西行军司马。

【原文】

十二载（癸巳，公元753年）

阿布思为回纥所破，安禄山诱其部落而降之，由是禄山精兵，天下莫及。

【译文】

十二载（癸巳，公元753年）

阿布思被回纥打败，安禄山诱降了他的部落，从此安禄山的军队兵强马壮，天下没有谁能赶得上他。

【原文】

十三载（甲午，公元754年）

春，正月己亥，安禄山入朝。是时杨国忠言禄山必反，且曰："陛下试召之，必不来。"上使召之，禄山闻命即至。庚子，见上于华清宫，泣曰："臣本胡人，陛下宠擢至此，为国忠所疾，臣死无日矣！"上怜之，赏赐巨万，由是益亲信禄山，国忠之言不能入矣。太子亦知禄山必反，言于上，上不听。

安禄山求兼领闲厩、群牧。庚申，以禄山为闲厩、陇右群牧等使。禄山又求兼总监。壬戌，兼知总监事。禄山奏以御史中丞吉温为武部侍郎，充闲厩副使，杨国忠由是恶温。禄山密遣亲信选健马堪战者数千匹，别饲之。

己丑，安禄山奏："臣所部将士讨奚、契丹、九姓、同罗等，勋效甚多，乞不拘常格，超资加赏，仍好写告身付臣军授之。"于是除将军者五百馀人、中郎将者二千馀人。禄山欲反，故先以此收众心也。

三月丁酉朔，禄山辞归范阳。上解御衣以赐之，禄山受之惊喜。恐杨国忠奏留之，疾驱出关。乘船沿河而下，令船夫执绳板立于岸侧，十五里一更，昼夜兼行，日数百里，过郡县不下船。自是有言禄山反者，上皆缚送，由是人皆知其将反，无敢言者。

【译文】

十三载（甲午，公元 754 年）

春季，正月己亥（初三），安禄山入朝。当时杨国忠进言说安禄山必反，并且说："陛下试召他，他一定不会来。"玄宗派人召见安禄山，安禄山听说皇上召见立刻来了。庚子（初四），安禄山在华清宫觐见玄宗，哭诉说："我本是一名胡人，只是受到陛下的信任才有今天，却为杨国忠所嫉恨，我恐怕死期将近，没有多少日子了！"玄宗十分怜爱他，重加赏赐，由此更加信任安禄山，杨国忠的话一点也听不进去。太子李亨也知道安禄山一定会谋反，对玄宗说了这事，玄宗不听。

安禄山向玄宗哭诉表忠心。

安禄山请求兼任闲厩、群牧的职位。庚申（二十四日），唐玄宗任命安禄山为闲厩、陇右群牧等使。安禄山又请求兼任群牧总监。壬戌（二十六日），安禄山兼任群牧总监。安禄山上奏请求任命御史中丞吉温为武部侍郎，担任闲厩副使。杨国忠由于这事憎恨吉温。安禄山暗中派亲信挑选善战的健壮军马几千匹，另选地方饲养。

己丑（二十三日），安禄山上奏说："臣下所率领的将士讨伐奚、契丹、九姓回纥、同罗等，功勋卓著，乞请陛下能够打破常规，封官赏赐，并希望写好委任状交给我，让我在军中授予他们。"于是安禄山的部将被唐玄宗任命为将军的有五百多人，任命为中郎将的有二千多人。安禄山要谋反，所以先用这种办法收买人心。

三月丁酉朔（初一），安禄山向玄宗告辞，要回范阳。玄宗脱下自己的衣服赐给他，安禄山得到玄宗的衣服十分惊喜。他恐怕杨国忠向玄宗上奏把他留在朝中，所以急忙出了潼关。然后乘船沿黄河而下，命令船夫手执挽船用的绳板立在岸边，十五里一换，昼夜兼程，日行几百里，经过郡县也不下船。从此有说安禄山谋反的人，玄宗都把他们捆绑起来送给安禄山，因此人们都知道安禄山要谋反，但没有敢说的了。

【原文】

冬，十月庚寅，上幸华清宫。

安禄山专制三道，阴蓄异志，殆将十年，以上待之厚，欲俟上晏驾然后作乱。会杨国忠与禄山不相悦，屡言禄山且反，上不听；国忠数以事激之，欲其速反以取信于上。禄山由是决意遽反，独与孔目官太仆丞严庄、掌书记、屯田员外郎高尚、将军阿史那承庆密谋，自馀将佐皆莫之知，但怪其自八月以来，屡飨士卒，秣马厉兵而已。会有奏事官自京师还，禄山诈为敕书，悉召诸将示之曰："有密旨，令禄山将兵入朝讨杨国忠，诸君宜即从军。"众愕然相顾，莫敢异言。十一月甲子，禄山发所部兵及同罗、奚、契丹、室韦凡十五万众，号二十万，反于范阳。命范阳节度副使贾循守范阳，平卢节度副使吕知诲守平卢，别将高秀岩守大同。诸将皆引兵夜发。

诘朝，禄山出蓟城南，大阅誓众，以讨杨国忠为名，榜军中曰："有异议扇动军人者，斩及三族！"于是引兵而南。禄山乘铁舆，步骑精锐，烟尘千里，鼓噪震地。时海内久承平，百姓累世不识兵革，猝闻范阳兵起，远近震骇。河北皆禄山统内，所过州县，望风瓦解，守令或开门出迎，或弃城窜匿，或为所擒戮，无敢拒之者。禄山先遣将军何千年、高邈将奚骑二十，声言献射生手，乘驿诣太原。乙丑，北京副留守杨光翙

安禄山检阅全军，召开誓师大会。

出迎，因劫之以去。太原具言其状。东受降城亦奏禄山反。上犹以为恶禄山者诈为之，未之信也。

【译文】

冬季，十月庚寅（初四），玄宗前往华清宫。

安禄山一身兼任三道节度使，阴谋作乱已将近十年，只是因为玄宗待他很好，所以想等到玄宗死后再反叛。适逢杨国忠与安禄山不和，多次上言说安禄山要谋反，玄宗不听他的这些话。杨国忠又做出种种事来想激怒安禄山，使安禄山立刻反叛以取信于玄宗。安禄山为此仓猝决定举兵反叛，行动前只与孔目官、太仆丞严庄和掌书记、屯田员外郎高尚以及将军阿史那承庆等人密谋，其他将领都不知道，那些将领只是觉得奇怪，安禄山为什么从八月份以来多次招待士卒，秣马厉兵，准备打仗。这时有入朝奏事的人从京师回来，安禄山就假造敕书，召来所有将领，将密诏向他们展示，说："皇上有密诏给我，让我率兵入朝讨伐杨国忠，你们要立即随军行动。"众将十分惊愕，彼此相顾而不敢反对。十一月甲子（初九），安禄山率领所统辖的三镇军马及同罗、奚、契丹、室韦兵共十五万人，号称二十万，在范阳起兵反叛。安禄山命令范阳节度副使贾循留守范阳，平卢节度副使吕知诲留守平卢，别将高秀岩守大同。其余将领都率兵连夜出发了。

第二天早晨，安禄山出蓟城南门，检阅全军，召开誓师大会，以讨伐杨国忠为名，在军中发文告说："胆敢有反对出兵惑乱军心的人，灭杀他的三族！"然后率兵向南进军。安禄山坐着铁车，精锐步骑浩浩荡荡，战尘千里，鼓声震地。当时唐朝国内长治久安，老百姓几代没有经过战争，突然听说范阳起兵，远近惊骇。河北地区都在安禄山的统辖之内，叛军经过的州县望风瓦解，郡守与县令有的大开城门出来迎接敌人，有的弃城逃命，有的被叛军俘虏杀害，没有敢抵抗的人。安禄山先派将军何千年与高邈率领奚族骑兵二十名，声称是向朝廷献射生手，乘驿马到太原。乙丑（初十），太原副留守杨光翙出城迎接，被劫持而去。太原向朝廷详细报告了当时的情况。东受降城也上奏说安禄山反叛。玄宗还认为这是恨安禄山的人故意编造的，不相信真有其事。

【原文】

庚午，上闻禄山定反，乃召宰相谋之。杨国忠扬扬有德色，曰："今反者独禄山耳，将士皆不欲也。不过旬日，必传首诣行在。"上以为然，大臣相顾失色。上遣特进毕思琛诣东京，金吾将军程千里诣河东，各简募数万人，随便团结以拒之。辛未，安西节度使封常清入朝，上问以讨贼方略，常清大言曰："今太平积久，故人望风惮贼。然事有逆顺，势有奇变，臣请走马诣东京，开府库，募骁勇，挑马棰渡河，计日取逆胡之首献阙下！"上悦。壬申，以常清为范阳、平卢节度使。常清即日乘驿诣东京募兵，旬日，得六万人；乃断河阳桥，为守御之备。

【译文】

庚午（十五日），玄宗听说安禄山确实率兵反叛，才召来宰相商议这事。杨国忠一副得意的样子，说："现在要反叛的只是安禄山一个人，所部将士都不想反叛。不过十天，一定会把安禄山的首级送到行在。"玄宗觉得杨国忠的话有

封常清向玄宗请兵平定安禄山之乱。

道理，大臣们听后彼此相看大惊失色。玄宗派特进毕思琛到洛阳，金吾将军程千里到河东，各招募数万人，各随便利，编组教练，以抗拒叛军。辛未（十六日），安西节度使封常清入朝，玄宗问他平叛的事，封常清夸大其辞地说："现在因为天下太平已久，所以看见叛军人人都十分害怕。但事情有逆顺，形势也会不断变化。我请求立刻到洛阳，打开府库，招募勇士，然后跃马挥师渡过黄河，用不了几天就会把逆贼安禄山的首级献给朝廷！"玄宗大喜。壬申（十七日），玄宗任命封常清为范阳、平卢节度使。封常清当天就乘驿马到洛阳募兵，十天募得六万人；然后毁坏河阳桥，准备抵御叛军。

【原文】

丁丑，以荣王琬为元帅，右金吾大将军高仙芝副之，统诸军东征。出内府钱帛，于京师募兵十一万，号曰天武军，旬日而集，皆市井子弟也。

十二月丙戌，高仙芝将飞骑、彍骑及新募兵、边兵在京师者合五万人，发长安。上遣宦者监门将军边令诚监其军，屯于陕。

【译文】

丁丑（二十二日），玄宗任命荣王李琬为元帅，右金吾大将军高仙芝为副元帅，

统帅各路军马东征。又拿出内府中的金钱布帛，在京师招募兵士十一万，号为天武军，十天便集合起来，这些人都是市民子弟。

十二月丙戌（初一），副元帅高仙芝率领飞骑、彍骑及新招募的兵士，再加上留在京师的边镇兵共五万人，从长安出发。玄宗派监门将军宦官边令诚监军，大军在陕郡驻扎下来。

【原文】

高仙芝之东征也，监军边令诚数以事干之，仙芝多不从。令诚入奏事，具言仙芝、常清挠败之状，且云："常清以贼摇众，而仙芝弃陕地数百里，又盗减军士粮赐。"上大怒，癸卯，遣令诚赍敕即军中斩仙芝及常清。初，常清既败，三遣使奉表陈贼形势，上皆不之见。常清乃自驰诣阙，至渭南，敕削其官爵，令还仙芝军，白衣自效。常清草遗表曰："臣死之后，望陛下不轻此贼，无忘臣言！"时朝议皆以为禄山狂悖，不日授首，故常清云然。令诚至潼关，先引常清，宣敕示之；常清以表附令诚上之。常清既死，陈尸蘧蒢。仙芝还，至听事，令诚索陌刀手百馀人自随，乃谓仙芝曰："大夫亦有恩命。"仙芝遽下，令诚宣敕。仙芝曰："我遇敌而退，死则宜矣。今上戴天，下履地，谓我盗减粮赐则诬也。"时士卒在前，皆大呼称枉，其声振地，遂斩之。以将军李承光摄领其众。

【译文】

高仙芝率兵东征，监军边令诚多次以私事相托，高仙芝大都不听。边令诚入朝奏事，向玄宗报告了高仙芝、封常清战败的情况，并且说："封常清借叛军的强大势力动摇军心，高仙芝丧失陕郡数百里之地，还贪污军士的粮饷。"玄宗大怒，癸卯（十八日），派边令诚手持敕书到军中杀高仙芝及封常清。起初，封常清兵败后，三次派使者入朝上表陈述叛军的形势，玄宗都不见。于是封常清就亲自骑马入朝报告，到了渭南，玄宗下敕书削去他的官职和爵位，让他回到高仙芝的军中，作为一名普通的士卒去效命。封常清草写遗表说："我死了以后，希望陛下千万不要轻视逆贼安禄山，不要忘记我说的话！"当时朝臣都认为安禄山狂傲叛逆，用不了多长时间就会失败，所以封常清这样告诫玄宗。边令诚到了潼关，先把封常清叫来，向他宣示了敕书；封常清把自己草写的遗表交给边令诚，要他呈送玄宗。封常清被杀后，尸体陈放在一张席子上。高仙芝回到官署后，边令诚带领着陌刀手一百余人，对高仙芝说："高大夫也有皇帝的恩命。"高仙芝听后立刻下了厅堂，边令诚遂宣示敕书。高仙芝说："我遇到叛军没有抵抗而退却，死了是应该的。现在上有天，下有地，说我贪污士兵的粮饷，这是在诬陷我。"当时高仙芝部下的士卒都在场，都大呼高仙芝冤枉，吼声震地，边令诚还是杀了他。然后命令将军李承光代理统领军队。

【原文】

河西、陇右节度使哥舒翰病废在家，上藉其威名，且素与禄山不协，召见，拜兵马副元帅，将兵八万以讨禄山，仍敕天下四面进兵，会攻洛阳。翰以疾固辞，上不许，以田良丘为御史中丞，充行军司马，起居郎萧昕为判官，蕃将火拔归仁等各将部落以从，并仙芝旧卒，号二十万，军于潼关。翰病，不能治事，悉以军政委田良丘；良丘复不敢专决，使王思礼主骑，李承光主步，二人争长，无所统壹。翰用法严而不恤，士卒皆懈弛，无斗志。

至德元载（丙申，公元 756 年）

春，正月乙卯朔，禄山自称大燕皇帝，改元圣武，以达奚珣为侍中，张通儒为中书令。高尚、严庄为中书侍郎。

初，户部尚书安思顺知禄山反谋，因入朝奏之。及禄山反，上以思顺先奏，不之罪也。哥舒翰素与之有隙，使人诈为禄山遗思顺书，于关门擒之以献，且数思顺七罪，请诛之。丙辰，思顺及弟太仆卿元贞皆坐死，家属徙岭外。杨国忠不能救，由是始畏翰。

郭子仪至朔方，益选精兵，戊午，进军于代。

【译文】

河西、陇右节度使哥舒翰因病在家中休养，玄宗因他有威名，而且素来与安禄山关系不好，于是就召见他，拜为兵马副元帅，率兵八万去征讨安禄山。还下敕让各地进军，一齐攻打洛阳。哥舒翰因病坚辞不受，玄宗不答应，任命田良丘为御史中丞，担任行军司马，起居郎萧昕为判官，蕃人将领火拔归仁等都率领部落归哥舒翰指挥，再加上高仙芝原来的军队，号称二十万，守卫潼关。哥舒翰因病不能料理军务，把军政大事都交给田良丘处理。田良丘又不敢一人决定，于是就让王思礼统领骑兵，李承光统领步兵，因为二人争权，军令无法统一。哥舒翰用法严厉而不体恤士卒，士卒都意志松懈消极，没有斗志。

至德元载（丙申，公元 756 年）

春季，正月乙卯朔（初一），安禄山自封为大燕皇帝，改年号为圣武，任命达奚珣为侍中，张通儒为中书令，高尚、严庄为中书侍郎。

起初，户部尚书安思顺得知安禄山要谋反，借入朝之机向玄宗奏报了此事。到了安禄山起兵反叛时，玄宗因为安思顺先已奏报，所以不加问罪。哥舒翰素来与安思顺有矛盾，他让人伪造了一封安禄山给安思顺的书信，在潼关城门口抓住送信的人，献给朝廷，并且列举了安思顺的七条罪状，请求玄宗杀了他。丙辰（初三），安思顺和他的弟弟太仆卿安元贞都因此事被处死，家人被流放到岭南。杨国忠无法救他们，因此开始惧怕哥舒翰。

郭子仪回到朔方，增加了精兵强将，戊午（初五），向代州进军。

【原文】

郭子仪、李光弼还常山，史思明收散卒数万踵其后。子仪选骁骑更挑战，三日，至行唐，贼疲，乃退。子仪乘之，又败之于沙河。蔡希德至洛阳，安禄山复使将步骑二万人北就思明，又使牛廷玠发范阳等郡兵万馀人助思明，合五万馀人，而同罗、曳落河居五分之一。子仪至恒阳，思明随至，子仪深沟高垒以待之，贼来则守，去则追之，昼则耀兵，夜斫其营，贼不得休息。数日，子仪、光弼议曰："贼倦矣，可以出战。"壬午，战于嘉山，大破之，斩首四万级，捕虏千馀人。思明坠马，露髻跣足步走，至暮，杖折枪归营，奔于博陵，光弼就围之，军声大振。于是河北十馀郡皆杀贼守将而降。渔阳路再绝，贼往来者皆轻骑窃过，多为官军所获，将士家在渔阳者无不摇心。

【译文】

郭子仪与李光弼率兵退回常山，史思明收罗散兵数万随后追击，郭子仪挑选骁勇善战的骑兵轮番挑战，三天后，到了行唐县，叛军疲劳，无力再战，就退兵了。郭子仪乘机出击，又败叛军于沙河县。蔡希德到了洛阳，安禄山又让他率领步、骑兵两万人向北靠近史思明，又派牛廷玠发范阳等郡兵一万多人增援史思明，合兵五万多人，其中同罗、曳落河的兵

唐军大败叛军。

力占五分之一。郭子仪抵达恒阳，史思明也率兵随后赶到，郭子仪依靠深沟高垒对付叛军，如果叛军来攻就固守，撤兵就追击，白天以大兵向叛军炫耀武力，夜里则派部队袭击敌营，使叛军不得安宁。这样持续了数天，郭子仪与李光弼商议说："叛军已经疲劳，现在可以出战了。"壬午（二十九日），两军战于嘉山，唐军大败叛军，斩杀叛军四万多人，俘获一千多人。史思明从马上坠落下来，发髻散乱，赤脚步行而逃，到了晚上，挂着折断的长枪回到军营，然后又逃往博陵。李光弼率兵包围博陵，军势大振。于是河北地区原先被叛军占据的十多个州郡都杀了叛军的守将而归降朝廷。范阳的归路再次被切断，叛军往来都是轻骑偷偷地通过，大多被官军俘获，家在范阳的叛军将士军心没有不动摇的。

【原文】

禄山大惧，召高尚、严庄诟之曰："汝数年教我反，以为万全。今守潼关，数月不能进，北路已绝，诸军四合，吾所有者止汴、郑数州而已，万全何在？汝自今勿来见我！"尚、庄惧，数日不敢见。田乾真自关下来，为尚、庄说禄山曰："自古帝王经营大业，皆有胜败，岂能一举而成！今四方军垒虽多，皆新募乌合之众，未更行陈，岂能敌我蓟北劲锐之兵，何足深忧！尚、庄皆佐命元勋，陛下一旦绝之，使诸将闻之，谁不内惧！若上下离心，臣窃为陛下危之！"禄山喜曰："阿浩，汝能豁我心事。"即召尚、庄，置酒酣宴，自为之歌以侑酒，待之如初。阿浩，乾真小字也。禄山议弃洛阳，走归范阳，计未决。

【译文】

安禄山十分恐惧，召来高尚、严庄，骂道："你们数年来都劝我反叛，认为一定能够成功。现在大军被阻于潼关，数月不能攻破，北归的路也被切断，官军正四面八方朝这里涌来，我们占据的只有汴州、郑州等几个州郡，如何能够取胜呢？从现在起你们不要来见我！"高尚、严庄听后极为害怕，好多天都不敢去见安禄山。这时田乾真从潼关回来，为高尚、严庄说话，劝安禄山说："自古以来，帝王要成就大事业的，都有胜有败，怎么能够指望一举成功呢！现在四面八方的官军虽然多，但都是新招募的乌合之众，没有经过战阵，怎么能够敌得过我们蓟北的精兵强将，何必担忧呢！高尚、严庄都是跟随您多年的功臣元勋，陛下就这样一下子把他们抛弃，让诸将知道了这事，哪一个心中不恐惧呢！如果上下不是一条心了，我觉得陛下的处境就危险了！"安禄山听后高兴地说："阿浩，你真能体会我的心事。"于是就把高尚与严庄召来，摆设宴席招待他们，安禄山还亲自为他们唱歌劝酒，仍像以前那样对待他们。阿浩是田乾真的小名。安禄山打算放弃洛阳，率军回保范阳，但没有最后决定。

马嵬事变

【原文】

至德元载（丙申，公元 756 年）

是时，天下以杨国忠骄纵召乱，莫不切齿。又，禄山起兵以诛国忠为名，王思礼密说哥舒翰，使抗表请诛国忠，翰不应。思礼又请以三十骑劫取以来，至潼关杀之，翰曰："如此，乃翰反，非禄山也。"或说国忠："今朝廷重兵尽在翰手，翰若援旗西指，于公岂不危哉！"国忠大惧，乃奏："潼关大军虽盛，而后无继，万一失利，京师可忧，请选监牧小儿三千于苑中训练。"上许之，使剑南军将李福德等领之。又募万人屯灞上，令所亲杜乾运将之，名为御贼，实备翰也。翰闻之，亦恐为国忠所图，乃表请灞上军隶潼关。六月癸未，召杜乾运诣关，因事斩之。国忠益惧。

【译文】

至德元载（丙申，公元 756 年）

这个时候，国人都认为是杨国忠骄横放纵招致安禄山叛乱，对杨国忠无不切齿痛恨。而且安禄山起兵是以讨杨国忠为名，王思礼悄悄劝哥舒翰，让他上表请求玄宗杀掉杨国忠，哥舒翰没有答应。王思礼

有人劝杨国忠提防手握重兵的哥舒翰。

又请求率领三十个骑兵把杨国忠劫持出京师，到潼关杀了他，哥舒翰说："如果这样做，就是我哥舒翰谋反，而不是安禄山谋反了。"有人劝杨国忠说："现在朝廷的重兵都在哥舒翰掌握之中，哥舒翰如果挥兵向西回京城，您不就危险了吗！"杨国忠大为恐惧，于是就上奏玄宗说："把守潼关的大军虽然处于强势，但后无

援兵，一旦潼关失守，京师就堪忧了，请求挑选牧马的士卒三千人于禁宛中训练，以应付不测。"玄宗同意了，派剑南军将李福德等人统领这支队伍。杨国忠又招募了一万人屯兵于灞上，命令他的亲信杜乾运率领，名义上是抵御叛军，实际是为了防备哥舒翰。哥舒翰得知后，也怕被杨国忠谋算，就上表玄宗请求把驻扎在灞上的军队归潼关统一指挥。六月癸未（初一），哥舒翰把杜乾运召到潼关，借机杀了他，杨国忠更加害怕。

【原文】

及暮，平安火不至，上始惧。壬辰，召宰相谋之。杨国忠自以身领剑南，闻安禄山反，即令副使崔圆阴具储偫，以备有急投之，至是首唱幸蜀之策。上然之。癸巳，国忠集百官

虢国夫人劝玄宗入蜀。

于朝堂，惶懅流涕；问以策略，皆唯唯不对。国忠曰："人告禄山反状已十年，上不之信，今日之事，非宰相之过。"仗下，士民掠扰奔走，不知所之，市里萧条。国忠使韩、虢入宫，劝上入蜀。

【译文】

到了晚上，没有看到报告平安的烽火，玄宗开始害怕了。壬辰（初十），玄宗召集宰相商量这事。杨国忠因为自己兼任剑南节度使，听说安禄山谋反，立即让副使崔圆暗中储备物资，以防备危急时投奔那里，所以到此时他首先提出入蜀避难的计策。玄宗同意了。癸巳（十一日），杨国忠在朝堂上召集百官，惊慌害怕以至流泪；他问百官有什么计策，众人都支支吾吾说不出来。杨国忠说："有人告发安禄山谋反已经有十年了，皇上不相信，现在安禄山果然反了，这不是宰相之过。"朝散以后卫兵退下，百姓都惊慌失措地奔跑，不知道该往哪里躲避，市场萧条。杨国忠让韩国夫人和虢国夫人入宫，劝玄宗入蜀。

【原文】

甲午，百官朝者什无一二。上御勤政楼，下制，云欲亲征，闻者皆莫之信。以京兆尹魏方进为御史大夫兼置顿使；京兆少尹灵昌崔光远为京兆尹，充西京留守；将军边令诚掌宫闱管钥。托以剑南节度大使颍王璬将赴镇，令本道设储偫。是日，上移仗北内。既夕，命龙武大将军陈玄礼整比六军，厚赐钱帛，选闲厩马九百馀匹，外人皆莫之知。乙未，黎明，上独与贵妃姊妹、皇子、妃、主、皇孙、杨国忠、韦见素、魏方进、陈玄礼及亲近宦官、宫人出延秋门，妃、主、皇孙之在外者，皆委之而去。上过左藏，杨国忠请焚之，曰："无为贼守。"上愀然曰："贼来不得，必更敛于百姓，不如与之，无重困吾赤子。"是日，百官犹有入朝者，至宫门，犹闻漏声，三卫立仗俨然。门既启，则宫人乱出，中外扰攘，不知上所之。于是王公、士民四出逃窜，山谷细民争入宫禁及王公第舍，盗取金宝，或乘驴上殿。又焚左藏大盈库。崔光远、边令诚帅人救火，又募人摄府、县官分守之，杀十馀人，乃稍定。光远遣其子东见禄山，令诚亦以管钥献之。

【译文】

甲午（十二日），百官上朝的不到平时的十分之一二。玄宗驾临勤政楼，下制书说要亲征，听到的人都不相信。玄宗任命京兆尹魏方进为御史大夫兼置顿使；京兆少尹灵昌人崔光远为京兆尹，担任西京留守；将军边令诚掌管皇宫钥匙。玄宗假称剑南节度大使颍王李璬将要赴镇，下令剑南道准备物资储备。当天，玄宗移居北内。到了晚上，玄宗下令龙武大将军陈玄礼整顿禁军，赏赐给将士丰厚的钱帛，选出闲厩中的骏马九百余匹，外人都不知道这些事。乙未（十三日），天刚发亮，玄宗独自与贵妃姊妹、皇子、皇妃、公主、皇孙、杨国忠、韦见素、魏方进、陈玄礼及贴身宦官、宫人从延秋门出发，在外的皇妃、公主及皇孙，都不顾他们而去。玄宗经过左藏库时，杨国忠

玄宗下制书说要亲征。

请求烧掉，说："不要落到叛军手里。"玄宗心情凄惨地说："叛军进城得不到东西，一定会从百姓那里征敛，不如留给他们，不再给百姓增加负担。"这天，百官还有照常入朝的，到宫门时，还听到漏壶滴水的声音，仪仗队的卫士们仍然整齐地站在那里。宫门打开以后，宫人乱纷纷跑出来，朝廷内外一片混乱，不知玄宗到什么地方去了。于是王公士民四处逃难，平民百姓争相进入皇宫和王公府第，盗取金银珠宝，有人乘驴上殿。又有人在左藏大盈库纵火。崔光远、边令诚带人救火，又招募人员暂时代理府、县长官分别守卫，杀了十余人，才稍稍使局面安定下来。崔光远派儿子向东去见安禄山，边令诚也把宫殿各门的钥匙献给了安禄山。

【原文】

上过便桥，杨国忠使人焚桥。上曰："士庶各避贼求生，奈何绝其路！"留内侍监高力士，使扑灭乃来。上遣宦者王洛卿前行，告谕郡县置顿。食时，至咸阳望贤宫，洛卿与县令俱逃，中使征召，吏民

玄宗不许杨国忠焚烧便桥。

莫有应者。日向中，上犹未食，杨国忠自市胡饼以献。于是民争献粝饭，杂以麦豆。皇孙辈争以手掬食之，须臾而尽，犹未能饱。上皆酬其直，慰劳之。众皆哭，上亦掩泣。有老父郭从谨进言曰："禄山包藏祸心，固非一日，亦有诣阙告其谋者，陛下往往诛之，使得逞其奸逆，致陛下播越。是以先王务延访忠良以广聪明，盖为此也。臣犹记宋璟为相，数进直言，天下赖以安平。自顷以来，在廷之臣以言为讳，惟阿谀取容，是以阙门之外，陛下皆不得而知。草野之臣，必知有今日久矣，但九重严邃，区区之心无路上达。事不至此，臣何由得睹陛下之面而诉之乎！"上曰："此朕之不明，悔无所及。"慰谕而遣之。俄而尚食举御膳以至，上命先赐从官，然后食之。令军士散诣村落求食，期未时皆集而行。夜将半，乃至金城。县令亦逃，县民皆脱身走，饮食器皿具在，士卒得以自给。时从者多逃，内侍监袁思艺亦亡去。驿中无灯，人相枕藉而寝，贵贱无以复辨。

【译文】

玄宗过了便桥后，杨国忠令人焚烧了桥。玄宗说："老百姓要避贼逃难，怎么能把人家求生的路断掉呢！"留下内侍监高力士，让他灭了火再跟上来。玄宗派宦官王洛卿前行，告知郡县准备安顿皇帝一行。吃午饭的时候，到了咸阳望贤宫，王洛卿和县令都已逃走，宦官派人召集人，官员、百姓没有奉命应召的。将近正午，玄宗仍然没有进食，杨国忠亲自去买了胡饼给玄宗。于是百姓争相进献糙米饭，掺杂着麦豆。皇孙们争着用手捧着吃，不一会儿就吃光了，还没能吃饱。玄宗都付给了他们钱，并慰劳了他们。众人都哭了，玄宗也遮住了脸流泪。有一名叫郭从谨的老人进言说："安禄山包藏祸心，一定不是一天两天的事了，也有人到宫门口去告发他，陛下往往杀了他们，使得安禄山的奸谋得逞，致使陛下不得不流亡。所以先王致力于寻找忠良之士来让自己耳聪目明，正是这个道理。臣还记得宋璟为相时，屡进直言，天下靠着这些才得以太平。但从那时候以后，在朝廷的大臣忌讳直言，只有阿谀奉承，取悦于陛下，因此对于宫门之外所发生的事陛下都不能够知道。草野臣民，知道一定有今天已经很久了，但天子深居九重之上，区区效忠之心没有办法向上报告。事情不到这个地步，我哪能见到陛下当面向陛下说这些话呢！"玄宗说："这都是朕不明鉴，后悔也来不及了。"安慰了一番郭从谨，让他走了。不久，管理皇上吃饭的官吏将御膳送到，玄宗下令先赐给随从的官吏吃，然后自己再吃。令军士分散到村落中寻找食物，约定未时集合出发。将近夜半时分才到金城县。县令也逃走了，当地百姓都逃离，但饮食器皿还在，因此士卒得自己做饭吃。当时跟随玄宗的官吏多有逃跑的，内侍监袁思艺也逃走了。驿中没有灯火，人们纵横交错地躺卧在一起，贵贱无法再分辨。

【原文】

丙申，至马嵬驿，将士饥疲，皆愤怒。陈玄礼以祸由杨国忠，欲诛之，因东宫宦者李辅国以告太子，太子未决。会吐蕃使者二十馀人遮国忠马，诉以无食，国忠未及对，军士呼曰："国忠与胡虏谋反！"或射之，中鞍。国忠走至西门内，军士追杀之，屠割支体，以枪揭其首于驿门外，并杀其子户部侍郎暄及韩国、秦国夫人。御史大夫魏方进曰："汝曹何敢害宰相！"众又杀之。韦见素闻乱而出，为乱兵所挝，脑血流地。众曰："勿伤韦相公。"救之，得免。军士围驿，上闻喧哗，问外何事，左右以国忠反对。上杖屦出驿门，慰劳军士，令收队，军士不应。上使高力士问之，玄礼对曰："国忠谋反，贵妃不宜供奉，愿陛下割恩正法。"上曰："朕当自处之。"入门，倚杖倾

首而立。久之，京兆司录韦谔前言曰："今众怒难犯，安危在晷刻，愿陛下速决！"因叩头流血。上曰："贵妃常居深宫，安知国忠反谋？"高力士曰："贵妃诚无罪，然将士已杀国忠，而贵妃在陛下左右，

韦谔请求玄宗处死杨贵妃。

岂敢自安！愿陛下审思之，将士安则陛下安矣。"上乃命力士引贵妃于佛堂，缢杀之。舆尸置驿庭，召玄礼等人视之。玄礼等乃免胄释甲，顿首请罪，上慰劳之，令晓谕军士。玄礼等皆呼万岁，再拜而出，于是始整部伍为行计。谔，见素之子也。国忠妻裴柔与其幼子晞及虢国夫人、夫人子裴徽皆走，至陈仓，县令薛景仙帅吏士追捕，诛之。

【译文】

　　丙申（十四日），玄宗一行到了马嵬驿，将士又累又饿，都很愤怒。陈玄礼认为祸患是由杨国忠造成的，想要杀掉他，通过东宫宦官李辅国告知太子，太子不能决定。正在此时，吐蕃使者二十余人拦着杨国忠的马，诉说没有食物，杨国忠还没来得及回答，军士高喊道："国忠与胡人谋反！"有人向他射箭，射中了马鞍。杨国忠跑到驿站西门内，军士追上去杀了他，将他分尸，用枪挑着他的首级挂在驿门外，又杀了他的儿子户部侍郎杨暄及韩国夫人、秦国夫人。御史大夫魏方进说："你们怎么敢杀害宰相！"将士又杀了魏方进。韦见素听到骚乱声出来查看，被乱兵击打得头破血流。众人说："别伤了韦相公。"韦见素被人救起，才得以幸免。军士围住驿馆，玄宗听到喧哗声，问外面发生了什么事，左右回报说杨国忠谋反。玄宗拄杖出了驿门，慰劳军士，下令收队，军士无人响应。玄宗派高力士问他们怎么回事，陈玄礼答道："杨国忠谋反，贵妃不应再侍奉陛下，愿陛下割断恩情，将贵妃处死。"玄宗说："朕自会处理这件事。"然后进了驿门，玄宗拄着手杖低头而立。过了很久，京兆司录韦谔上前进言说："如今众怒难犯，安危就在顷刻之间，愿陛下速速决断！"于是叩头流血不止。玄宗说："贵妃久居深宫，怎么会

知道国忠谋反的阴谋呢？"高力士说："贵妃确实无罪，但是将士已经杀了杨国忠，而贵妃仍然在陛下左右侍奉，他们怎么敢安心跟随陛下！愿陛下慎重考虑，只有将士安心，陛下才会安全。"玄宗于是让高力士带贵妃到佛堂，将她缢死。然后把尸体抬到驿站的庭中，召陈玄礼等入驿站察看。陈玄礼等才脱下盔甲，磕头请罪，玄宗慰劳他们，让他们告谕军士。陈玄礼等都高呼万岁，拜了两拜后出了驿庭，于是开始整理好队伍准备继续前行。韦谔是韦见素之子。杨国忠的妻子裴柔与其幼子杨晞、虢国夫人与她的儿子裴徽都逃跑了，逃到陈仓，县令薛景仙率吏士追捕，诛杀了他们。

【原文】

丁酉，上将发马嵬，朝臣惟韦见素一人，乃以韦谔为御史中丞，充置顿使。将士皆曰："国忠谋反，其将吏皆在蜀，不可往。"或请之河、陇，或请之灵武，或请之太原，或言还京师。上意在入蜀，虑违众心，竟不言所向。韦谔曰："还京，当有御贼之备。今兵少，未易东向，不如且至扶风，徐图去就。"上询于众，众以为然，乃从之。及行，父老皆遮道请留，曰："宫阙，陛下家居，陵寝，陛下坟墓，今舍此，欲何之？"上为之按辔久之，乃命太子于后宣慰父老。父老因曰："至尊既不肯留，某等愿帅子弟从殿下东破贼，取长安。若殿下与至尊皆入蜀，使中原百姓谁为之主？"须臾，众至数千人。太子不可，曰："至尊远冒险阻，吾岂忍朝夕离左右。且吾尚未面辞，当还白至尊，更禀进止。"涕泣，跋马欲西。建宁王倓与李辅国执鞚谏曰："逆胡犯阙，四海分崩，不因人情，何以兴复！今殿下从至尊入蜀，若贼兵烧绝栈道，则中原之地拱手授贼矣。人情既离，不可复合，虽欲复至此，其可得乎！不如收西北守边之兵，召郭、李于河北，与之并力东讨逆贼，克复两京，削平四海，使社稷危而复安，宗庙毁而更存，扫除宫禁以迎至尊，岂非孝之大者乎！何必区区温情，为儿女之恋乎！"广平王俶亦劝太子留。父老共拥太子马，不得行。太子乃使俶驰白上。上总辔待太子，久不至，使人侦之，还白状，上曰："天也！"乃分后军二千人及飞龙厩马从太子，且谕将士曰："太子仁孝，可奉宗庙，汝曹善辅佐之。"又谕太子曰："汝勉之，勿以吾为念。西北诸胡，吾抚之素厚，汝必得其用。"太子南向号泣而已。又使送东宫内人于太子，且宣旨欲传位，太子不受。俶、倓皆太子之子也。

【译文】

丁酉（十五日），玄宗就要从马嵬出发，朝里的大臣只有韦见素一人随行，玄宗任命韦谔为御史中丞，担任置顿使。将士都说："杨国忠谋反，他的属下都在蜀地，御驾不可去蜀地。"有人请皇上去河西、陇右地区，有人请皇上去灵武，有人请皇上去太原，还有人说回京师。玄宗心里想要入蜀，担心违背众意，就不肯说出到哪里。韦谔说："回京就应当有御贼的准备。现在兵少，不能轻易向东行进，不如暂且先到扶风，慢慢地商议去哪里合适。"玄宗问大家的意见，众人都觉得这样比较好，于是采纳了韦谔的建议。等到出发的时候，父老都拦路挽留，说："宫殿是陛下的家，陵寝是陛下祖先的坟墓，如今放弃这些，准备到哪里去呢？"听了这话玄宗扣紧马缰，停下很久，才让太子在后面代表皇帝宣扬政令，安抚父老。父老就说："陛下既然不肯留下，我们愿意率领子弟跟随太子殿下向东攻打叛军，收复长安。如果太子和皇上都进入蜀地，让中原百姓奉谁为主呢？"没多长时间，就聚集了数千人。太子不肯答应，说："陛下冒险远行，我怎么忍心离开他呢。而且我还没有当面向他辞别，应当回去向陛下说这事，听从陛下的安排。"说着流泪哭泣，想要拨马西行。这时建宁王李倓和李辅国抓住太子的马笼头劝谏说："安禄山这逆贼举兵入犯朝廷，致使四海沸腾，国家分裂，如果不顺应民意，怎么能恢复大唐天下呢！如今太子殿下跟随皇上入蜀，如果叛军烧毁栈道，那么中原之地就拱手让给叛军了。民心已经散了就很难聚合，到时候就算是想要有今天这样的局面，又怎么能得到呢！不如征集西北守边的将士，从黄河以北召回郭子仪、李光弼，与他们联合东进讨伐逆贼，光复东西两京，平定天下，使社稷转危为安，使毁坏的宗庙重新建立起来，然后清扫好宫禁来迎回陛下，岂不是最大的孝顺吗！何必在意区区冷暖问候之礼，做儿女之恋呢！"广平王李俶也劝太子

随行唐军将士反对玄宗入蜀。

留下。父老一起围住太子的马，太子无法前行。太子就派李俶骑马禀告玄宗。玄宗抓住马的缰绳，让马停下来，等待太子，很久都不到，就派人去察看，派去的人回来将情形禀告玄宗，玄宗说："这真是天意啊！"就下令

分后军二千人及飞龙厩马跟随太子，并且告谕将士说："太子仁孝，能够继承我们大唐的帝业，你们要好好辅佐他。"又派人传谕太子说："你努力做吧，不要以我为念。西北地区的各族胡人，我平时厚待过他们，你一定会得到他们的帮助。"太子向南大声哭泣。玄宗又派人将东宫内人送到太子那里，而且宣旨要传位给他，太子不接受。广平王李俶和建宁王李倓都是太子的儿子。

【原文】

已亥，上至岐山。或言贼前锋且至，上遽过，宿扶风郡。士卒潜怀去就，往往流言不逊，陈玄礼不能制，上患之。会成都贡春彩十馀万匹，至扶风，上命悉陈之于庭，召将士入，临轩谕之曰："朕比来衰耄，托任失人，致逆胡乱常，须远避其锋。知卿等皆苍猝从朕，不得别父母妻子，茇涉至此，劳苦至矣，朕甚愧之。蜀路阻长，郡县褊小，人马众多，或不能供，今听卿等各还家，朕独与子、孙、中官前行入蜀，亦足自达。今日与卿等诀别，可共分此彩以备资粮。若归，见父母及长安父老，为朕致意，各好自爱也！"因泣下沾襟。众皆哭，曰："臣等死生从陛下，不敢有贰！"上良久曰："去留听卿。"自是流言始息。

【译文】

已亥（十七日），玄宗到达岐山县。有传言说叛军的前锋不久就要到了，玄宗仓促离开了，晚上宿于扶风郡。随从保驾的士卒心里有离开的打算，往往出言不逊，大将军陈玄礼无法控制，玄宗十分担忧。适逢成都进献给朝廷的春织丝绸十余万匹到了扶风，玄宗命令把这些丝绸都陈放在庭中，召来随从将士，然后在前殿告诉他们说："朕近年来由于衰老糊涂，任人失当，以致造成安禄山举兵反叛，逆乱天常，朕不得不远行避难，躲其兵锋。朕知道你们仓促之间跟随出来，来不及与自己的父母妻子告别，跋山涉水到了这里，非常辛苦，朕感到十分惭愧。去蜀中的道路艰险长远，而且那里地方狭小，如此众多的人马，恐怕难以供应，现在允许你们各自回家，朕只与儿子、孙子以及侍奉的官员前往蜀中，这些人也足以保朕到达。现在与你们众人分别，你们可把这些丝绸分了作为资费。如果回去了，见到你们的父母与长安城中的父老们，请代朕向他们问好，让他们多多保重！"说着泪流沾襟。将士们听完玄宗的话都哭了，说："我们无论生死都愿意永远跟随陛下，不敢有二心！"玄宗等了一会儿说："去留你们自愿吧。"从此那些不恭敬的言语才平息下来。

张巡守城

【原文】

至德元载（丙申，公元756年）

初，雍丘令令狐潮以县降贼，贼以为将，使东击淮阳救兵于襄邑，破之，俘百馀人，拘于雍丘，将杀之，往见李庭望。淮阳兵遂杀守者，潮弃妻子走，故贾贲得以其间入雍丘。庚子，潮引贼精兵攻雍

令狐潮打败淮阳来的唐朝援军。

丘，贲出战，败死。张巡力战却贼，因兼领贲众，自称吴王先锋使。

【译文】

至德元载（丙申，公元756年）

最初，雍丘县令令狐潮带领全县城的民众投降叛军安禄山，安禄山任命他为将军，派他率领军队向东到襄邑阻击淮阳来的唐朝援军，令狐潮打败了他们，并俘虏了一百多人，把俘虏拘禁在雍丘，准备杀掉他们，然后去见叛军大将李庭望。被俘的淮阳士兵趁机杀了看守的人，令狐潮丢弃了妻子儿女狼狈逃走，贾贲趁这个机会进入雍丘。庚子（十六日），令狐潮率领叛军中的精锐部队攻打雍丘，贾贲出城迎战，战败阵亡。张巡努力奋战打退了叛军，于是，同时统领贾贲的军队，自称是河南都知兵马吴王李祗的先锋使。

【原文】

三月乙卯，潮复与贼将李怀仙、杨朝宗、谢元同等四万馀众奄至城下，众惧，莫有固志。巡曰："贼兵精锐，有轻我心。今出其不意击之，彼必惊溃。

贼势小折，然后城可守也。"乃使千人乘城，自帅千人，分数队，开门突出。巡身先士卒，直冲贼陈，人马辟易，贼遂退。明日，复进攻城，设百炮环城，楼堞皆尽。巡于城上立木栅以拒之。贼蚁附而登，巡束蒿灌脂，焚而投之，贼不得上。时伺贼隙，出兵击之，或夜缒斫营，积六十馀日，大小三百馀战，带甲而食，裹疮复战，贼遂败走。巡乘胜追之，获胡兵二千人而还，军声大振。

【译文】

　　三月乙卯（初二），令狐潮与叛将李怀仙、杨朝宗、谢元同等率领四万多人突然到了雍丘城下，城内军民都非常畏惧，没有坚守的信心。张巡说："贼兵精锐，有轻视我们的心理。现在，如果我们出其不意地向他们发起进攻，他们一定

令狐潮与贼将李怀仙、杨朝宗、谢元同等率大军至雍丘城下。

惊惶溃败。贼军的气焰受到点儿挫折之后，我们的城池就可守住了。"于是，张巡派一千士兵登上城墙，自己亲率一千人，分成数队，打开城门，突然杀出。张巡身先士卒，直冲敌阵，贼兵受到意外攻击，就退走了。第二天，叛军又来进攻，摆设上百门火炮包围城池，雍丘的城楼和矮墙被炸毁。张巡令士兵在城墙上竖立木栅，抵挡叛军的进攻。叛军像蚂蚁一样攀附着登墙往上攀登，张巡命士兵捆起干枯的蒿草，浇上油脂，点燃后投向叛军，使叛军不能登城。张巡利用叛军松懈的机会，突然出兵发起进攻，有时乘夜从城上用绳子把士兵放下袭击叛军的军营，共守城六十多天，经过大小三百余战，战士们穿着盔甲吃饭，受伤了裹住伤口继续战斗，叛军最终败走。张巡乘胜追击，俘敌二千多人而回，军威大振。

【原文】

　　令狐潮复引兵攻雍丘。潮与张巡有旧，于城下相劳苦如平生，潮因说巡曰："天下事去矣，足下坚守危城，欲谁为乎？"巡曰："足下平生以忠义自许，今日之举，忠义何在！"潮惭而退。

【译文】

令狐潮再次率领叛军攻打雍丘。令狐潮与张巡是旧交，两人在城下像平时一样问好，令狐潮借机劝张巡说："唐朝的气数已尽，你坚守危城，又是为了谁呢？"张巡说："你平生自称是讲忠义的人，现在却做出这种叛逆的事，忠义又在哪里呢！"令狐潮惭愧地退了下去。

【原文】

令狐潮围张巡于雍丘，相守四十馀日，朝廷声问不通。潮闻玄宗已幸蜀，复以书招巡。有大将六人，官皆开府、特进，白巡以兵势不敌，且上存亡不可知，不如降贼。巡阳许诺。明日，堂上设天子画像，帅将士朝之，人人皆泣。巡引六将于前，责以大义，斩之。士心益劝。

【译文】

令狐潮在雍丘包围了张巡，双方对峙了四十多天，张巡与朝廷失去了联系。令狐潮听说玄宗皇帝已经仓皇逃往四川，又写书信招降张巡。张巡部下有六位大将，都是开府、特进一类的官员，他们告诉张巡，说"我们兵力敌不过叛军，况且皇帝的生死也不知道，不如投降安禄山"。张巡假装答应。第二天，张巡在大厅上悬挂皇帝的画像，带领将士朝拜，人人都流泪哭泣。张巡拉着六个大将来到皇帝的画像前，以忠君爱国的大道理责备他们，并把他们斩首。从此军心更加坚定。

【原文】

中城矢尽，巡缚藁为人千馀，被以黑衣，夜缒城下，潮兵争射之，久乃知其藁人，得矢数十万。其后复夜缒人，贼笑不设备，乃以死士五百斫潮营；潮军大乱，焚垒而遁，追奔十馀里。潮惭，益兵围之。

【译文】

城里的箭用完了，张巡就命令士卒用草扎成一千多个草人，披上黑衣服，夜晚用绳子拴住草人放到城下，贼兵都争先恐后地向他们射箭，很久才发现那些是草人，张巡得到十多万支箭。这以后又在夜间把士兵放下城去，叛军大笑，还以为是草人，于是不再做防备，张巡就让五百名勇士组成敢死队，偷袭令狐潮的营垒，放火烧掉营垒，令狐潮的人马大乱，狼狈奔逃，张巡的人马追杀了十几里。令狐潮因被张巡偷袭营垒而感到不安，就派更多的人马包围雍丘。

【原文】

巡使郎将雷万春于城上与潮相闻，贼弩射之，面中六矢而不动。潮疑其木人，使谍问之，乃大惊，遥谓巡曰："向见雷将军，方知足下军令矣，然其如天道何！"巡谓之曰："君未识人伦，焉知天道！"未几，出战，擒贼将

中郎将雷万春脸上中了六箭，仍然站在城楼岿然不动。

十四人，斩首百馀级。贼乃夜遁，收兵入陈留，不敢复出。

【译文】

张巡派中郎将雷万春在城楼上与令狐潮对话，贼兵用弩箭射雷万春，雷万春脸上中了六箭，仍然站在那里不动。令狐潮怀疑那是木头人，就派间谍探听，知道确实是雷万春，大为惊讶，远远地对张巡说："前些时候看见雷将军，才知道你的军令是多么森严了，然而这对于天道又能怎样呢！"张巡对他说："你已丧尽人伦，又怎么能知道天道呢！"没多久，张巡又出城迎战，活捉叛军十四个将领，杀死一百多人。叛军于是连夜逃走，收兵退入陈留，不敢再出来交战。

【原文】

顷之，贼步骑七千馀众屯白沙涡，巡夜袭击，大破之。还，至桃陵，遇贼救兵四百馀人，悉擒之。分别其众，妫、檀及胡兵，悉斩之；荥阳、陈留胁从兵，皆散令归业。旬日间，民去贼来归者万馀户。

【译文】

不久，叛军步、骑兵七千多人马驻扎在白沙涡，张巡在夜间突袭，大破敌军。部队回到桃陵，遇到叛军的救兵四百多人，把他们全部俘虏了。张巡把这些叛军分开，凡是妫州、檀州和胡兵，全部斩首；而荥阳、陈留等地被迫跟从叛军的士兵，全部遣散，让他们回家从事原来的职业。十天之内，民众离弃贼军来归附张巡的有一万多户。

【原文】

李庭望将蕃、汉二万馀人东袭宁陵、襄邑，夜，去雍丘城三十里置营，张巡帅短兵三千掩击，大破之，杀获太半。庭望收军夜遁。

甲申，令狐潮、王福德复将步骑万馀攻雍丘。张巡出击，大破之，斩首数千级，贼遁去。

【译文】

李庭望率领蕃、汉兵二万多人向东袭击宁陵与襄邑，夜里在雍丘城外三十里处扎营，张巡率领三千名士卒，手持短兵器袭击叛军，叛军大败，死伤大半。李庭望收兵连夜逃跑了。

甲申（初四），令狐潮与王福德又率领步、骑兵一万多人进攻雍丘。张巡领兵出击，大败叛军，杀死数千人，叛军败逃而去。

【原文】

令狐潮、李庭望攻雍丘，数月不下，乃置杞州，筑城于雍丘之北，以绝其粮援。贼常数万人，而张巡众才千馀，每战辄克。河南节度使虢王巨屯彭城，假巡先锋使。是月，鲁、东平、济阴陷于贼。贼将杨朝宗帅马步二万，将袭宁陵，断巡后。巡遂拔雍

叛军攻打雍丘，数月不克。

丘，东守宁陵以待之，始与睢阳太守许远相见。是日，杨朝宗至宁陵城西北，巡、远与战，昼夜数十合，大破之，斩首万馀级，流尸塞汴而下，贼收兵夜遁。敕以巡为河南节度副使。巡以将士有功，遣使诣虢王巨请空名告身及赐物，巨唯与折冲、果毅告身三十通，不与赐物。巡移书责巨，巨竟不应。

【译文】

令狐潮与李庭望攻打雍丘，数月攻打不下来，就设置了杞州，在雍丘北面建杞州城，以断绝雍丘城的粮食援助。叛军经常出动数万兵力来进攻，而张巡的兵

力才有一千多人，但每次交战都打退叛军。河南节度使虢王李巨率兵屯驻在彭城，命张巡为代理先锋使。这月，鲁郡、东平、济阴都落入叛军之手。叛军大将杨朝宗率领步、骑兵二万准备袭击宁陵，来断绝张巡的后路。张巡于是率兵撤出雍丘，向东坚守宁陵，以抵抗叛军，到了宁陵才与睢阳太守许远见面。当天，杨朝宗率兵到达宁陵城西北，张巡、许远与叛军交战，一昼夜达数十次，大败叛军，杀死一万余人，死尸塞满汴水，顺流而下，叛军收兵连夜逃走了。肃宗下敕书任命张巡为河南节度副使。张巡认为部下将士有功，派遣使者向虢王李巨请求给予空名的委任状以及赏赐物品，虢王李巨只给了折冲都尉与果毅都尉的委任状三十通，没有给赏赐的物品。张巡写信责备李巨，李巨竟不回信。

【原文】

庆绪以尹子奇为汴州刺史、河南节度使。甲戌，子奇以归、檀及同罗、奚兵十三万趣睢阳。许远告急于张巡，巡自宁陵引兵入睢阳。巡有兵三千人，与远兵合六千八百人。贼悉众逼城，巡督励将士，昼夜苦战，或一日至二十

张巡率兵救援睢阳。

合；凡十六日，擒贼将六十馀人，杀士卒二万馀，众气自倍。远谓巡曰："远懦，不习兵，公智勇兼济，远请为公守，公请为远战。"自是之后，远但调军粮，修战具，居中应接而已，战斗筹划一出于巡。贼遂夜遁。

【译文】

安庆绪任命尹子奇为汴州刺史、河南节度使。甲戌（二十五日），尹子奇率领归州、檀州以及同罗、奚人部兵共十三万来进攻睢阳。许远向张巡求援，张巡率兵从宁陵进入睢阳。张巡有兵三千人，与许远合兵共六千八百人。叛军全力攻城，张巡亲自督战，勉励将士，昼夜与叛军苦战，有时一天交战二十次，共交战十六天，停虏叛军将领六十多人，杀死叛军士卒二万多，士气倍增。许远对张巡说："我性情懦弱，不懂得军事，你智勇双全，请让我为你坚守，你代我指挥作战。"从这以后，许远只调集军粮，修理作战器具，在军中处理杂事接应而已，作战指挥命令都由张巡发出。叛军攻城不下，就乘夜退去了。

子仪破吐蕃

【原文】

永泰元年（乙巳，公元 765 年）

仆固怀恩诱回纥、吐蕃、吐谷浑、党项、奴刺数十万众俱入寇，令吐蕃大将尚结悉赞摩、马重英等自北道趣奉天，党项帅任敷、郑庭、郝德等自东道趣同州，吐谷浑、奴刺之众自西道趣盩厔，回纥继吐蕃之后，怀恩又以朔方兵继之。

【译文】

永泰元年（乙巳，公元 765 年）

仆固怀恩诱使回纥、吐蕃、吐谷浑、党项、奴刺数十万人众一起入侵大唐边境，命令吐蕃大将尚结悉赞摩、马重英等自北路进驻奉天，党项率领任敷、郑庭、郝德等人自东路进驻同州，吐谷浑、奴刺的部队自西道奔赴盩厔，回纥的部队跟随在吐蕃后面，仆固怀恩又让朔方军队紧随其后。

【原文】

郭子仪使行军司马赵复入奏曰："虏皆骑兵，其来如飞，不可易也。请使诸道节度使凤翔李抱玉、滑濮李光庭、邠宁白孝德、镇西马璘、河南郝庭玉、淮西李忠臣各出兵以扼其冲要。"上从之。诸道多不时出兵。李忠臣方与诸将击球，得诏，亟命治行。诸将及监军皆曰："师行必择日。"忠臣怒曰："父母有急，岂可择日而后救邪！"即日勒兵就道。

【译文】

大将军郭子仪派行军司马赵复入朝向唐代宗奏报说："敌人都是骑兵，进攻速度飞快，不可轻敌。请求陛下派凤翔节度使李抱玉、滑濮节度使李光庭、邠宁节度使白孝德、镇西节度使马璘、河南节度使郝庭玉、淮西节度使李忠臣分别出兵扼守各军事要冲。"代宗采纳了郭子仪的建议。当时，诸道节度使大多不按时出兵。李忠臣正与诸将领击球，得到诏书后，下令马上整队出发。诸将领及监军都说："军队出发必须选择良辰吉日。"李忠臣气愤地说:"父母有急难,难道也要选择良辰吉日然后再去援救吗!"当日就统率军队出发了。

【原文】

怀恩中途遇暴疾而归,丁酉,死于鸣沙。大将张韶代领其众,别将徐璜玉杀之,范志诚又杀璜玉而领其众。怀恩拒命三年,再引胡寇,为国大患,上犹为之隐,前后敕制未尝言其反,及闻其死,悯然曰:"怀恩不反,为左右所误耳!"

【译文】

仆固怀恩在进军途中突然得急病,只好返回灵武。丁酉(初八),死于鸣沙县。大将张韶代理仆固怀恩统率军队,别将徐璜玉杀掉张韶,范志诚又杀掉徐璜玉而统率军队。仆固怀恩抗拒圣命三年,两次引诱胡人进犯唐朝边境,成为朝廷一大祸害。但代宗仍然隐瞒此事,前后两次诏书中都没提及仆固怀恩谋反。等到代宗听说仆固怀恩死讯时,怜悯地说道:"仆固怀恩没有谋反,是为部下所误罢了!"

【原文】

吐蕃至邠州,白孝德婴城自守。甲辰,上命宰相及诸司长官于西明寺行香设素馔,奏乐。是日,吐蕃十万众至奉天,京城震恐,朔方兵马使浑瑊、讨击使白元光先戍奉天,虏始列营,瑊帅骁骑二百冲之,身先士卒,虏众披靡。

吐蕃军队进攻奉天,损失惨重。

瑊挟虏将一人跃马而还,从骑无中锋镝者。城上士卒望之,勇气始振。乙巳,吐蕃进攻之,虏死伤甚众,数日,敛众还营;瑊夜引兵袭之,杀千馀人,前后与虏战二百馀合,斩首五千级。丙午,罢百高座讲;召郭子仪于河中,使屯泾阳。己酉,命李忠臣屯东渭桥,李光进屯云阳,马璘、郝庭玉屯便桥,李抱玉屯凤翔，内侍骆奉仙、将军李日越屯盩厔，同华节度使周智光屯同州，鄜坊节度使杜冕屯坊州，上自将六军屯苑中。

【译文】

吐蕃军队到达邠州，白孝德环城防守。甲辰（十五日），唐代宗命令宰相和各部门长官在西明寺摆设祭神的香火和素食，演奏音乐。当天，吐蕃十万人马到达奉天，京城一片惶恐。朔方兵马使浑瑊、讨击使白元光率先戍守奉天，吐蕃刚开始摆下阵势，浑瑊便率领二百名勇猛的骑兵发动攻击，浑瑊身先士卒，吐蕃军惊慌溃败。浑瑊俘虏一名将官，便跃马而回，随从骑兵没有一人为敌军兵器所击中。城上的士兵看到这一情景后，士气开始振奋起来。乙巳（十六日），吐蕃的部队又来进攻，但伤亡更加惨重，几天后，吐蕃只好收兵返回；浑瑊乘夜率领士兵袭击吐蕃军营，杀死吐蕃军一千多人，浑瑊与吐蕃军交战前后达二百多次，共杀死吐蕃军五千人。丙午（十七日），代宗取消在百尺高坛座宣讲佛经，在河中召见郭子仪，让他驻兵泾阳。己酉（二十日），代宗令李忠臣驻守东渭桥，李光进驻守云阳，马璘、郝庭玉驻守便桥，李抱玉驻守凤翔，内侍骆奉仙、将军李日越屯盩厔，同华节度使周智光驻守同州，鄜坊节度使杜冕驻守坊州，唐代宗亲自率领六军驻守苑中。

【原文】

自丙午至甲寅，大雨不止，故吐蕃不能进。吐蕃移兵攻醴泉，党项西掠白水，东侵蒲津。丁巳，吐蕃大掠男女数万而去，所过焚庐舍，蹂禾稼殆尽。周智光引兵邀击，破之于澄城北，因逐北至鄜州。

吐蕃退至邠州，遇回纥，复相与入寇，辛酉，至奉天。癸亥，党项焚同州官廨、民居而去。

【译文】

从丙午（十七日）到甲寅（二十五日），连降大雨，因此吐蕃无法进军。吐蕃转移兵力攻击醴泉，党项向西攻掠白水，向东侵犯蒲津。丁巳（二十八日），吐蕃大肆抢掠男女数万人而去，所经之处焚烧屋舍，践踏庄稼，毁之殆尽。周智光率兵出击，在澄城以北大败吐蕃军，继续向北追击到鄜州。

吐蕃的部队败退到邠州时，遇到回纥军队，于是，他们相互联合再次入侵，辛酉（初三），吐蕃军到达奉天。癸亥（初五），党项军队焚毁同州官署、民宅后便撤军而去。

【原文】

丙寅，回纥、吐蕃合兵围泾阳，子仪命诸将严设守备而不战。及暮，二虏退屯北原，丁卯，复至城下。是时，回纥与吐蕃闻仆固怀恩死，已争长，不相睦，分营而居，子仪知之。回纥在城西，子仪使牙将李光瓒等往说之，欲与之共击吐蕃。回纥不信，曰："郭公固在此乎？汝绐我耳。若果在此，可得见乎？"光瓒还报，子仪曰："今众寡不敌，难以力胜。昔与回纥契约甚厚，不若挺身往说之，可不战而下也。"诸将请选铁骑五百为卫从，子仪曰："此适足为害也。"郭晞扣马谏曰："彼，虎狼也；大人，国之元帅，奈何以身为虏饵！"子仪曰："今战，则父子俱死而国家危；往以至诚与之言，或幸而见从，则四海之福也！不然，则身没而家全。"以鞭击其手曰："去！"遂与数骑开门而去，使人传呼曰："令公来！"回纥大惊。其大帅合胡禄都督药葛罗，可汗之弟也，执弓注矢立于阵前。子仪免胄释甲投枪而进，回纥诸酋长相顾曰："是也！"皆下马罗拜。子仪亦下马，前执药葛罗手，让之曰："汝回纥有大功于唐，唐之报汝亦不薄，奈何负约，深入吾地，侵逼畿县，充前功，结怨仇，背恩德而助叛臣，何其愚也！且怀恩叛君弃母，于汝国何有！今吾挺身而来，听汝执我杀之，我之将士必致死与汝战矣。"药葛罗曰："怀恩欺我，言天可汗已晏驾，令公亦捐馆，中国无主，我是以敢与之来。今知天可汗在上都，令公复总兵于此，怀恩又为天所杀，我曹岂肯与令公战乎！"子仪因说之曰："吐蕃无道，乘我国有乱，不顾舅甥之亲，蚕噬我边鄙，焚荡我畿甸，其所掠之财不可胜载，马牛杂畜，长数百里，弥漫在野，此天以赐汝也。全师而继好，破敌以取富，为汝计，孰便于此！不可失也。"药葛罗曰："吾为怀恩所误，负公诚深，今请为公尽力，击吐蕃以谢过。然怀恩之子，可敦兄弟也，原舍之勿杀。"子仪许之。回纥观者为两翼，稍前，子仪麾下亦进，子仪挥手却之，因取酒与其酋长共饮。药葛罗使子仪先执酒为誓，子仪酹地

回纥人听说郭子仪只身前来，非常吃惊。

曰："大唐天子万岁！回纥可汗亦万岁！两国将相亦万岁！有负约者，身陷陈前，家族灭绝。"杯至药葛罗，亦酹地曰："如令公誓！"于是诸酋长皆大喜曰："向以二巫师从军，巫言此行甚安隐，不与唐战，见一大人而还，今果然矣。"子仪遗之彩三千匹，酋长分以赏巫。子仪竟与定约而还。吐蕃闻之，夜，引兵遁去。回纥遣其酋长石野那等六人入见天子。

【译文】

　　丙寅（初八），回纥、吐蕃合兵包围了泾阳，郭子仪令各将领严守不战。到了天黑，回纥、吐蕃领兵退驻北原，丁卯（初九），回纥、吐蕃联军又进兵到了泾阳城下。这时，回纥、吐蕃听说仆固怀恩死了，便开始互争尊长，不相和睦，分别设置营帐居住，郭子仪得知了这一消息。这时，回纥军队住在城西，郭子仪派牙将李光瓒等去游说回纥，打算与其共同攻打吐蕃。回纥不相信，说："郭令公真在这里吗？你不过是在欺骗我罢了。如果真在这里，可以让我们见到他吗？"李光瓒回去向郭子仪报告，郭子仪说："现在敌众我寡，难以凭借军事实力取胜。过去我们和回纥有深厚的盟约关系，不如亲自去说服回纥，可以不战而胜。"诸将要选精锐骑兵五百护卫跟随郭子仪去，郭子仪说："这样恰恰会害了我。"其子郭晞拉住战马劝阻说："他们是虎狼之辈，父亲大人是朝廷的统帅，怎能以自身去充虎狼之饥呢！"郭子仪说："现在和他们交战，那么我们父子俩都会牺牲，朝廷就危险了；我前往以诚意去说服他们，或许能侥幸使他们听从我的劝说，这样是朝廷的福气啊！假如他们不听我的劝说，那么我虽身死而我们一定可以保全。"说完用鞭子击打郭晞的手说："走开！"说罢与几位骑兵打开城门飞奔而去，派人传话说："郭令公来了！"回纥大惊。大元帅合胡禄都督药葛罗是可汗的弟弟，他手持弓箭立于阵前。郭子仪脱下头盔衣甲，丢下武器进入回纥营地，回纥各酋长相视说："是郭令公！"都下马围着郭子仪见礼。郭子仪也下马，上前拉住药葛罗的手，责备他说："你们回纥对唐朝立过大功，唐朝对你们也不薄，为什么背弃盟约，到我们的地方来，侵占京城附近县城，抛弃以前的

回纥将领药葛罗率众追击吐蕃。

功德，结下怨仇，背弃恩德帮助叛臣，这是何等愚蠢的行为啊！况且怀恩背叛君主、背离生母，对你们国家有什么好处！今天我挺身而来，任凭你们把我杀了，我的将士一定会与你们死战。"药葛罗说："怀恩欺骗我们，说汉天子已去世，令公您也离开人间，中原没有君主，所以我们才敢跟着来了。今天得知汉天子在长安，郭令公又到这里统领部队，怀恩又为苍天所杀，我辈岂敢与令公作战！"郭子仪对药葛罗说："吐蕃无道，乘我中原有乱，不顾我们的联姻之亲，侵犯我边界地区，焚毁扫荡我京畿地区，掠夺的财产不可胜数，吐蕃各种牲畜前后长达数百里，遍布原野，这是上天赐给你们的。你们保全部队与我大唐恢复旧好，击破敌人以取得财富，从你们的利益考虑，还有比这有利的吗？不可失去这个好机会啊。"药葛罗说："我被怀恩所欺骗，对不起您的地方太多了；现在请让我为您效力，击败吐蕃以补过。而怀恩的儿子是回纥可敦的兄弟，请您放过他而不要杀他。"郭子仪同意了。回纥左右观看的人马稍稍向前靠拢过来，郭子仪的部下也跟着围拢过来，郭子仪挥手令部下退后，于是摆上酒和回纥酋长共饮。药葛罗请郭子仪先举杯立誓，郭子仪把酒洒在地上说："大唐天子万岁！回纥可汗也万岁！两国将相也万岁！有撕毁盟约的，死于阵前，家族灭绝。"说完把酒杯递给药葛罗，药葛罗也将酒洒在地上说："我同郭令公的誓言一样！"于是各位酋长都高兴地说："出发时，我们让两个巫师跟随部队，巫师说这次行动一定很稳妥，不用和唐兵交战，看见一位大人物之后即返回，今天果然应验了。"郭子仪送给回纥彩绸三千匹，酋长们分出部分彩帛，赏给巫师。郭子仪最后和回纥订下契约后返回。吐蕃听说后，在夜晚带着部队逃跑了。回纥派酋长石野那等六人入朝觐见代宗。

【原文】

药葛罗帅众追吐蕃，子仪使白元光帅精骑与之俱。癸酉，战于灵台西原，大破之，杀吐蕃万计，得所掠士女四千人。丙子，又破之于泾州东。

丁丑，仆固怀恩将张休藏等降。

辛巳，诏罢亲征，京城解严。

【译文】

药葛罗率领部下追击吐蕃军队，郭子仪派白元光率精锐骑兵和药葛罗合兵一起出击。癸酉（十五日），在灵台西原与吐蕃军队交战，大败吐蕃，杀死一万余人，救出被俘男女四千人。丙子（十八日），在泾州东面再次大败吐蕃。

丁丑（十九日），仆固怀恩部将张休藏等人向朝廷投降。

辛巳（二十三日），代宗下诏停止亲征，京城解除戒严。

黄巢进京

【原文】

乾符二年（乙未，公元 875 年）

冤句人黄巢亦聚众数千人应仙芝。巢少与仙芝皆以贩私盐为事，巢善骑射，喜任侠，粗涉书传，屡举进士不第，遂为盗，与仙芝攻剽州县，横行山东，民之困于重敛者争归之，数月之间，众至数万。

【译文】

乾符二年（乙未，公元 875 年）

冤句人黄巢也聚集了数千人响应王仙芝。黄巢少年时与王仙芝都以贩私盐为生，黄巢善于骑马射箭，性格豪爽任侠，粗略猎涉了史传经书，屡次参加进士科考试都未及第，于是成为盗贼，与王仙芝攻略州县，横行于山东，农民无法忍受繁重的苛捐杂税，争相投奔黄巢，几个月内，跟随黄巢的达数万人。

【原文】

广明元年（庚子，公元 880 年）

丁卯，黄巢陷东都，留守刘允章率百官迎谒；巢入城，劳问而已，闾里晏然。

乙亥，张承范等将神策弩手发京师。神策军士皆长安富家子，赂宦官窜名军籍，厚得禀赐，但华衣怒马，凭势使气，未尝更战陈；闻当出征，父子聚泣，多以金帛雇病坊贫人代行，往往不能操兵。是日，上御章信门楼临遣之。承范进言：“闻黄巢拥数十万之众，鼓行而西，齐克让以饥卒万人依托关外，复遣臣以二千馀人屯于关上，又未闻为馈饷之计，以此拒贼，臣窃寒心。愿陛下趣诸道精兵早为继援。”上曰：“卿辈第行，兵寻至矣！”丁丑，承范等至华州。会刺史裴虔馀徙宣歙观察使，军民皆逃入华山，城中索然，州库唯尘埃鼠迹，赖仓中犹有米千馀斛，军士裹三日粮而行。

【译文】

广明元年（庚子，公元 880 年）

丁卯（十七日），黄巢攻下东都洛阳，留守刘允章率领百官出城迎拜；黄巢进城，对城中百姓只是慰问安抚，坊里和平常一样，人民生活正常。

乙亥（二十五日），张承范等率领神策军弓弩手从京师出发，神策军的将士都是长安有钱人家子弟，贿赂宦

张承范向唐僖宗进言请求支援。

官在神策军的簿籍上挂名，以多得给养赏赐，但这些人平时穿着华丽的衣服，骑着快马疾驰，仗势耍弄威风，却从未参加过战阵；听说要出征，父子相聚抱头哭泣，许多人用金帛雇佣居住在病坊的贫苦人代行，这些人往往连兵器都不会拿。这一天，唐僖宗登上章信门楼送征人出发，张承范向唐僖宗进言道：“听说黄巢拥兵数十万，擂着战鼓向西涌来，齐克让仅率领饥饿不堪的万名士卒在潼关外拒敌，现在又派我率二千多人驻屯在潼关，也没有听到有供应粮饷的计划，就这样去抗拒强敌，实在令我寒心。希望陛下调集诸道精兵尽早前来支援我们。”唐僖宗回答说：“你们先行一步，援兵很快就到了！”丁丑（二十七日），张承范等率军到了华州。正值华州刺史裴虔馀迁任宣歙观察使，军民全都逃入华山，城中空荡荡的，州库只剩下尘埃鼠迹，幸亏粮仓中仍有米千余斛，军士们每人带上三天的粮食继续前行。

【原文】

十二月庚辰朔，承范等至潼关，搜菁中，得村民百许，使运石汲水，为守御之备；与齐克让军皆绝粮，士卒莫有斗志。是日，黄巢前锋军抵关下，白旗满野，不见其际，克让与战，贼小却，俄而巢至，举军大呼，声振河、华。克让力战，自午至西始解，士卒饥甚，遂喧噪，烧营而溃，克让走入关。关左有谷，平日禁人往来，以榷征税，谓之“禁坑”。贼至仓猝，官军忘守之，溃兵自谷而入，谷中灌木寿藤茂密如织，一夕践为坦途。承范尽散其辎囊以给士卒，遣使上表告急，称：“臣离京六日，甲卒未增一人，馈饷未闻影响。到关之日，巨寇已来，以二千馀人拒六十万众，外军饥溃，蹋开禁坑。臣之失守，鼎镬甘心；朝廷谋臣，愧颜何寄！或闻陛下已议西巡，苟銮舆一动，则上下土崩。

臣敢以犹生之躯奋冒死之语，愿与近密及宰臣熟议，急征兵以救关防，则高祖、太宗之业庶几犹可扶持，使黄巢继安禄山之亡，微臣胜哥舒翰之死！"

【译文】

十二月庚辰朔（初一），张承范等来到潼关，在青草茂密处搜得村民一百来人，叫他们运石汲水，做守御准备；这时张承范与齐克让军中都已绝粮，士卒全无斗志。当天，黄巢前锋抵达潼关城下，白旗遍野，不见边际，齐克让率军出战，黄巢军稍微后退，很快黄巢率大军到

唐军溃败的士兵进入"禁坑"。

了，全军呐喊，声音震动黄河、华山。齐克让奋力死战，从午时打到酉时双方才收兵，齐克让的士卒饿极了，于是呼喊喧闹，把营寨烧毁，溃散而去，齐克让只好退进潼关。潼关左面有一山谷，平时禁止人往来，以便榷征出入潼关的商税，人们称此谷为"禁坑"。黄巢大军来得仓促，官军忘了派人在这里守卫，溃退的士兵从这里进去，谷里灌木长藤茂密犹如蜘蛛网，一晚上就践踏成了一条平坦的大路。张承范把辎重和私人财物全都分发给士卒，派使者上表告急，说："我率军离京六日，士卒没有增援一个，军饷连影子也未见到，到达潼关那天，黄巢大军已来到关下，我以二千余人抵御六十万敌众，在关外的齐克让军因饥饿而溃退，踏开禁坑。我如果失守潼关，就是处以投身油锅的极刑也心甘情愿；但朝廷上那些出谋划策的人，羞愧之颜又寄托于何处！有人说陛下已在议论西巡，如果陛下的金銮舆驾一动，恐怕朝廷上下将土崩瓦解。臣敢在战死之前，以尚存一刻的身躯，大胆说几句冒死的话，希望陛下与亲近的宦官及宰相大臣商量，赶快征兵来救援潼关的关防，这样，高祖、太宗创下的基业或许还可以扶持维系，使黄巢继安禄山的后尘遭到灭亡，微臣战死也比哥舒翰要强！"

【原文】

辛巳，贼急攻潼关，承范悉力拒之，自寅及申，关上矢尽，投石以击之。关外有天堑，贼驱民千馀人入其中，掘土填之，须臾，即平，引兵而度。夜，纵火焚关楼俱尽。承范分兵八百人，使王师会守禁坑，比至，贼已入矣。壬

午旦，贼夹攻潼关，关上兵皆溃，师会自杀，承范变服帅馀众脱走。至野狐泉，遇奉天援兵二千继至，承范曰："汝来晚矣！"博野、凤翔军还至渭桥，见所募新军衣裘温鲜，怒曰："此辈何功而然，我曹反冻馁！"遂掠之，更为贼向导，以趣长安。

【译文】

辛巳（初二），黄巢猛攻潼关，张承范全力抵抗黄巢军的进攻，从寅时打到申时，关上官军的箭都用完了，于是就往下投石头。潼关外边有条自然形成的沟堑，黄巢军驱赶平民千余人来壑中挖土填堑，一会儿便填平了，于是，黄巢军渡过壑沟。到夜里，放火把关上的城楼都烧掉。张承范分兵八百交给王师会，令他拒守禁坑，等他们赶到时，黄巢的部队已经攻进来了。壬午（初三）清晨，黄巢大军夹攻潼关，关上守兵溃逃，王师会自杀，张承范身穿便服率领余众逃向长安。逃到野狐泉，遇到相继到来的奉天援兵两千人，张承范说："你们来迟了！"博野镇和凤翔镇的军队退至渭桥，见田令孜所招募的新军穿着新衣皮裘，发怒道："这些家伙有什么功劳能穿上这样好的衣服，我们殊死拼战反倒受冻挨饿！"于是抢劫新军，并为黄巢军做向导，直奔长安。

【原文】

百官退朝，闻乱兵入城，布路窜匿。令孜帅神策兵五百奉帝自金光门出，惟福、穆、泽，寿四王及妃嫔数人从行，百官皆莫知之。上奔驰昼夜不息，从官多不能及。车驾既去，军士及坊市民竞入府库盗金帛。

【译文】

百官退朝，听说乱兵已攻入城来，分道逃窜躲藏。田令孜率领神策兵五百人护着僖宗从金光门出来，只有福、穆、泽、寿四王和几个妃嫔跟随，百官都不知道皇帝的去向。僖宗昼夜不停地狂逃，随从官员都赶不上。僖宗的车驾既已离去，长安城中的军士及坊市百姓争着到府库盗取金帛。

【原文】

晡时，黄巢前锋将柴存入长安，金吾大将军张直方帅文武数十人迎巢于霸上。巢乘金装肩舆，其徒皆被发，约以红缯，衣锦绣，执兵以从，甲骑如流，辎重塞途，千里络绎不绝。民夹道聚观，尚让历谕之曰："黄王起兵，本为百姓，非如李氏不爱汝曹，汝曹但安居无恐。"巢馆于田令孜第，其徒为盗久，不胜富，见贫者，往往施与之。居数日，各出大掠，焚市肆，杀人满街，巢不能禁；尤憎官吏，得者皆杀之。

【译文】

临近傍晚时，黄巢部下前锋将柴存进入长安，唐金吾大将军张直方率文武官数十人在灞上迎接黄巢。黄巢坐着用黄金装饰的轿子，其部下全都披着头发，扎着红丝，身穿锦绣衣裳，手持兵器跟从着，铁甲骑兵行如流水，辎重车辆塞满道路，大军延绵千里络绎不绝。长安居民夹道聚观，尚让向士民宣谕说："黄王起兵，本是为了百姓！不像唐朝李氏皇帝不爱惜你们，你们只管安居乐业，不要恐慌。"黄巢住进田令孜的府第里，其部下将士为盗贼很久了，极为富有，看到贫穷的人，往往施舍财物给他们。在长安居住几天后，又各自出来大肆抢劫，焚烧坊市，到处杀人，使死尸满街，黄巢无法禁止；黄巢部下尤其憎恨唐朝官吏，凡抓获的全部杀掉。

【原文】

庚寅，黄巢杀唐宗室在长安者无遗类。辛卯，巢始入宫。壬辰，巢即皇帝位于含元殿，画皂缯为衮衣，击战鼓数百以代金石之乐。登丹凤楼，下赦书；国号大齐，改元金统。谓广明之号，去唐下体而著黄家日月，以为己符瑞。唐官三品以上悉停任，四品以下位如故。以妻曹氏为皇后。

【译文】

庚寅（十一日），黄巢将留在长安的唐朝宗室全部杀光。辛卯（十二日），黄巢才进入禁宫。壬辰（十三日），黄巢在含元殿即皇帝位，将布和绸画作天子礼服，敲响数百只战鼓替代金石音乐。黄巢登上丹凤楼，颁下赦书；定国号为大齐，改年号为金统。宣称当朝年号广明是"唐"字去"書"而留"广"，"广"字加"黄"字为"廣"，再将日、月合并为"明"字，指的是黄家明，认为这是自己将当皇帝的符瑞。黄巢又发布命令，凡唐朝三品以上官员全部停任，四品以下官员保留官位如故。册立其妻曹氏为皇后。

【原文】

诸葛爽以代北行营兵屯栎阳，黄巢将砀山朱温屯东渭桥，巢使温诱说之，爽遂降于巢。温少孤贫，与兄昱、存随母王氏依萧县刘崇家，崇数笞辱之，崇母独怜之，戒家人曰："朱三非常人也，汝曹善遇之。"巢以诸葛爽为河阳节度使，爽赴镇，罗元杲发兵拒之，士卒皆弃甲迎爽，元杲逃奔行在。

【译文】

唐将诸葛爽率领代北行营的军队屯驻于栎阳，黄巢的大将砀山人朱温率军驻扎在东渭桥，黄巢让朱温游说诱降诸葛爽，于是诸葛爽向黄巢投降。朱温年少时失去父亲，家境贫困，与哥哥朱昱、朱存随母亲王氏依靠萧县刘崇家为生，刘崇多次鞭笞侮辱朱温一家，只有刘崇的

黄巢让朱温诱降诸葛爽。

母亲可怜朱温，告诫家人说："朱三不是平常人，你们要好好待他。"诸葛爽被黄巢任命为河阳节度使，当诸葛爽回到河阳之时，将军罗元杲调军队抗拒，但罗元杲部下士卒都抛弃兵器迎接诸葛爽，罗元杲只好逃奔唐僖宗的行宫。

【原文】

丁酉，车驾至兴元，诏诸道各出全军收复京师。

黄巢遣使调发河中，前后数百人，吏民不胜其苦。王重荣谓众曰："始吾屈节以纾军府之患，今调财不已，又将征兵，吾亡无日矣！不如发兵拒之。"众皆以为然，乃悉驱巢使者杀之。巢遣其将朱温自同州，弟黄邺自华州，合兵击河中，重荣与战，大破之，获粮仗四十馀船，遣使与王处存结盟，引兵营于渭北。

【译文】

丁酉（十八日），唐僖宗的车驾来到兴元，向天下诸道颁发诏书，命令各道调发全军收复京师。

黄巢派使者到河中调发兵粮，使者前后达数百人，河中吏民无法负担，苦不堪言。王重荣对部众说："起初我屈节事贼，是想缓解军府的急患，如今黄巢调

财不已，又要征调士兵，我们早晚要死于他手，不如发兵抗拒黄巢。"手下都认为应加以抗拒，于是将黄巢派来的使节全部处死。黄巢派部将朱温从同州发兵，弟弟黄邺从华州发兵，两军会合攻打河中，王重荣出兵迎战，大破黄巢军，缴获粮食兵仗四十多船，又派使者与唐义武节度使王处存结盟，率军到渭北扎营。

【原文】

壬午，黄巢帅众东走，程宗楚先自延秋门入，弘夫继至，处存帅锐卒五千夜入城。坊市民喜，争欢呼出迎官军，或以瓦砾击贼，或拾箭以供官军。宗楚等恐诸将分其功，不报凤翔、鄜夏，军士释兵入第舍，掠金帛、妓妾。处存令军士系白缯为号，坊市少年或窃其号以掠人。贼露宿霸上，诇知官军不整，且诸军不相继，引兵还袭之，自诸门分入，大战长安中，宗楚、弘夫死，军士重负不能走，是以甚败，死者什八九。处存收馀众还营。

丁亥，巢复入长安，怒民之助官军，纵兵屠杀，流血成川，谓之洗城。于是诸军皆退，贼势愈炽。

【译文】

壬午（初五），黄巢率军出长安城向东撤退，唐将程宗楚率军先从延秋门进入长安城，唐弘夫紧接着率军赶到，王处存率领精锐士卒五千于夜晚进入长安。长安坊市居民十分欢喜，争先恐后出来欢迎官军，有的用瓦砾投击黄巢没有来得及出城的人马，有的收拾弓箭给官军。入城的程宗楚等人恐怕其他将领入城分去他们的战功，没有向凤翔节度使郑畋和鄜夏节度使拓跋思恭通报，入城的官军士兵们放下军器进入居民私宅，抢夺金帛，掠取妓妾。王处存下令军士在头上系上白色丝绸作为记号，坊市无赖少年有的也偷偷系上白丝掠人劫货，长安城内一片混乱。黄巢率军露宿灞上，侦察到城内官军号令不整，而且诸路官军互不联系，于是回军突袭长安，黄巢军自诸城门分别进入，大战长安城中，唐将程宗楚、唐弘夫被杀死，官军士兵由于抢劫财物太多，负重走不动路，被黄巢军杀得大败，死者有十之八九。王处存收拾残兵回到渭桥扎营。

丁亥（十日），黄巢再次进入长安，对长安居民帮助官军感到极为愤怒，于是纵兵进行屠杀，长安城血流成河，将此称之为洗城。于是唐诸路军全部撤退，黄巢军的声势更盛了。

后周纪

世宗征淮南

【原文】

显德二年（乙卯，公元 955 年）

上谓宰相曰："朕每思致治之方，未得其要，寝令不忘。又自唐、晋以来，吴、蜀、幽、并皆阻声教，未能混壹，宜命近臣著《为君难为臣不易论》及《开边策》各一篇，朕将览焉。"

【译文】

显德二年（乙卯，公元 955 年）

世宗对宰相说："朕常常思考达到大治的方略，没有得到它的要领，以致睡觉吃饭都不能忘记。又从后唐、后晋以来，吴地、蜀地、幽州、并州都被隔断了政令教化，不能统一，应该命令左右大臣撰写《为君难为臣不易论》和《开边策》各一篇，朕将一一阅览。"

【原文】

比部郎中王朴献策，以为："中国之失吴、蜀、幽、并，皆由失道。今必先观所以失之之原，然后知所以取之之术。其始失之也，莫不以君暗臣邪，兵骄民困，奸党内炽，武夫外横，因小致大，积微成著。今欲取之，莫若反其所为而已。夫进贤退不肖，所以收其才也；恩隐诚信，所以结其心也；赏功罚罪，所以尽其力也；去奢节用，所以丰其财也；时使薄敛，所以阜其民也。俟群才既集，政事既治，财用既充，士民既附，然后举而用之，功无不成矣！彼之人观我有必取之势，则知其情状者愿为间谍，知其山川者愿为向导，民心既归，天意必从矣。

"凡攻取之道，必先其易者。唐与吾接境几两千里，其势易扰也。扰之当以无备之处为始，备东则扰西，备西则扰东，彼必奔走而救之。奔走之间，可以知其虚实强弱，然后避实击虚，避强击弱。未须大举，且以轻兵扰之。南人懦怯，闻小有警，必悉师以救之。师数动则民疲而财竭，不悉师则我可以乘虚取之。如此，江北诸州将悉为我有。既得江北，则用彼之民，行我之法，江南亦易取也。得江南则岭南、巴蜀可传檄而定。南方既定，则燕地必望风内附；若其不至，移兵攻之，席卷可平矣。惟河东必死之寇，不可以恩信诱，当以强兵制之，然彼自高平之败，力竭气沮，必未能为边患，宜且以为后图，俟天下既平，然后伺间，一举可擒也。今士卒精练，甲兵有备，群下畏法，诸将效力，期年之后可以出师，宜自夏秋蓄积实边矣。"

【译文】

比部郎中王朴进献策略，认为："中原朝廷丧失吴地、蜀地、幽州、并州，都是由于丧失了治国之道。现在一定要先考察所以丧失土地的原因，然后才能知晓收取失地的方法。当初丧失国土时，没有不是因为君主昏庸臣子奸邪，军队骄横百姓穷困，奸人乱党在朝内气焰高涨，

比部郎中王朴进献策略。

强将武夫在外面横行霸道，由小到大，积微成著。如今要收复失地，只不过是反其道而行罢了。选用贤人罢免庸人，是收罗人材的办法；讲恩惠信用，是团结人心的办法；奖赏功劳惩罚罪过，是鼓励大家尽力做事的办法；革除奢侈节约费用，是增加财富的办法；按时来使用民力，减少赋税，是使百姓富足的办法。等到群贤毕集，政事得到治理，财用充足，士民归附，到那时起兵而使用他们，千秋功业没有不成功的！对方的人看到我方有必定取胜的势头，到那时知道情况的愿为我们当间谍，熟悉山川地理的愿为我们当向导，民心已经归附，那么天意必然会顺从了。

"大凡进攻夺取的方法，必定先从容易的地方下手。南唐与我们接壤的地方将近二千里，这样就很利于我们骚扰对方。骚扰对方应当从没有防备的地方下手，南唐防备东面我们就骚扰西面，防备西面我们就骚扰它的东面，对方必定东奔西走去救援。敌方东奔西走的时候，我们就可以探明对方的虚实强弱，然后避实击虚，避强击弱。不须大举出兵，暂且用小部队骚扰他们。南方人生性懦弱胆小，听说有小小的警报，必定会出动全部军队去救援。军队频繁出动就会使百姓疲劳财物

耗竭，如果不出动全国的军队去救援，我们就可以乘其空虚夺取土地。像这样，长江以北各州将全部归我们所有。既得长江以北，就可以用他们的百姓，实行我们的办法，那长江以南也容易夺取了。取得江南，那么岭南、巴蜀之地不待出兵，只要用一纸文书就可以平定了。南方既已平定，那燕地必定望风归附中原；倘若它不归附，就调动军队进攻它，犹如卷席子那样很快就可以平定。只有河东北汉是必然要拼死一战的敌人，不能用恩惠信义使之屈服，应当用强大的军队制伏它，但是，北汉自从高平失败以后，国力空虚士气沮丧，一定不会再起边患，应当暂且等以后再谋取它，等待天下已经平定，然后利用时机，一举就可以擒获。如今士兵精干，武器齐全，部下畏服军法，众将愿意效力，一年以后可以出师，应当从夏秋季开始积蓄粮草来充实边疆了。"

【原文】

上欣然纳之。时群臣多守常偷安，所对少有可取者，惟朴神峻气劲，有谋能断，凡所规画，皆称上意，上由是重其气识，未几，迁左谏议大夫，知开封府事。

【译文】

世宗欣然接受了王朴的建议。当时群臣大多墨守常规，苟且偷安，所对策略很少有可取的，只有王朴神情峻逸，气势刚劲，有智谋能决断，凡是他所谋划的，都合乎世宗的心意，世宗因此看重王朴的气质胆识，不久，迁升他为左谏议大夫，主持开封府政务。

【原文】

唐主性和柔，好文章，而喜人佞己，由是谄谀之臣多进用，政事日乱。既克建州，破湖南，益骄，有吞天下之志。李守贞、慕容彦超之叛，皆为之出师，遥为声援，又遣使自海道通契丹及北汉，约共图中国；值中国多事，未暇与之校。

【译文】

南唐主生性温和柔顺，喜好文采辞章，而且喜欢人奉承自己，于是那些善于花言巧语、献媚取宠的臣子大多晋升任用，政事日益混乱。既已攻克建州，击破湖南，就更加骄傲，大有吞并天下的志向。李守贞、慕容彦超叛乱，南唐都为之出兵，远远地作为声援，又派遣使者从海道联络契丹和北汉，约定共同图谋中原。后周正值中原多事，没有时间与南唐计较。

【原文】

先是，每冬淮水浅涸，唐人常发兵戍守，谓之"把浅"，寿州监军吴廷绍以为疆场无事，坐费资粮，悉罢之。清淮节度使刘仁赡上表固争，不能得。十一月乙未朔，帝以李谷为淮南道前军行营都部署兼知庐、寿等行府事，以忠武节度使王彦超副之，督侍卫马军都指挥使韩令坤等十二将以伐唐。

汴水自唐末溃决，自埇桥东南悉为污泽。上谋击唐，先命武宁节度使武行德发民夫，因故堤疏导之，东至泗上。议者皆以为难成，上曰："数年之后，必获其利。"

【译文】

从前，每年冬天淮河水浅干涸，南唐经常发兵戍守，称作"把浅"。寿州监军吴廷绍认为边境平安，戍守淮河白费钱粮，把戍守的军队全部撤回。清淮节度使刘仁赡上表一再坚持争辩，最终也没有什么结果。十一月乙未朔（初一），世宗任命李谷为淮南道前军行营都部署兼知庐州、寿州等行府事务，任命忠武节度使王彦超为行营副都部署，督领侍卫马军都指挥使韩令坤等十二名将领攻伐南唐。

汴水自唐朝末年溃堤决口以来，自埇桥东南全都成为污泥沼泽。世宗谋划攻击南唐，先命令武宁节度使武行德征发民夫，顺着原来的河堤疏通引水，东面一直到泗水。议事的人都认为难以成功，世宗说："数年以后，一定能得到好处。"

【原文】

唐人闻周兵将至而惧。刘仁赡神气自若，部分守御，无异平日，众情稍安。唐主以神武统军刘彦贞为北面行营都部署，将兵二万趣寿州，奉化节度使、同平章事皇甫晖为应援使，常州团练使姚凤为应援都监，将兵三万屯定远。召镇南节度使宋齐丘还金陵，谋国难，以翰林承旨、户部尚书殷崇义为吏部尚书、知枢密院。

【译文】

南唐听说后周军队即将到来大为恐惧。刘仁赡神态自若，部署军队守卫抵御，与平日没有两样，大家的情绪稍稍安稳了些。南唐主任命神武统军刘彦贞为北面行营都部署，率领二万人马赶往寿州，奉化节度使、同平章事皇甫晖为应援使，常州团练使姚凤为应援都监，率兵三万屯驻定远。征召镇南节度使宋齐丘返回金陵，商讨应付国难，任命翰林承旨、户部尚书殷崇义为吏部尚书、知枢密院。

【原文】

李毂等为浮梁，自正阳济淮。十二月甲戌，毂奏王彦超败唐兵二千馀人于寿州城下。己卯，又奏先锋都指挥使白延遇败唐兵千馀人于山口镇。

帝以诏谕弘俶，使出兵击唐。

李毂等架设浮桥，从正阳渡过淮河。

【译文】

李毂等架设浮桥，从正阳渡过淮河。十二月甲戌（初十），李毂奏报王彦超在寿州城下击败南唐军二千余人。己卯（十五日），又奏报先锋都指挥使白延遇在山口镇击败南唐军一千余人。

世宗赐诏书安抚钱弘俶，让他出兵进攻南唐。

【原文】

显德三年（丙辰，公元956年）

丁酉，李毂奏败唐兵千馀人于上窑。

戊戌，发开封府、曹、滑、郑州之民十馀万筑大梁外城。

庚子，帝下诏亲征淮南，以宣徽南院使、镇安节度使向训权东京留守，端明殿学士王朴副之，彰信节度使韩通权点检侍卫司及在京内外都巡检。命侍卫都指挥使、归德节度使李重进将兵先赴正阳，河阳节度使白重赞将亲兵三千屯颍上。壬寅，帝发大梁。

【译文】

显德三年（丙辰，公元956年）

丁酉（初三），李毂奏报在上窑击败南唐军一千余人。

戊戌（初四），后周征发开封府、曹州、滑州、郑州的百姓十多万人修筑大梁外城。

庚子（初六），世宗颁下诏书亲自出征淮南，任命宣徽南院使、镇安节度使向训暂且代理东京留守，端明殿学士王朴为副留守，彰信节度使韩通暂且代理点检侍卫司以及在京内外都巡检。命令侍卫都指挥使、归德节度使李重进率兵先赴正阳，河阳节度使白重赞率领随身亲兵三千驻扎在颍上。壬寅（初八），世宗从大梁出发。

【原文】

李穀攻寿州，久不克；唐刘彦贞引兵救之，至来远镇，距寿州二百里，又以战舰数百艘趣正阳，为攻浮梁之势。李穀畏之，召将佐谋曰："我军不能水战，若贼断浮梁，则腹背受敌，皆不归矣！不如退守浮梁以待车驾。"上至圉镇，闻其谋，亟遣中使乘驿止之。比至，已焚刍粮，退保正阳。丁未，帝至陈州，亟遣李重进引兵趣淮上。

【译文】

李穀攻打寿州，很久没攻下；南唐刘彦贞领兵救援，到达来远镇，距离寿州二百里，又派数百艘战舰赶赴正阳，做出要攻打浮梁的架势。李穀畏惧南唐水军，召集将领僚佐商量说："我军不善水战，倘若敌人截断浮桥，那么我们就会腹背受敌，都回不去了！不如退守浮桥等待陛下到来。"世宗到达圉镇，听到李穀的计划，立即派朝廷使臣乘驿马前去阻止他。等使者到达时，李穀已将粮草焚毁，退守正阳浮桥。丁未（十三日），世宗到达陈州，立刻派李重进领兵赶赴淮上。

【原文】

辛亥，李穀："奏贼舰中流而进，弩炮所不能及，若浮梁不守，则众心动摇，须至退军。今贼舰日进，淮水日涨，若车驾亲临，万一粮道阻绝，其危不测。愿陛下且驻跸陈、颍，俟李重进至，臣与之共度贼舰可御，浮梁可完，立具奏闻。但若厉兵秣马，春去冬来，足使贼中疲弊，取之未晚。"帝览奏，不悦。

【译文】

辛亥（十七日），李穀上奏说："敌军的战船在淮河中央行进，弓弩石炮都射不到，如果浮桥守不住，就会军心动摇，势必要退兵。如今敌船一天天逼进，淮水一天天上涨，如果陛下大驾亲临，万一粮道断了，那危险是难以预测的。希望陛下暂且驻在陈、颍一带，等李重进到了，臣下与他共同商量如何抵御敌军战船，浮桥可以保证完好，立即陈奏报告。如果我军厉兵秣马做好准备，春去冬来等待时机，足以使敌人疲惫不堪，到那时再作战也不晚。"世宗看到奏章，很不高兴。

【原文】

刘彦贞素骄贵，无才略，不习兵，所历藩镇，专为贪暴，积财巨亿，以赂权要，由是魏岑等争誉之，以为治民如龚、黄，用兵如韩、彭，故周师至，唐主首用之。

其裨将咸师朗等皆勇而无谋，闻李榖退，喜，引兵直抵正阳，旌旗辎重数百里，刘仁赡及池州刺史张全约固止之。仁赡曰："公军未至而敌人先遁，是畏公之威声也，安用速战！万一失利，则大事去矣！"彦贞不从。既行，仁赡曰："果遇，必败。"乃益兵乘城为备。李重进渡淮，逆战于正阳东，大破之，斩彦贞，生擒咸师朗等，斩首万馀级，伏尸三十里，收军资器械三十馀万。是时江、淮久安，民不习战，彦贞既败，唐人大恐，张全约收馀众奔寿州，刘仁赡表全约为马步左厢都指挥使。皇甫晖、姚凤退保清流关。滁州刺史王绍颜委城走。

【译文】

刘彦贞向来骄横宠贵，没有什么才能谋略，不熟悉军事，在历次藩镇任上专行贪污暴虐，积累了巨亿资财，用来贿赂当权要人，因此魏岑等权臣争相称誉他，说他治理百姓如龚遂、黄霸，用兵打仗如韩信、彭越，所以周师来到，南唐主首先就起用他。刘彦贞的副将咸师朗等人都有勇无谋，听说李榖退兵，大喜，领兵直抵正阳，各色旗帜、军需运输前后长达数百里，刘仁赡和池州刺史张全约坚决阻止刘彦贞这样做。刘仁赡说："你的军队未到而敌人先逃，这是畏惧你的声威，怎么能用速战速决的办法！万一失利的话，大事就完了。"刘彦贞不听。他已经出行，刘仁赡说："如果真的遇到敌军，必定失败。"于是增加兵员登上城楼，做好准备。李重进渡过淮河，在正阳东面迎战刘彦贞，大破南唐军，斩杀刘彦贞，生擒咸师朗等人，斩首万余级，躺伏地上的尸体长达三十里，缴获军用物资器材三十多万件。当时江淮一带长久平安无事，百姓不习惯打仗，刘彦贞败了以后，南唐人大为惊恐，张全约收集残余的部众投奔寿州，刘仁赡上表荐举张全约为马步左厢都指挥使。皇甫晖、姚凤退保清流关。滁州刺史王绍颜弃城逃走。

【原文】

壬子，帝至永宁镇，谓侍臣曰："闻寿州围解，农民多归村落，今闻大军至，必复入城。怜其聚为饿殍，宜先遣使存抚，各令安业。"甲寅，帝至正阳，以李重进代李榖为淮南道行营都招讨使，以榖判寿州行府事。丙辰，帝至寿州城下，营于淝水之阳，命诸军围寿州，徙正阳浮梁于下蔡镇。丁巳，征宋、亳、陈、颍、徐、宿、许、蔡等州丁夫数十万以攻城，昼夜不息。唐兵万馀人维舟于淮，营于涂山之下。庚申，帝命太祖击之，太祖皇帝遣百馀骑薄其营而伪遁，伏兵邀之，大败唐兵于涡口，斩其都监何延锡等，夺战舰五十馀艘。

【译文】

壬子（十八日），世宗到达永宁镇，他对侍臣说："听说寿州围困解除，农民大多回村落去了，如今听说大军到了，必定再次入城。可怜他们聚到城中就会饿死，应先派使者安抚，让他们各安其业。"甲寅（二十日），世宗到达正阳，任命李重进代替李穀为淮南道行营都招讨使，任命李穀兼理寿州行府政务。丙辰（二十二日），世宗到达寿州城下，在淝水北面扎营，命令各军包围寿州，将正阳浮桥迁移到下蔡镇。丁巳（二十三日），征发宋、亳、陈、颍、徐、宿、许、蔡等州壮丁数十万攻城，昼夜不停。南唐一万多人将船只拴在淮河边，在涂山脚下宿营。庚申（二十六日），世宗命令太祖赵匡胤出战，赵匡胤派出百余骑兵靠近南唐军营后假装逃走，埋伏的部队乘机拦击南唐追兵，在涡口大败南唐军，斩杀南唐都监何延锡等人，夺得战船五十多艘。

【原文】

诏以武平节度使兼中书令王逵为南面行营都统，使攻唐之鄂州。逵引兵过岳州，岳州团练使潘叔嗣厚具燕犒，奉事甚谨。逵左右求取无厌，不满望者谮叔嗣于逵，云其谋叛，逵怒形于词色，叔嗣由是惧而不自安。

【译文】

世宗下诏任命武平节度使兼中书令王逵为南面行营都统，命他进攻南唐的鄂州。王逵率兵经过岳州，岳州团练使潘叔嗣准备丰厚的酒食来慰劳，招待非常恭敬。王逵手下的人贪得无厌，不满足而抱怨的人在王逵面前说潘叔嗣的坏话，说他谋划叛变，王逵忿怒溢于言表，潘叔嗣因此感到恐惧而不能自安。

【原文】

唐主闻湖南兵将至，命武昌节度使何敬洙徙民入城，为固守之计；敬洙不从，使除地为战场，曰："敌至，则与军民俱死于此耳！"唐主善之。

【译文】

南唐主听说湖南军队将要到达，命令武昌节度使何敬洙将百姓都迁移到城里，筹划固守鄂州之计。何敬洙没有听从，他让百姓清理地方作为战场，说："敌军到达，就和军民一齐战死在这里！"南唐主对他的做法很赞赏。

【原文】

二月丙寅，下蔡浮梁成，上自往视之。

戊辰，庐、寿、光、黄巡检使司超奏败唐兵三千馀人于盛唐，擒都监高弼等，获战舰四十馀艘。

上命太祖皇帝倍道袭清流关。皇甫晖等陈于山下，方与前锋战，太祖皇帝引兵出山后。晖等大惊，走入滁州，欲断桥自守，太祖皇帝跃马麾兵涉水，直抵城下。晖曰："人各为其主，愿容成列而战。"太祖皇帝笑而许之。晖整众而出，太祖皇帝拥马颈突陈而入，大呼曰："吾止取皇甫晖，他人非吾敌也！"手剑击晖，中脑，生擒之，并擒姚凤，遂克滁州。后数日，宣祖皇帝为马军副都指挥使，引兵夜半至滁州城下，传呼开门。太祖皇帝曰："父子虽至亲，城门王事也，不敢奉命。"

【译文】

二月丙寅（初三），下蔡镇的浮桥建成，世宗亲自前往视察。

戊辰（初五），庐、寿、光、黄巡检使司超上奏说在盛唐大败唐兵三千余人，活捉都监高弼等人，缴获战船四十余艘。

世宗命太祖赵匡胤兼程袭取清流关。皇甫晖等在山下列阵，正与后周前锋部队交战，赵匡胤领兵从山后出来。皇甫晖等大惊，逃入滁州城中，打算毁断桥坚守，赵匡胤跃马指挥士兵渡河，直抵城下。皇甫晖说："人都各自为自己的主子效力，希望容我排好队列再战。"赵匡胤笑着答应了。皇甫晖整理好军队率众而出，赵匡胤抓住马颈突然驰入敌阵，大喊道："我只取皇甫晖，别人都不是我的敌人！"手持长剑攻击皇甫晖，击中头部，生擒了他，并擒获姚凤，于是攻克滁州。数日以后，赵匡胤的父亲宋宣祖为马军副都指挥使，半夜带兵到了滁州城下，传令呼喊开门。赵匡胤说："父子虽是至亲，但城门开启是王朝大事，不敢随便从命。"

【原文】

上遣翰林学士窦仪籍滁州帑藏，太祖皇帝遣亲吏取藏中绢。仪曰："公初克城时，虽倾藏取之，无伤也。今既籍为官物，非有诏书，不可得也。"太祖皇帝由是重仪。诏左金吾卫将军马崇祚知滁州。

初，永兴节度使刘词遗表荐其幕僚蓟人赵普有才可用。会滁州平，范质荐普为滁州军事判官，太祖皇帝与语，悦之。时获盗百馀人，皆应死，普请先讯鞫然后决，所活十七八。太祖皇帝益奇之。

【译文】

世宗派翰林学士窦仪前往滁州清点登记府库财务，赵匡胤派心腹官吏提取库藏绢帛。窦仪说："若是太尉刚打下州城之时，即使把库中东西取光，也无妨碍。如今已经登记造册为官府物资，没有诏书命令，是不可提取的。"赵匡胤因此器重窦仪。世宗诏令左金吾卫将军马崇祚主持滁州政务。

当初，永兴节度使刘词送表书举荐他的幕僚蓟州人赵普有才能可以重用。适逢滁州平定，范质推荐赵普为滁州军事判官，赵匡胤和他交谈，很喜欢他。当时捕获强盗一百余人，都应处死，赵普请求先审讯然后处决，结果活下来的占十分之七八。赵匡胤愈发认为他是个奇才。

【原文】

唐主遣泗州牙将王知朗赍书抵徐州，称："唐皇帝奉书大周皇帝，请息兵修好，愿以兄事帝，岁输货财以助军费。"甲戌，徐州以闻；帝不答。戊寅，命前武胜节度使侯章等攻寿州水寨，决其壕之西北隅，导壕水入于淝。

【译文】

南唐主派泗州牙将王知朗携带书信到徐州，称："唐皇帝奉上书信致大周皇帝，请求休战讲和，愿把皇帝当作兄长来侍奉，每年贡献货物财宝来资助军用。"甲戌（十一日），徐州将书信奏报；世宗没作回答。戊寅（十五日），世宗命令前武胜节度使侯章等人进攻寿州水寨，在护城河的西北角打开决口，将护城河水引入淝水。

【原文】

帝诇知扬州无备，己卯，命韩令坤等将兵袭之，戒以毋得残民；其李氏陵寝，遣人与李氏人共守护之。

【译文】

世宗探知扬州没有防备，己卯（十六日），命令韩令坤等率兵袭击扬州，告诫他们不得残害百姓；并派人与李氏族人共同守卫看护那里的李氏陵墓寝庙。

【原文】

唐主兵屡败，惧亡，乃遣翰林学士、户部侍郎钟谟、工部侍郎文理院学士李德明奉表称臣，来请平，献御服、汤药及金器千两，银器五千两，缯锦二千匹，犒军牛五百头，酒二千斛，壬午，至寿州城下。谟、德明素辩口，上知其欲游说，盛陈甲兵而见之，曰："尔主自谓唐室苗裔，宜知礼义，异于他国。与朕止隔一水，未尝遣一介修好，惟泛海通契丹，舍华事夷，礼义安在？且汝欲说我令罢兵邪？我非六国愚主，岂汝口舌所能移邪！可归语汝主：亟来见朕，再拜谢过，则无事矣。不然，朕欲观金陵城，借府库以劳军，汝君臣得无悔乎！"谠、德明战栗不敢言。

【译文】

由于战事屡遭败绩，南唐主惧怕南唐灭亡，于是派翰林学士、户部侍郎钟谠、工部侍郎、文理院学士李德明奉持表书称臣，前来请求和平，进献皇帝专用的服装、汤药以及金器一千两，银器五千两，缯帛锦缎二千匹，犒劳军队五百头牛，酒二千斛，壬午（十九日），到达寿州城下。钟谠、李德明一向能说善辩，世宗知道他们打算游说，命全副武装的士兵严整列队接见他们，说："你们君主自称是唐皇室的后裔，应该懂得礼义，同别的国家有区别。与朕只有一水之隔，未曾派过一位使者来与我们建立友好关系，反而飘洋过海去勾结契丹，舍弃华夏而臣事蛮夷，礼义在哪里呢？再说你们准备向我游说，是想让我休战吗？我不是战国时代六国那样的愚蠢君主，岂是你们用口舌就能改变我的主意呢！你们可以回去告诉你们的国君，马上来见朕，下跪再拜认罪谢过，那就没事了。不然的话，朕打算看看金陵城，借用金陵国库来慰劳军队，到那时你们君臣可不要后悔啊！"钟谠、李德明全身发抖不敢说话。

【原文】

吴越王弘俶遣兵屯境上以俟周命。苏州营田指挥使陈满言于丞相吴程曰："周师南征，唐举国惊扰，常州无备，易取也。"会唐主有诏抚安江阴吏民，满告程云："周诏书已至。"程为之言于弘俶，请亟发兵从其策。丞相元德昭曰："唐大国，未可轻也。若我入唐境而周师不至，谁与并力，能无危乎！请姑俟之。"程固争，以为时不可失，弘俶卒从程议。癸未，遣程督衢州刺史鲍修让、中直都指挥使罗晟趣常州。程谓将士曰："元丞相不欲出师。"将士怒，流言欲击德昭。弘俶匿德昭于府中，令捕言者，叹曰："方出师而士卒欲击丞相，不祥甚哉！"

【译文】

吴越王钱弘俶派军队驻扎在边境上等待后周的命令。苏州营田指挥使陈满向丞相吴程进言说："后周军队南下征伐，南唐举国震惊骚乱，常州没有防备，很容易攻取的。"适逢南唐主有诏书安抚江阴官吏百姓，陈满禀告吴程说："后周诏书已到。"吴程为此向钱弘俶进言，请求采用陈满的计策立即发兵。丞相元德昭说："南唐是大国，不可轻视。倘若我军进入南唐境内而周兵没到，谁来与我们合力作战，能没有危险吗！请暂且等一下。"吴程再三争辩，认为时机不可错过，钱弘傲最后听从了吴程的建议。癸未（二十日），钱弘傲派吴程督领衢州刺史鲍修让、中直都指挥使罗晟奔赴常州。吴程对将士们说："元丞相不想出兵。"将士们恼怒，有流言说要袭击元德昭。钱弘傲把元德昭藏匿在府中，下令抓捕散布流言的人，叹道："正要出兵而士卒却要袭击丞相，不吉利得很呀！"

【原文】

乙酉，韩令坤奄至扬州；平旦，先遣白延遇以数百骑驰入城，城中不之觉。令坤继至，唐东都营屯使贾崇焚官府民舍，弃城南走，副留守工部侍郎冯延鲁髡发被僧服，匿于佛寺，军士执之。令坤慰抚其民，使皆安堵。

庚寅，王逵奏拔鄂州长山寨，执其将陈泽等，献之。

【译文】

乙酉（二十二日），韩令坤突然到达扬州；天大亮，先派白延遇率数百骑兵奔驰入城，城中没有发觉。韩令坤接着到达，南唐东都营屯使贾崇焚烧官邸和百姓房屋，弃城往南逃奔，副留守工部侍郎冯延鲁剃光头发披上僧服，藏进佛寺，军士抓获了他。韩令坤慰问安抚扬州百姓，让他们都安居乐业。

庚寅（二十七日），王逵奏报攻破鄂州长山寨，抓获南唐将领陈泽等人献上。

【原文】

辛卯，太祖皇帝奏唐天长制置使耿谦降，获刍粮二十馀万。

韩令坤攻唐泰州，拔之，刺史方讷奔金陵。

唐主遣人以蜡丸求救于契丹。壬辰，静安军使何继筠获而献之。

【译文】

辛卯（二十八日），赵匡胤奏报南唐天长制置使耿谦投降，缴获粮草二十多万。

韩令坤等进攻泰州，占领泰州，刺史方讷逃奔金陵。

南唐主派人拿着封有书信的蜡丸向契丹求救。壬辰（二十九日），静安军使何继筠截获后献给世宗。

韩令坤慰问安抚扬州百姓。

【原文】

三月甲午朔，上行视水寨，至淝桥，自取一石，马上持之至寨以供炮，从官过桥者人赍一石。太祖皇帝乘皮船入寿春壕中，城上发连弩射之，矢大如屋椽。牙将馆陶张琼遽以身蔽之，矢中琼髀，死而复苏。镞著骨不可出，琼饮酒一大卮，令人破骨出之，流血数升，神色自若。

【译文】

三月甲午朔（初一），世宗巡视水寨，到了淝桥，自己取了一块石头，骑在马上拿着到寨中供炮使用，过桥的随从官员每人也携带一块石头。赵匡胤乘坐牛皮船进入寿春的护城河中，城上发连弩射击，箭矢像房屋的椽子那样粗。牙将馆陶人张琼立即用身体遮挡，箭射中张琼的大腿，昏死过去又苏醒过来。箭头射入骨头不能拔出，张琼喝下一大杯酒，命令人敲破骨头取出箭头，流血好几升，神色仍从容自如。

【原文】

丁酉，行舒州刺史郭令图拔舒州，唐蕲州将李福杀其知州王承巂，举州来降。遣六宅使齐藏珍攻黄州。

秦、凤之平也，上赦所俘蜀兵以隶军籍，从征淮南，复亡降于唐。癸卯，唐主表献百五十人。上悉命斩之。

丙午，孙晟等至上所。庚戌，上遣中使以孙晟诣寿春城下，示刘仁赡，且招谕之。仁赡见晟，戎服拜于城上。晟谓仁赡曰："君受国厚恩，不可开门纳寇。"上闻之，甚怒，晟曰："臣为唐宰相，岂可教节度使外叛邪！"上乃释之。

【译文】

丁酉（初四），行舒州刺史郭令图攻克舒州，南唐蕲州将领李福杀死知州王承巂，率领蕲州所有的人前来投降。世宗派六宅使齐藏珍进攻黄州。

秦州、凤州平定时，世宗赦免所俘获的后蜀士兵，将他们编入军籍，跟随征伐淮南，他们又逃亡投向南唐。癸卯（初十），南唐主上表献出降卒一百五十人，世宗命令将他们全部斩首。

丙午（十三日），孙晟等人到了世宗所在之处。庚戌（十七日），世宗派朝廷使者带孙晟到寿春城下，并且让他招降南唐守将。刘仁赡见到孙晟，身着戎装在城上行拜礼。孙晟对刘仁赡说："您受到国君深厚的恩泽，不可打开城门迎纳敌寇。"

世宗听说后，十分恼怒，孙晟说："臣下身为南唐宰相，岂能教唆节度使叛变投敌呢！"世宗于是放了他。

【原文】

唐主使李德明、孙晟言于上，请去帝号，割寿、濠、泗、楚、光、海六州之地。仍岁输金帛百万以求罢兵。上以淮南之地已半为周有，诸将捷奏日至，欲尽得江北之地，不许。德明见周兵日进，奏称："唐主不知陛下兵力如此之盛，愿宽臣五日之诛，得归白唐主，尽献江北之地。"上乃许之。晟因奏遣王崇质与德明俱归。上遣供奉官安弘道送德明等归金陵，赐唐主书，其略曰："但存帝号，何爽岁寒！傥坚事大之心，终不迫人于险。"又曰："俟诸郡之悉来，即大军之立罢。言尽于此，更不烦云；苟曰未然，请从兹绝。"又赐其将相书，使熟议而来。唐主复上表谢。

【译文】

唐主派李德明、孙晟见世宗说，请求废除帝号，割让寿、濠、泗、楚、光、海六州之地，并且每年送金帛百万以求休兵停战。世宗认为淮南之地已经一半归后周占有，诸将的捷报连日到达，想要得到所有长江以北的地方，不肯答应唐主所请。李德明眼看后周军队日益推进，上奏称述："唐主不知道陛下的兵力如此强盛，希望给臣下五日不作讨伐的宽限，使臣下得以返回禀告唐主，献出长江以北全部地区。"于是世宗准许了。孙晟奏请派王崇质与李德明一道回去。世宗派供奉官安弘道送李德明等人返回金陵，赐南唐主书信，信中大致说："只管保存帝号，为什么要失去松柏不怕天寒地冻依旧郁郁葱葱的品格！倘若能坚定自己侍奉大周的信念，终究不会被人逼入危险的困难境地。"又说："等到江北各州全部献来，我的大军立即休战。话已在此说尽，不再赘述；倘若说还不行，请从此决绝。"又赐给南唐将相书信，让他们好好商议后再来。南唐主又上表道谢。

【原文】

夏，四月甲子，以侍卫新军都指挥使、归德节度使李重进为庐、寿等州招讨使，以武宁节度使武行德为濠州城下都部署。

唐右卫将军陆孟俊自常州将兵万馀人趣泰州，周兵遁去，孟俊复取之，遣陈德诚戍泰州。孟俊进攻扬州，屯于蜀冈，韩令坤弃扬州走。帝遣张永德将兵救之，令坤复入扬州。帝又遣太祖皇帝将兵屯六合。太祖皇帝令曰："扬州兵有过六合者，折其足！"令坤始有固守之志。

帝自至寿春以来，命诸军昼夜攻城，久不克；会大雨，营中水深数尺，攻具及士卒失亡颇多，粮运不继，李德明失期不至，乃议旋师。或劝帝东幸濠州，声言寿州已破；从之。己巳，帝自寿春循淮而东，乙亥，至濠州。

韩令坤败唐兵于城东，擒陆孟俊。

【译文】

夏季，四月甲子（初二），世宗任命侍卫亲军都指挥使、归德节度使李重进为庐、寿等州招讨使，任命武宁节度使武行德为濠州城下都部署。

南唐右卫将军陆孟俊领兵一万多从常州赶赴泰州，后周军逃走，陆孟俊

世宗命令各军昼夜攻城。

收复泰州，派陈德诚守卫泰州。陆孟俊进攻扬州，屯兵于蜀冈，韩令坤丢弃扬州逃跑。世宗派张永德率兵救援，韩令坤再入扬州。世宗又派赵匡胤领兵屯驻六合。赵匡胤下令说："扬州士兵有过六合的，折断他的脚！"韩令坤这才有固守的决心。

世宗自从到了寿春以来，命令各军昼夜攻城，长久未能攻克；适逢大雨，军营中水深数尺，攻城器具以及士兵损失逃亡很多，粮草运输接不上，李德明超过约定的期限仍没有到达，于是商议回师。有人劝说世宗往东巡视濠州，声称寿州已经攻破；世宗听从了。己巳（初七），世宗自寿春沿着淮河东进，乙亥（十三日），到达濠州。

韩令坤在扬州城东击败南唐军队，活捉了陆孟俊。

【原文】

初，孟俊之废马希萼立希崇也，灭故舒州刺史杨昭恽之族而取其财，杨氏有女美，献于希崇。令坤入扬州，希崇以杨氏遗令坤，令坤嬖之。既获孟俊，将械送帝所；杨氏在帘下，忽抚膺恸哭，令坤惊问之，对曰："孟俊昔在潭州，杀妾家二百口，今日见之，请复其冤。"令坤乃杀之。

唐齐王景达将兵二万自瓜步济江，距六合二十馀里，设栅不进。诸将欲击之，太祖皇帝曰："彼设栅自固，惧我也。今吾众不满二千，若往击之，则彼见吾众寡矣；不如俟其来而击之，破之必矣！"居数日，唐出兵趣六合，

太祖皇帝奋击，大破之，杀获近五千人，馀众尚万馀，走渡江，争舟溺死者甚众，于是唐之精卒尽矣。

【译文】

当初，陆孟俊废黜马希萼拥立马希崇，诛灭原舒州刺史杨昭恽全家而取得杨家财产，杨家有个女儿长得美丽，陆孟俊把她献给马希崇。韩令坤进入扬州，马希崇把杨氏送给韩令坤，韩令坤宠爱她。既已抓获陆孟俊，于是给他带上刑具准备押送到世宗所在之处；杨氏站在竹帘下，突然捶胸痛哭，韩令坤感到惊讶，问她为什么痛哭，回答说："陆孟俊昔日在潭州，杀死妾家人二百口，今日见到陆孟俊被擒获，请报冤仇。"韩令坤就杀了陆孟俊。

南唐齐王李景达率二万人马从瓜步渡过长江，在距离六合二十余里的地方不再前进，设置栅栏防守。后周诸将想出战攻打李景达，赵匡胤说："敌人设栅防守，是害怕我们。如今我军部众不满二千，倘若去攻打李景达，那么敌军就会看出我们人数的多少了；不如等他们来进攻时再出战迎击，到那时一定能够打败他们！"过了几天，后唐军出兵奔赴六合，赵匡胤带兵奋力出击，大破后唐军，杀死抓获近五千人，余下的南唐军还有一万多，逃奔渡江，争船淹死的很多，于是南唐的精锐部队丧尽。

【原文】

甲申，以太祖皇帝为定国节度使兼殿前都指挥使。太祖皇帝表渭州军事判官赵普为节度推官。

张永德与李重进不相悦，永德密表重进有二心，帝不之信。时二将各拥重兵，众心忧恐。重进一日单骑诣永德营，从容宴饮，谓永德曰："吾与公幸以肺腑俱为将帅，奚相疑若之此之深邪？"永德意乃解，众心亦安。唐主闻之，以蜡丸遗重进，诱以厚利，其书皆谤毁及反间之语；重进奏之。

【译文】

甲申（二十五日），世宗任命赵匡胤为定国节度使兼殿前都指挥使。赵匡胤表举渭州军事判官赵普为节度推官。

张永德和李重进关系不和，张永德秘密上表说李重进有外心，世宗不相信这话。当时两位将领各自拥有重兵，众人心里担忧恐惧。李重进有一天单人匹马到张永德的营帐，从容自如地欢宴饮酒，对张永德说："我和您有幸成为皇上的心腹都做将帅，为什么相互疑忌如此之深呢？"张永德的敌意就消除了，众人心里也踏实了。南唐主听到后，派人将封有书信的蜡丸带给李重进，以高官厚禄引诱他，书信中都是毁谤朝廷和策反离间的话；李重进将来信奏报世宗。

【原文】

初，唐使者孙晟、钟谟从帝至大梁，帝待之甚厚，每朝会，班于中书省官之后，时召见，饮以醇酒，问以唐事。晟但言"唐主畏陛下神武，事陛下无二心。"及得唐蜡书，帝大怒，召晟，责以所对不实。晟正色抗辞，请死而已。问以唐虚实，默不对。十一月乙巳，帝命都承旨曹翰送晟于右军巡院，更以帝意问之；翰与之饮酒数行，从容问之，晟终不言。翰乃谓曰："有敕，赐相公死。"晟神色怡然，索袍笏，整衣冠，南向拜曰："臣谨以死报国。"乃就刑。并从者百馀人皆杀之，贬钟谟耀州司马。既而帝怜晟忠节，悔杀之，召谟，拜卫尉少卿。

【译文】

当初，南唐使者孙晟、钟谟跟随世宗到大梁，世宗待他们很优厚，每次朝会，让他们排在中书省官员的后面，时常召见，给他们美酒喝，询问南唐的情况。孙晟只说："唐主畏服陛下神武，侍奉陛下没有二心。"等到获得南唐蜡丸中的书信，世宗勃然大怒，召见孙晟，斥责他回答的不是实情。孙晟神色庄重言辞激昂，只求一死。再问南唐国中虚实，缄口不答。十一月乙巳（十七日），世宗命令都承旨曹翰送孙晟到右军巡院，再按世宗意思问他。曹翰与他饮酒，酒过几巡后，和言悦色地问他，孙晟始终不说。曹翰于是对他说："我有敕书，赐相公自杀。"孙晟神色安详，寻找朝袍朝笏，整理衣帽，向南叩拜说："臣下谨以死报效朝廷。"于是赴刑。连同随从一百多人都杀死，钟谟贬为耀州司马。事后世宗怜惜孙晟的忠诚节操，后悔杀了他，召回钟谟，授予卫尉少卿。

【原文】

十二月壬申，以张永德为殿前都点检。

分命中使发陈、蔡、宋、亳、颍、兖、曹、单等州丁夫数万城下蔡。

周兵围寿春，连年未下，城中食尽。齐王景达自濠州遣应援使、永安节度使许文稹，都军使边镐、北面招讨使朱元将兵数万，溯淮救之，军于紫金山，列十馀寨如连珠，与城中烽火晨夕相应，又筑甬道抵寿春，欲运粮以馈之，绵亘数十里。将及寿春，李重进邀击，大破之，死者五千人，夺其二寨。丁未，重进以闻。戊申，诏以来月幸淮上。

【译文】

十二月壬申（十四日），世宗任命张永德为殿前都检点。

世宗分别命令宫中使者征发陈州、蔡州、宋州、亳州、颍州、兖州、曹州、单州等地壮丁民夫修筑下蔡城。

后周军围攻寿春，连年没有攻下，城中粮食吃光了。齐王李景达从濠州派应援使、永安节度使许文稹和都军使边镐、北面招讨使朱元领兵数万，沿淮水救援寿春，军马驻扎在紫金山，排列的十几个营寨如同串连起来的珠子，与城中的烽火早晚相呼应，又修筑两旁有墙的通道直达寿春，准备运粮来供应城中，绵延不断长达几十里。通道快修到寿春城下时，李重进截击，大败南唐军，南唐军死的有五千人，夺得南唐军两个营寨。丁未（十九日），李重进奏报。戊申（二十日），世宗下诏说下月亲临淮水。

【原文】

议者以唐援兵尚强，多请罢兵，帝疑之。李穀寝疾在第，二月丙寅，帝使范质、王溥就与之谋，穀上疏，以为："寿春危困，破在旦夕，若銮驾亲征，则将士争奋，援兵震恐，城中知亡，必可下矣！"上悦。

【译文】

议事的人认为南唐援军还很强，多数人请求撤兵，世宗怀疑所议。李穀卧病在家，二月丙寅（初八），世宗派范质、王溥前去与他商议，李穀上疏，认为："寿春危急困穷，朝夕之间可以攻破，倘若皇上亲自出征，将士就会奋勇争先，南唐援军震惊恐慌，城中守军知道危亡，就必定可以攻下了！"世宗很高兴。

【原文】

乙亥，帝发大梁。先是周与唐战，唐水军锐敏，周人无以敌之，帝每以为恨。返自寿春，于大梁城西汴水侧造战舰数百艘，命唐降卒教北人水战，数月之后，纵横出没，殆胜唐兵。至是命右骁卫大将军王环将水军数千自闵河沿颍入淮，唐人见之大惊。

【译文】

乙亥（十七日），世宗从大梁出发。在这之前后周与南唐交战，南唐水军精锐敏捷，后周无法同它抗衡，世宗常以此为恨。从寿春返回后，在大梁城西汴水岸边制造战船数百艘，命令南唐投降的士卒教北方兵水战，几个月后，后周水军纵横江湖，出没水中，大概能胜过南唐水军了。到这时，世宗命令右骁卫大将军王环率领水军数千人从闵河沿颍水进淮水，南唐军见了大为震惊。

【原文】

乙酉，帝至下蔡；三月
己丑夜，帝渡淮，抵寿春城
下。庚寅旦，躬擐甲胄，
军于紫金山南，命太祖皇
帝击唐先锋寨及山北一寨，
皆破之，斩获三千馀级，断
其甬道，由是唐兵首尾不能
相救。至暮，帝分兵守诸寨，
还下蔡。

世宗决定御驾亲征。

【译文】

乙酉（二十七日），世宗到了下蔡；三月己丑（初二）夜晚，世宗渡过淮水，
抵达寿春城下。庚寅（初三）早晨，世宗穿上盔甲亲自指挥，大军驻扎在紫金山南面，
命令赵匡胤攻击南唐先锋寨以及山北营寨，二寨全都被击破，斩获首级三千多，
切断南唐军通道，于是南唐军队首尾无法相互救援。到了傍晚，世宗诏令分兵把
守各个营寨，然后返回了下蔡。

【原文】

帝虑其馀众沿流东溃，遽命虎捷左厢都指挥使赵晁将水军数千沿淮而下。
壬辰旦，帝军于赵步，诸将击唐紫金山寨，大破之，杀获万馀人，擒许文稹、
边镐、杨守忠。馀众果沿淮东走，帝自赵步将骑数百循北岸追之，诸将以步
骑循南岸追之，水军自中流而下，唐兵战溺死及降者殆四万人，获船舰粮仗
以十万数。

【译文】

世宗担心南唐其余部众会顺流而下向东逃跑，立刻命令虎捷左厢都指挥使赵
晁带领数千水军沿淮水而下。壬辰（初五）早晨，世宗的军马驻扎在赵步，众将
攻击南唐紫金山营寨，大败唐军，杀死俘获一万多人，活捉许文稹、边镐、杨守忠。
其余人马果然沿着淮水向东逃跑，世宗从赵步率领数百骑兵沿淮水北岸追击败军，
众将率步兵、骑兵沿南岸追赶，水军从淮水中流而下，南唐军队战死淹死及投降

的大概四万人，缴获船舰粮食兵器数以十万计。

【原文】

甲午，发近县丁夫数千城镇淮军，为二城，夹淮水，徙下蔡浮梁于其间，扼濠、寿应援之路。会淮水涨，唐濠州都监彭城郭廷谓以水军溯淮，欲掩不备，焚浮梁；右龙武统军赵匡赞觇知之，伏兵邀击，破之。

【译文】

甲午（初七），后周征发附近州县壮丁民夫修筑镇淮军城，建成两座城，中夹淮水，将下蔡浮桥迁移到两城之间，控制濠州、寿州接应救援的道路。适逢淮水上涨，南唐濠州都监彭城人郭廷谓率水军沿淮水逆水而上，想乘后周军不备之时突然袭击，焚毁浮桥；右龙武统军赵匡赞窥察知道了这一情况，于是埋伏军队拦击，打败了南唐军。

【原文】

唐齐王景达及陈觉皆自濠州奔归金陵，惟静江指挥使陈德诚全军而还。

戊戌，以淮南节度使向训为武宁节度使、淮南道行营都监，将兵戍镇淮军。

【译文】

南唐齐王李景达和陈觉都从濠州逃回金陵，只有静江指挥使陈德诚全军而还。

戊戌（十一日），世宗任命淮南节度使向训为武宁节度使、淮南道行营都监，领兵戍守镇淮军。

【原文】

甲辰，帝耀兵于寿春城北。唐清淮节度使兼侍中刘仁赡病甚，不知人。丙午，监军使周廷构、营田副使孙羽等作仁赡表，遣使奉之来降。丁未，帝赐仁赡诏，遣阁门使万年张保续入城宣谕，仁赡子崇让复出谢罪。戊申，帝大陈甲兵，受降于寿春城北，廷构等舁仁赡出城，仁赡卧不能起，帝慰劳赐赍，复令入城养疾。

【译文】

甲辰（十七日），世宗在寿春城北显示兵力。南唐清淮节度使兼侍中刘仁赡病得很重，不省人事，丙午（十九日），监军使周廷构、营田副使孙羽等以刘仁赡的名义起草表书，派使者拿着表书前来投降。丁未（二十日），世宗赐刘仁赡诏书，派阁门使万年人张保续入城宣布命令，刘仁赡儿子刘崇让又出城告罪。戊申（二十一日），世宗命军马隆重列队，在寿春城北面接受投降，周廷构等抬着刘仁赡出城，刘仁赡躺着不能起来，世宗慰劳赏赐后，又让他进城养病。

【原文】

壬申，帝发大梁；十一月丙戌，至镇淮军，是夜五鼓，济淮；丁亥，至濠州城西。濠州东北十八里有滩，唐人栅于其上，环水自固，谓周兵必不能涉。戊子，帝自攻之，命内殿直康保裔帅甲士数百，乘橐驼涉水，太祖皇帝帅骑兵继之，遂拔之。李重进破濠州南关城。癸巳，帝自攻濠州，王审琦拔其水寨。唐人屯战船数百于城北，又植巨木于淮水以限周兵。帝命水军攻之，拔其木，焚战船七十馀艘，斩首二千馀级，又攻拔其羊马城，城中震恐。丙申夜，唐濠州团练使郭廷谓上表言："臣家在江南，今若遽降，恐为唐所种族，请先遣使诣金陵禀命，然后出降。"帝许之。辛丑，帝闻唐有战船数百艘在涣水东，欲救濠州，自将兵夜发水陆击之。癸卯，大破唐兵于洞口，斩首五千馀级，降卒二千馀人，因鼓行而东，所至皆下。乙巳，至泗州城下，太祖皇帝先攻其南，因焚城门，破水寨及月城。帝居于月城楼，督将士攻城。

【译文】

壬申（十九日），世宗从大梁出发。十一月丙戌（初四），到达镇淮军，当夜五更，渡过淮水。丁亥（初五），到达濠州城西。濠州东北十八里的地方有个滩，南唐人在滩上设置栅栏，四周环水据以固守，认为后周军队必定无法渡河。戊子（初六），世宗亲自攻打，命令内殿直康保裔率领全副武装的士兵数百人，乘着骆驼涉水，赵匡胤率领骑兵随后，于是夺取滩上的据点。李重进攻破濠州南关城。癸巳（十一日），世宗亲自率军进攻濠州，王审琦夺取了南唐军水寨。南唐军队在城北聚集数百艘战船，又在淮水中竖起大木头来阻挡后周军队。世宗命令水军向濠州城北进攻，拔掉大木头，烧毁战船七十多艘，斩首二千多级，又攻破南唐羊马城，城中震动恐慌。丙申（十四日）夜晚，南唐濠州团练使郭廷谓上表给世宗说："臣下家在江南，现在倘若马上投降，恐怕被南唐诛灭全族，请先派遣使者到金陵请命，然后出城投降。"世宗答应了他。辛丑（十九日），世宗听说南唐有数百艘战船在涣水东面，准备救援濠州，便亲自领兵趁夜晚从水陆同时进攻。癸卯（二十一日），在洞口大败南唐军队，斩首五千余级，投降的士卒有二千多人，后周军队乘势击鼓向东行进，所到之处都被攻克。乙巳（二十三日），到达泗州城下，赵匡胤先攻城南，乘势焚烧城门，攻破水寨和月城。世宗在月城楼上，监督将士攻打泗州城。

【原文】

十二月乙卯，唐泗州守将范再遇举城降，以再遇为宿州团练使。上自至泗州城下，禁军中刍荛者毋得犯民田，民皆感悦，争献刍粟；既克泗州，无一卒敢擅入城者。帝闻唐战船数百艘泊洞口，遣骑诇之，唐兵退保清口。

【译文】

十二月乙卯（初三），南唐泗州守将范再遇率全城的人投降，世宗任命范再遇为宿州团练使。世宗亲自到泗州城下，下令军中割草打柴的人不得侵犯农民田地，农民都感激喜悦，争相献送粮草；攻克泗州以后，没一个敢擅自入城的人。世宗闻悉南唐数百艘战船停泊在洞口，派骑兵侦察，南唐军队退守清口。

【原文】

戊午，上自将亲军自淮北进，命太祖皇帝将步骑自淮南进，诸将以水军自中流进，共追唐兵。时淮滨久无行人，葭苇如织，多泥淖沟堑，士卒乘胜气茇涉争进，皆忘其劳。庚申，追及唐兵，且战且行，金鼓声闻数十里。辛酉，至楚州西北，大破之。唐兵有沿淮东下者，帝自追之，太祖皇帝为前锋，行六十里，擒其保义节度使、濠泗楚海都应援使陈承昭以归。所获战船烧沉之馀得三百馀艘，士卒杀溺之馀得七千馀人。唐之战船在淮上者，于是尽矣。

【译文】

戊午（初六），世宗亲自率领身边的随从护卫从淮水北岸进发，命令赵匡胤率步兵、骑兵从淮水南岸进发，众将率水军从淮水中流进发，共同追击南唐军队。当时淮水之滨长久没有行人，芦苇茂密如织，到处是沼泽沟坑，士兵凭借胜利的气势跋涉泥泞争相前进，都忘却了劳累。庚申（初八），追上南唐军，边打边向前推进，金鼓的声音传到周围数十里。辛酉（初九），到达楚州西北，大败南唐军。南唐军队有沿淮水向东而下的，世宗亲自率军追赶，赵匡胤担任前锋，追了六十里，擒获南唐保义节度使、濠、泗、楚、海都应援使陈承昭后返回。所缴获的战船除去烧毁沉没之外共得三百多艘，士兵除斩杀淹死之外共俘获七千多人，南唐人在淮水上的战船，全在这场战斗中毁灭了。

【原文】

郭廷谓使者自金陵还，知唐不能救，命录事参军鄱阳李延邹草降表。延邹责以忠义，廷谓以兵临之，延邹掷笔曰："大丈夫终不负国为叛臣作降表！"

廷谓斩之，举濠州降，得兵万人，粮数万斛。唐主赏李延邹之子以官。

【译文】

郭廷谓的使者从金陵回来，得知南唐朝廷不能救援，便命录事参军鄱阳人李延邹起草投降书。李延邹用忠义来斥责郭廷谓，郭廷谓用兵器相逼，李延邹扔掉笔说："大丈夫最终决不辜负国家而为叛臣写投降书！"郭廷谓杀了他，率濠州全城的人投降，后周得到降兵一万人，粮食数万斛。南唐主用官位赏赐李延邹的儿子。

【原文】

壬戌，帝济淮，至楚州，营于城西北。

乙丑，唐雄武军使、知涟水县事崔万迪降。

戊辰，帝攻楚州，克其月城。

庚午，郭廷谓见于行宫，帝曰："朕南征以来，江南诸将败亡相继，独卿能断涡口浮梁，破定远寨，所以报国足矣。濠州小城，使李璟自守，能守之乎！"使将濠州兵攻天长。帝遣铁骑左厢都指挥使武守琦将骑数百趋扬州，至高邮；唐人悉焚扬州官府民居，驱其人南渡江，后数日，周兵至，城中馀癃病十馀人而已，癸酉，守琦以闻。

帝闻泰州无备，遣兵袭之，丁丑，拔泰州。

【译文】

壬戌（初十），世宗渡过淮水，到达楚州，在城西北安下营寨。

乙丑（十三日），南唐雄武军使、知涟水县事崔万迪投降。

戊辰（十六日），世宗进攻楚州，攻克城外的月城。

庚午（十八日），郭廷谓在行宫拜见世宗，世宗说："朕南下征伐以来，江南众将相继战败逃亡，只有你能切断涡口浮桥，击破定远寨，用以报答国家的战功足够了。濠州是个小城，让李璟自己把守，能守得住吧！"派郭廷谓率领濠州军马攻打天长。世宗派铁骑左厢都指挥使武守琦率数百骑奔赴扬州，到达高邮；南唐人烧毁扬州所有官府民宅，驱赶扬州百姓向南渡过长江，几天后，后周军队到达，城中只剩下十几个癃病患者，癸酉（二十一日），武守琦将情况向世宗报告。

世宗闻悉泰州没有防备，派兵袭击。丁丑（二十五日），夺取泰州。

【原文】

上欲引战舰自淮入江，阻北神堰，不得渡；欲凿楚州西北鹳水以通其道，遣使行视，还言地形不便，计功甚多。上自往视之，授以规画，发楚州民夫浚之，旬日而成，用功甚省，巨舰百艘皆达于江，唐人大惊，以为神。

【译文】

世宗打算率领战舰从淮水进入长江，受到北神堰阻挡，没法渡过，打算开凿楚州西北的鹳水来通淮水、长江的河道。派使者巡视，回来说地形条件不便利，预计费工很多。世宗亲自去视察，教导他们如何规划，征发楚州民夫疏通河道，十天便完成了，花费工日很少，数百艘巨大战舰都直接到达长江，南唐人大为惊讶，觉得这事太神奇了。

【原文】

壬辰，拔静海军，始通吴越之路。先是帝遣左谏议大夫长安尹日就等使吴越，语之曰："卿今去虽泛海，比还，淮南已平，当陆归耳。"已而果然。

【译文】

壬辰（初十），后周攻取静海军，开始打通与吴越的道路。在这之前世宗曾派左谏议大夫长安人尹日就等人出使吴越，对他们说："你们此去虽然还要泛舟过海，但等到回来时，淮南已经平定，当从陆上返回了。"后来果然如此。

【原文】

周兵攻楚州，逾四旬，唐楚州防御使张彦卿固守不下。乙巳，帝自督诸将攻之，宿于城下，丁未，克之。彦卿与都监郑昭业犹帅众拒战，矢刃皆尽，彦卿举绳床以斗而死，所部千馀人，至死无一人降者。

【译文】

后周军队进攻楚州，超过四十天，南唐楚州防御使张彦卿坚守无法攻下。乙巳（二十三日），世宗亲自监督众将攻城，世宗住在城下，丁未（二十五日），攻克楚州。张彦卿与都监郑昭业仍率领部众抵抗，弓箭都用光了，张彦卿举起折椅搏斗而死，所部一千多人，至死没有一人投降。

【原文】

辛卯，上如迎銮镇，屡至江口，遣水军击唐兵，破之。上闻唐战舰数百艘泊东洋沛州，将趣海口扼苏、杭路，遣殿前都虞候慕容延钊将步骑，右神武统军宋延渥将水军，循江而下。甲午，延钊奏大破唐兵于东沛州；上遣李重进将兵趣庐州。

【译文】

辛卯（初十），世宗到迎銮镇，多次到长江口，派水军攻击南唐军队，打败南唐军。世宗听说南唐数百艘战舰停泊在东沛州，将要赶赴入海口扼守通往苏州、杭州的路，便派殿前都虞候慕容延钊率领步兵和骑兵，右神武统军宋延渥率领水军，沿江而下。甲午（十三日），慕容延钊奏报在东沛州大败南唐军；世宗派李重进率军赶赴庐州。

【原文】

唐主闻上在江上，恐遂南渡，又耻降号称籓，乃遣兵部侍郎陈觉奉表，请传位于太子弘冀，使听命于中国。时淮南惟庐、舒、蕲、黄未下，丙申，觉至迎銮，见周兵之盛，白上，请遣人渡江取表，献四州之地，画江为境，以求息兵，辞指甚哀。上曰："朕本兴师止取江北，今尔主能举国内附，朕复何求！"觉拜谢而退。丁酉，觉请遣其属阁门承旨刘承遇如金陵，上赐唐主书，称"皇帝恭问江南国主"，慰纳之。

【译文】

南唐主听说世宗在长江岸，恐怕就要南下渡江，又耻于降帝号改称藩臣，于是派兵部侍郎陈觉上表，请求传位给太子李弘冀，让他听从后周的命令。当时淮南只有庐州、舒州、蕲州、黄州没有攻下。丙申（十五日），陈觉到达迎銮镇，看到后周军队的盛状，向世宗禀报，请求派人渡过长

世宗派水军攻击南唐军队。

江取表章，进献四州土地，划江为界，以此求得休战，言词和所要表达的内容非常悲哀。世宗说："朕兴师出兵本只为取得江北之地，现在你的君主能率国归附，朕还要求什么呢！"陈觉叩拜道谢后退下。丁酉（十六日），陈觉请求派他的属官阁门承旨刘承遇到金陵，世宗赐给南唐主书信，说"皇帝恭问江南国主"，安慰接纳他。

　　司马温公《通鉴》，亦天地一大文也。其结构之宏伟，其取材之丰赡，使后世有欲著通史者，势不能不据以为蓝本，而至今卒未有能愈之者焉。温公亦伟人哉！

——梁启超